Hubert Filser

Nobelpreis

Hubert Filser

Nobelpreis

Der Mythos. Die Fakten.
Die Hintergründe.

HERDER

FREIBURG · BASEL · WIEN

Gedruckt auf umweltfreundlichem,
chlorfrei gebleichtem Papier

www.herder.de
Layout & Satz: DTP-Studio Helmut Quilitz, Denzlingen
Druck und Bindung: fgb · freiburger graphische betriebe 2001
www.fgb.de
ISBN 3-451-27677-1

Inhalt

Vorwort

Von der schwedischen Popgruppe ABBA, die fast so bekannt ist wie der Nobelpreis, gibt es das Lied „The winner takes it all". Wäre die Nobelpreisverleihung nicht eine so ehrwürdige Veranstaltung, es könnte ihre offizielle Hymne sein. Bislang erklang auf den Feiern noch kein Lied von ABBA, auch nicht im Jahr 2001 zum 100. Jubiläum der ersten Preisverleihung. Mehr als 1300 Gäste sind geladen, zwei Jahre lang dauerten die Vorbereitungen in Stockholm. Fünf Nobelpreise, für Physik, Chemie, Medizin/Physiologie, Literatur und Frieden, werden jedes Jahr am 10. Dezember verliehen, die ersten vier in Stockholm, der Friedensnobelpreis am gleichen Tag in der norwegischen Hauptstadt Oslo. Dazu kommt seit 1969 noch der Preis der Bank von Schweden für Wirtschaftswissenschaften im Gedenken an Alfred Nobel.

Dem Nobelpreis haftet seit seiner Stiftung eine Aura des Besonderen an, es ist die begehrteste Auszeichnung der Welt. Alfred Nobel hatte ein hehres Ziel im Sinn mit seinem Gedanken vom „Wohl der Menschheit". Ohne diesen Preis wäre er wohl nur als Erfinder des Dynamits und anderer – wissenschaftlich gesehen wichtigerer – technischer Innovationen in die Geschichte eingegangen. Im Stockholmer Sitz der Nobelstiftung hängt sein Bild gegenüber dem der Friedenskämpferin Bertha von Suttner, mit der Nobel befreundet war. Man darf Nobels Testament im Sinne Kants sehen als Versuch, das schlechte Prinzip in sich zu überwinden. Und die mit seinem Preis Ausgezeichneten werden Botschafter eines elitären Clubs, auf dessen Fahnen etwas vom „Wohl der Menschheit" steht.

Die Geschichte des Nobelpreises ist eine Geschichte der Gesellschaft des 20. Jahrhunderts. Sie spiegelt die Hoffnungen und Enttäuschungen der Menschheit wider: politisch, literarisch, wissenschaftlich. Im Nobelpreis bündeln, verdichten, vereinen sich Ehrgeiz der Forscher, Glaube an den Fortschritt, Stolz der Nationen. Und

Macht. Auch ein unabhängiger Preis kommt nicht an der großen Politik vorbei, nicht an den kleinen Gefühlen, am menschlichen Faktor. In einer Gesellschaft, die alle Sensationen und Ernüchterungen erlebt hat, blicken im Oktober alle nach Stockholm und Oslo, wenn die Nobel-Laureaten verkündet werden. Der Nobelpreis geht ... alle an.

Das Verblüffende an der Geschichte ist, dass vieles davon schon im Leben von Alfred Nobel angelegt war, dieses Mannes zwischen Dynamit und Wissenschaft, dieses erfolgreichen und doch so einsamen, ruhelosen Menschen. Der Stifter, ein Mann des 19. Jahrhunderts, wies mit seinen Visionen den Weg ins 21. Jahrhundert. Während dieser Zeit erlebte die Menschheit das wohl rasanteste und katastrophenreichste Jahrhundert ihrer Geschichte. Ich möchte in diesem Buch die Ideen von Alfred Nobel mit der Entwicklungsgeschichte seiner Auszeichnung verknüpfen.

Es ist ein ambitioniertes Unternehmen, fünf so unterschiedliche Preise ihrem Charakter nach zu untersuchen, den historischen Aspekt ebenso zu berücksichtigen wie den aktuellen. Die Preise werden von vier Einrichtungen vergeben, jede mit eigener Tradition, eigenen Strukturen, Vorlieben, nationalen und internationalen Verbindungen. Jeder der Preise hat eine schillernde und eigenständige Geschichte hinter sich, der man getrost eigene Werke widmen könnte und gewidmet hat. So will ich nicht den Versuch machen, diese 100 Jahre historisch aufzuarbeiten. Es ist deshalb ein fragmentarisches Buch geworden, mit Bruchstellen, wie sie auch in der Preisgeschichte zu verzeichnen sind. Mit Teilen, die sich von verschiedenen Seiten – bis hin zu der scheinbar so banalen Frage, welches Geschirr am 10. Dezember in Stockholm auf dem Tisch steht – dem Mythos und System Nobel annähern. Es ist ein System für Sieger, in dem es keine Verlierer gibt. Offiziell zumindest nicht. Oben im Norden, in Stockholm wirft das Licht keine Schatten. Oder so lange, dass man ihr Ende nicht mehr erkennen kann.

München, im Juli 2001 *Hubert Filser*

Der Mythos

„Gerechtigkeit gibt es nur in der Phantasie.“
(Alfred Nobel)

MAN SITZT in einem abgelegenen Dorf irgendwo im Süden, kann durch die offene Tür hinausblicken, weit ein Tal hinab. Sagen wir, dort wachsen Olivenbäume, in der Ferne ist das Meer zu sehen. Man hat nichts dabei außer seinem Wissen und einer Idee, die man aufschreiben will. In dieses Dorf zieht man sich zurück, sucht die Konzentration. Ein Wissenschaftler würde das Labor wählen, in dem er sich, allein mit seinen Apparaten, die Nächte um die Ohren schlägt, das Genom einer Fliege sequenziert, vielleicht die Weltformel sucht. Ein Schriftsteller braucht die Einsamkeit, er muss dasitzen, warten, die Unausweichlichkeit, die Verzweiflung spüren. Er muss die Wände anstarren, vor sich die Schreibmaschine, ein leeres Blatt Papier. Das Schlimmste ist die Ablenkung.

Das ist der Mythos vom Schreiben, vom kreativen Arbeiten. Wer es schon einmal ausprobiert hat, weiß, dass das vielleicht mögliche Bedingungen sind, keine zwingenden. Erich Kästner hat nur in Bars schreiben können. Sicherlich braucht man die Konzentration, doch alles andere dient mehr dazu, Spuren zu verwischen.

Der Nobelpreis ist die begehrteste Auszeichnung der Welt. Keine Auszeichnung ist in ihrer Wirkung derart unumstritten. Sie muss sich nicht legitimieren, nicht in der Öffentlichkeit, nicht den Vertretern der ausgezeichneten Disziplinen gegenüber. Es gab durchaus Krisen in der Geschichte, Entscheidungen, die heftig angefeindet wurden, die Nobelpreise wurden für überholt, antiquiert, rückwärtsgewandt erklärt. Es gab in manchen Komitees wie dem der Literatur sogar öffentliche Beschimpfungen und gegenseitige Beleidigungen. Und den Selbstmord des ehemaligen Akademiemitglieds und Literatur-Nobelpreisträgers von 1974 Harry Martinson. Die Nobel-Stiftung mit den preisverleihenden Einrichtungen ist mehr Organismus als Organisation. Das System Nobel hält sich selbst am Leben, es ist im

Laufe der Geschichte immer eigenständiger geworden. Es gibt weltweit kein vergleichbares System. Ständig kopiert es sich selbst, hält dabei aber wie eine undurchdringliche Zelle ihr Innerstes verborgen.

Kann man diesen Mythos verstehen, wenn man im Innersten sucht? Vielleicht finden sich in den Archiven viel zu wenige richtige Fährten unter all den vielen falschen. Oder sieht man nicht mehr, was man da vor sich hat? Vielleicht also, und das will dieses Buch, muss man auch ein wenig wegschauen vom Zentrum, weil das Geheimnis anderswo verborgen liegt, an den Rändern, in den Nebensächlichkeiten, an Orten, die das System Nobel gerade nicht mehr beherrschen oder erreichen kann. Wo es bei seiner ständigen Reproduktion vergisst, sich neu zu erschaffen. Dort sind Bruchstellen. „Mittlerweile gibt es einen investigativen Journalismus, der sich der Akademie widmet, in Schweden, aber auch anderswo … Er kann seinen Gegenstand gar nicht treffen", analysierte Thomas Steinfeld im September 1998 in der *FAZ* sehr treffend.

*

Der Nobelpreis ist wie die Farbe Gold. Prunkvoll, prächtig, strahlend. Man kann seinen materiellen Preis nennen, wie bei Gold, das auf den internationalen Märkten gehandelt wird. Aber kann man seinen Wert feststellen? Der Nobelpreis ist die in eine goldene Medaille geformte Verkörperung eines Ideals, dass jeder ein besserer Mensch werden könne. Dass jeder das Beste aus sich machen könne, egal, welche Fähigkeiten er besitzt. Reden Mitglieder des Nobel-Systems über den Mythos Nobelpreis, sagen sie, sie wollten vor allem der Jugend zeigen, dass es sich lohne, hart zu arbeiten, ernsthaft zu forschen „zum Wohle der Menschheit". „Die wichtigste Botschaft ist, dass diese Mischung von Wissenschaft und Menschlichkeit … den Menschen vermittelt, dass, egal welche Richtung sie wählen, solange sie ernsthaft sind und ihre Arbeit gut machen, auch Nobelpreisträger werden können oder zumindest in einer guten Position landen können", sagt Anders Bárány, Sekretär des Physik-Nobelkomitees.

Den meisten wird das so vorkommen wie die Mohrrübe, die man dem Hasen hinhält als Belohnung dafür, dass er läuft.

Doch laufen muss man, das ist die banale Weisheit des Lebens. Und Hoffnung gibt nur der Blick nach vorn. Dabei ist vorn dort, wo die Ehre ist, der Ruhm, und ganz weit vorn baumelt die Nobelmedaille. Man könnte also sagen, der Nobelpreis funktioniert wie ein imaginärer Motor.

Schweigen ist Gold. Auch das ist das System Nobel. Geheimnisvoll tagen da meist fünf Herren und geben ihre Entscheidungen bekannt. Die Verkündigung ist inszeniert wie die Ankunft des Jüngsten Gerichts, obwohl doch an den Tagen im Oktober die Entscheidungen schon feststehen und die letzte Sitzung vor der Preisbekanntgabe nur der Show dient. Dann schweigen sie, erklären nichts, kommentieren nichts. Zurück bleiben nur Sieger, nicht einmal Zweitplatzierte und Bronzemedaillengewinner gibt es.

Das System Nobel hat einmal im Jahr Tag der offenen Tür, am 10. Dezember in Stockholm. Im Mittelpunkt stehen dann die Laureaten, wie man die Nobelpreisträger ein wenig weihevoll nennt. Sie bekommen einen Scheck über 2,3 Millionen Mark und 200 Gramm schwere Goldmedaillen mit einem Durchmesser von 6,6 Zentimetern. „Inventas vitam juvat excoluisse per artes“ steht darauf, was wörtlich übersetzt heißt: „Erfindungen verbessern das Leben, das durch die Künste verschönert wird“. Die Nobelstiftung lässt keine vergleichbaren Veranstaltungen außerhalb ihres Einflussbereiches zu, die sie offiziell mitveranstaltet. Ganz oder gar nicht, ist hier das Motto. Eine Ausnahme bildet in gewisser Hinsicht das alljährliche Nobelpreisträger-Treffen in Lindau.

Man könnte nun den Blick hinwenden auf die, die es geschafft haben, die unumstrittenen Helden des 20. Jahrhunderts. Ihr Antrieb war sicher nicht die Aussicht auf Ruhm und Nobel-Ehre. Welchen Ansporn aber brauchte etwa ein Thomas Mann, um zu schreiben, ein Albert Einstein, um eine Theorie aufzustellen, ein Martin Luther King, um für die Rechte der Schwarzen zu kämpfen? Sie trugen, soweit man sich in das Innenleben dieser Menschen vorwagen will, den Antrieb in sich. Es wäre absurd, zu glauben, die Aussicht auf den Nobelpreis habe sie zu ihren Werken veranlasst. Man kann sich nicht vornehmen, ein Genie zu sein. Sowenig man sich vornehmen kann, kreativ zu sein.

Natürlich hat dieser Preis auch für sie eine Bedeutung. Ihr Wort bekommt mehr Gewicht, denn ein Nobelpreisträger wird gehört. Er muss sich nicht erklären. Er ist eine Institution geworden. Thomas Mann war ergriffen bei der Preisverleihung in Stockholm in jenem Dezember 1929, nicht so souverän und fein-ironisch wie gewohnt. Für Nobelpreisträger wie ihn oder Albert Einstein war der Nobelpreis nebenbei auch die Eintrittskarte in die amerikanische Gesellschaft, als sie vor Hitler flohen und nach Amerika auswanderten. Ein armer, begnadeter Schriftsteller, Wissenschaftler oder Künstler wäre wie alle anderen in Ellis Island gelandet mit nichts als der Hoffnung auf ein besseres Leben, und der Gewissheit, einer Hölle entronnen zu sein.

Der Nobelpreis ist der einzige wirklich internationale Preis. Wenn Nelson Mandela und William de Klerk das Ende der Apartheid besiegeln und dafür den Friedensnobelpreis erhalten, ist auch das ein Symbol. Nelson Mandela verkörpert das Ende der Apartheid, Martin Luther King die Auflehnung gegen die Unterdrückung der Schwarzen. Nur Mahatma Gandhi fehlt, der den gewaltfreien Widerstand predigte.

Gandhi ist übrigens ein interessanter Fall. Eigentlich gesteht die Nobelstiftung niemals Fehler in der Preisverleihung ein. Niemand spricht offiziell über die vielen Kandidaten, die ohne Zweifel würdig gewesen wären, den Preis zu erhalten. Und wenn, dann mit dem Bedauern, dass man leider nicht mehr Menschen in den Genuss des Preises kommen lassen kann. Gandhi ist da eine Ausnahme. Auf dem übrigens gigantischen Internetportal der Nobelpreise (www.nobel.se) steht ein Artikel über Gandhi. Er ist überschrieben mit: Gandhi, der fehlende Laureat. Er endet mit dem Satz: „Der Platz, der in der Meinung vieler für Mahatma Gandhi gedacht war auf der Liste der Laureaten, wurde stillschweigend, aber respektvoll offen gelassen." Es gab keinen Friedensnobelpreis im Jahr 1948.

So scheint es, als habe sich die Menschheit stillschweigend auf diesen Preis als Konstante des 20. Jahrhunderts geeinigt, eines Jahrhunderts, das aufgrund der Katastrophen und Kriege dringend Helden brauchte. Vielleicht liegt der große Irrtum vieler Leute, auch der

Personalisierungsfreude vieler Medien, im Glauben, man könne tatsächlich die Besten finden. Genau das kann man nicht, weil man weder alle kennt, man denke nur an viele Ideen aus den Ländern der Dritten Welt, noch die Kriterien in der Hand hält, um den einen mit dem anderen vergleichen zu können. Und dennoch ist der Nobelpreis unumstritten die begehrteste Auszeichnung der Welt.

DIE IDEE

„Ich würde einem Mann der Tat nichts hinterlassen.
Er würde dadurch in Versuchung kommen, mit Arbeiten aufzuhören.
Dagegen möchte ich gern Träumern helfen, die es schwer haben,
sich im Leben durchzusetzen."
(Alfred Nobel)

DIE REVOLUTIONÄREN Entdeckungen gab es Anfang des 20. Jahrhunderts. Max Planck veröffentlichte die Quantentheorie, deren Konsequenzen bis heute nicht verstanden sind. Die aktuelle Gen-Forschung ist mehr dem mechanistischen Denken zugetan als dieser neuen Sicht der Welt. Gleichzeitig passierten in unterschiedlichen Bereichen ähnliche Dinge: Pablo Picasso markierte mit seinen Bildern den Beginn des Kubismus, der der Zentralperspektive und damit der Vorstellung vom absoluten Raum ein Ende setzte. Albert Einstein fand die spezielle Relativitätstheorie, sie setzte das Raum-Zeit-Kontinuum an Stelle von Isaac Newtons Vorstellung von absoluter Zeit und absolutem Raum. Arnold Schönberg führte die Atonalität in die Musik ein, ein Bruch mit der klassischen Musik.

*

In diese Zeit hinein beschloss Alfred Nobel, fast sein gesamtes Vermögen, das er mit Sprengstoffen verdient hatte, für einen hoch dotierten Preis zu stiften. Die Stiftungsidee des Nobelpreises formulierte Nobel in seinem dritten und letzten Testament in schwedischer Sprache. In Anwesenheit von vier schwedischen Bürgern unterzeichnete er das Dokument am 27. November 1895 im schwedisch-norwegischen Club in Paris:

Ich, der Unterzeichnete, Alfred Bernhard Nobel, erkläre hiermit nach reiflicher Überlegung, dass mein letzter Wille hinsichtlich des Eigentums, das ich bei meinem Tode hinterlassen kann, folgender ist:

Es folgt eine Auflistung des privaten Erbes, mit dem er Freunde, Verwandte und Mitarbeiter bedachte, in einer Höhe von 1,5 Millionen alter Schwedenkronen. Vor allem seinen drei Neffen und zwei Nichten enthielt er ein enormes Vermögen vor. 90 Prozent seines Gesamtvermögens sollten in einen Fonds fließen.

Über mein übriges, realisierbares Vermögen wird auf folgende Weise verfügt: Das Kapital, vom Testamentsvollstrecker in sicheren Wertpapieren realisiert, soll einen Fonds bilden, dessen jährliche Zinsen als Preise denen zuerteilt werden, die im verflossenen Jahr der Menschheit den größten Nutzen gebracht haben. Die Zinsen werden in fünf gleiche Teile geteilt, von denen zufällt: ein Teil dem, der auf dem Gebiete der Physik die wichtigste Entdeckung oder Erfindung gemacht hat; ein Teil dem, der die wichtigste chemische Entdeckung oder Verbesserung gemacht hat; ein Teil dem, der die wichtigste Entdeckung auf dem Gebiet der Physiologie oder der Medizin gemacht hat; ein Teil dem, der in der Literatur das Ausgezeichnetste in idealistischer Richtung hervorgebracht hat; ein Teil dem, der am meisten oder besten für die Verbrüderung der Völker und die Abschaffung oder Verminderung der stehenden Heere sowie für die Bildung und Verbreitung von Friedenskongressen gewirkt hat. Die Preise für Physik und Chemie werden von der Schwedischen Akademie der Wissenschaften verteilt; die für physiologische oder medizinische Arbeiten vom Karolinska Institut in Stockholm; die für Literatur von der Akademie in Stockholm und die für Friedensvorkämpfer von einem Ausschuss von fünf Personen, die vom Norwegischen Storting gewählt werden. Es ist mein ausdrücklicher Wille, dass bei der Preisverteilung keine Rücksicht auf die Zugehörigkeit zu irgendeiner Nation genommen wird, so dass der Würdigste den Preis erhält, ob er nun Skandinavier ist oder nicht.

Zu den Vollstreckern dieser meiner testamentarischen Verfügung bestimme ich Herrn Ragnar Sohlman, wohnhaft in Bofors, Värmland, und Herrn Rudolf Liljequist, 31 Malmskillnadsgatan, Stockholm, und Bengtfors in der Nähe von Uddevalla. Als Entschädigung für ihre Arbeit und Mühe erkenne ich Herrn Ragnar Sohlman, der dieser Angelegenheit vermutlich die meiste Zeit widmen wird, einhunderttausend Kronen, und Herrn Rudolf Liljequist fünfzigtausend Kronen zu.

[...] Dieses Testament ist nunmehr das einzig gültige und hebt alle meine früheren testamentarischen Bestimmungen auf, wenn sich solche nach meinem Tod vorfinden sollten.

Schließlich ordne ich als meinen ausdrücklichen Wunsch und Willen an, dass mir nach meinem Tod die Pulsadern aufgeschnitten werden, und dass, nachdem dies ge-

schehen und von kompetenten Ärzten deutliche Anzeichen des Todes festgestellt worden sind, die Leiche in einem sogenannten Krematoriumsofen verbrannt wird.

Paris, den 27. November 1895 *Alfred Bernhard Nobel*

Zu den letzten Sätzen ist anzufügen: Alfred Nobel hatte zeit seines Lebens befürchtet, lebendig begraben zu werden. Seinem Bruder Ludvig schrieb er 1887 einmal, sein größter und einziger Anspruch sei es, „nicht lebendig begraben zu werden".

Dem Testament beigefügt ist eine Aufstellung aller Vermögenswerte.

Sechs Jahre später, am 5. Todestag von Alfred Nobel, dem 10. Dezember 1901, werden die ersten Nobelpreise verliehen, in Physik, Chemie, Medizin, Literatur in Stockholm und für den Erhalt des Friedens in Oslo. Bis zum Jahr 2000 erhielten 719 Menschen den Nobelpreis, darunter 29 Frauen. Es ist ein Preis, der tief im Denken der westlichen Welt verankert ist. „Zum Wohle der Menschheit" ist die zentrale Maxime. Stig Ramel, zwanzig Jahre lang (bis 1992) geschäftsführender Direktor der Nobelstiftung, sieht eine direkte Verbindung zu kulturellen Wurzeln der westlichen Welt in Griechenland und Jerusalem. „Tod und Auferstehung sind die Hauptthemen im griechischen Mysterienspiel und in der christlichen Religion. Der 10. Dezember ist der Tag, an dem Nobel starb, aber auch der Tag seiner Auferstehung durch fünf Nobelpreise, die das Zentrum seines Lebens bilden. Für die meisten Gäste bei der Nobelpreis-Zeremonie – Forscher und Wissenschaftler, ausgebildet und trainiert in rationalem Denken – wäre es sicher sehr schockierend, wenn jemand darauf hinweisen würde, dass sie gerade an einem Mysterienspiel teilnähmen."

Man muss diesen Gedanken nicht weiterspinnen, doch Ramel weist auf etwas sehr Interessantes hin. 1950 noch wurde das 50. Jubiläum der Stiftung gefeiert, die am 29. Juni 1900 gegründet wurde, „als Kind des neuen Jahrhunderts". Ebenso gab es 1975 eine Jubiläumsfeier. Doch der 90. Geburtstag wurde erst 1991 gefeiert, also im Jahr der 90. Preisverleihung und nicht des Bestehens der Stiftung. Zum hundertjährigen Jubiläum wurde deshalb auch im Jahr 2001 geladen. Im Zentrum der Nobel-Idee sollen die Preisträger stehen und eben nicht die Stiftung, die – dezent im Hintergrund – heute doch immerhin fast eine Milliarde Mark verwaltet. Die Nobelpreisträger sind die Botschafter der Nobel-Idee, sie bilden das geistige, das wesentliche Kapital des Nobelpreises.

*

Was wäre, wenn ein Milliardär, nehmen wir einmal Bill Gates, Aktien für eine Milliarde Dollar in eine Stiftung geben würde, so wie CNN-Boss Frank Turner vor ein paar Jahren den Vereinten Nationen eine Milliarde Dollar spendiert hat? Er bräuchte nur noch eine Idee, wem er das Geld stiften würde, die Schlagzeilen wären ihm sicher. Der Aufwand für den „Gatesway to heaven" ließe sich firmenintern gut abbuchen als Marketingausgaben. Aber welche Idee? Hinter ihr muss auch die Überzeugung stecken, die man mit einem Preis unterstützt. Bill Gates scheidet wohl aus, er scheint offenbar mehr am Aufbau des größten Bildarchivs der Erde interessiert, mehr an Macht als an visionären Gedanken, die nichts mit seiner Person zu tun haben. Doch vielleicht ein anderer? Auf der neuesten Liste des amerikanischen Wirtschaftsmagazins *Forbes* stehen 538 Personen oder Familien, die mehr als eine Milliarde Dollar besitzen, also auf heutige Verhältnisse übertragen etwa doppelt soviel wie Nobel bei seinem Tod.

Doch ohne eine Vision gibt es keinen Preis von Dauer. „Dem Wohle der Menschheit dienen", das hat Alfred Nobel besetzt, zu einer Zeit, als die Menschheit dabei war, in das katastrophenreichste Jahrhundert ihres Bestehens zu steuern. Zwei Weltkriege, Millionen Ermordete, der Verlust vieler Illusionen, vielleicht sogar des Fortschrittsglaubens. Euthanasie und Judenvernichtung auf der einen Seite, die erste Atombombe auf der anderen Seite. Seltsam vermischen sich diese Wörter miteinander. Euthanasie und Judenverfolgung bedeuten Vernichtung, die Atombombe heißt Vernichtung mit dem Ziel, zu befreien. Es folgten Jahrzehnte des Wettrüstens, in denen man Frieden schaffen wollte durch Arsenale der Bedrohung.

*

Michael Sohlman, amtierender Vorsitzender der Nobelstiftung, berichtet davon, dass auch die Sowjetunion unter Stalin geplant habe, einen eigenen Preis einzurichten: „Stalin hat wohl gedacht, warum sollte so ein kleines Ländchen wie Schweden auf internationaler Qualitätsebene urteilen und bestimmen. Er plante einen riesigen nationalen Preis, einen stalinistischen Konkurrenten." Doch der Kalte Krieg kam dazwischen. Plötzlich passte dieser Preis nicht mehr, er hätte ein kosmopolitisches Denken verkörpert in einer Situation, in der das Blockdenken Einzug hielt. „Ein internationaler Preis wäre ein falsches Zeichen nach außen gewesen. Aus den Archiven wissen wir heute, dass Stalin 1946 solche Planungen weit vorangetrieben hatte, es gab Urkunden und Medaillen."

*

Wollte Alfred Nobel aber wirklich einen Prestigepreis stiften, eine Art Gütesiegel für die Elite, das den Ruhm der Preisträger noch einmal verstärkt, so dass sie zu einer Art geistigen Instanz werden? Nobel folgte mit seinem Testament einer Tradition des 19. Jahrhunderts. Wissenschaftsvereinigungen wie die Royal Society in London oder die Académie des Sciences in Paris verliehen an verdiente Gelehrte Auszeichnungen wie z.B. die Rumford-Medaille oder den Prix Lacaze. Mit Geldbeträgen waren diese Auszeichnungen allerdings meist nicht ausgestattet. Nur der Bressa-Preis der Akademie Turin bildete da eine Ausnahme.

Alfred Nobel hat seinen Preis mit einer sehr hohen Summe dotiert. Sie ist umso höher zu bewerten, als Spitzenforschung damals nicht mit den enormen Kosten von heute verbunden war. Wissenschaftler waren Anfang des 20. Jahrhunderts zudem schlechter ausgestattet als heute. Nobel wollte mit dem Preisgeld interessante Projekte ermöglichen.

Erstaunlich sind in diesem Zusammenhang die beiden Preise für Frieden und Literatur. Letzterer lässt sich aus der eigenen schriftstellerischen Leidenschaft Nobels erklären, die er stetig, doch mit bescheidenen Ergebnissen verfolgte. Viele jedoch sahen damals den Friedensnobelpreis als eine Art Ablasshandlung an. Nobels Sprengstoffe wurden zwar mehr für zivile Zwecke, für Tunnelsprengungen etwa beim St.-Gotthard-Tunnel oder im Bergbau verwendet, doch er profitierte natürlich bei jedem Krieg. Nitroglyzerin, Dynamit, Cordit, das rauchlose Schießpulver, die Liste ist lang. Das Stiftungsgeld stammt aus Geschäften mit Sprengstoff, aus insgesamt 92 Firmen, die Nobel weltweit gegründet hat. Nobels Freund und späterer Testamentsvollstrecker Ragnar Sohlman kommentierte dies so: „Alfred Nobel war sich der Inkonsequenz selbst bewusst und versuchte, diese in seiner Korrespondenz mit Bertha von Suttner und vielleicht auch vor sich selbst zu verteidigen. Er hob hervor, dass die Vervollkommnung der Vernichtungsmittel bei der Kriegführung größere Aussicht haben würde, die Kriege zu beenden, als alle Friedenskongresse."

Nobel selbst hatte dies in einem Brief an seine Freundin Bertha von Suttner sehr drastisch formuliert: „Ich möchte einen Stoff oder eine Maschine schaffen können, von so fürchterlicher, massenhaft verheerender Wirkung, dass dadurch Kriege überhaupt unmöglich würden."

Als Erklärung für sein Interesse an Sprengstoffen taugt dieser hier formulierte Wunsch wohl nicht, zumal Nobel sicher wusste, wie schwer Erfindungen zu kontrollieren waren. Kenne Fant berichtet in seiner Biografie „Alfred Nobel" von einer Diskussion zwischen Sohlman und Nobel, die Sohlman so schilderte: „Einmal, als wir über Experimente mit panzerbrechenden Granaten mit zusätzlicher Sprengladung diskutierten, die das Durchschlagen der Panzerplatte mit anschließender Explosion hinter der Platte möglich machen würden, sagte er: ‚Ja, weißt du, eigentlich sind das ja ziemlich teuflische Dinge, mit denen wir uns abgeben. Aber sie sind so interessant als Problem. Außerdem so ausschließlich technisch – ohne alle finanziellen oder kommerziellen Gesichtspunkte und gerade deshalb so faszinierend.'"

Ob solche Gedanken der Öffentlichkeit bekannt waren, lässt sich schwer rekonstruieren. Man nahm Nobel damals mehr als Großindustriellen wahr, dessen Erfindungen und Produkte enorme Wirkung hatten. Er hat insgesamt 355 Patente weltweit auf seine Erfindungen angemeldet.

Vielleicht waren aufgrund seines Images viele umso verblüffter und verwunderter über Nobels letzten Willen. Die internationalen Friedensbewegungen waren von der Idee begeistert. Moritz Adler schrieb an Bertha von Suttner: „Hätte man es für möglich gehalten, dass der Mammon, der aus Dynamit entsprungene Mammon, so geadelt werden kann?" Das Testament schlug ein wie eine Bombe, könnte man da sagen. *Nya Dagligt Allehanda* schrieb: „Dieses Testament, dessen Inhalt ohne Zweifel geeignet ist, in der ganzen zivilisierten Welt das größte Aufsehen zu erregen, stellt eine der großartigsten Verfügungen zum Wohle der Menschheit dar, die ein einzelner Mann bisher hat treffen können und wollen." Die *Köln-Zeitung* merkte an: „Schweden hat das Glück gehabt, früher schon eine Anzahl Männer gehabt zu haben, die wissenschaftliche Zwecke gefördert haben. In Nobel besitzt es einen Mäzen, der an Großmut jeden Krösus übertrifft, denn die reichen Mittel, die er in den Dienst der Wissenschaft und der Humanität stellt, werden nicht von nationalen Grenzen eingeschränkt." Und der *Figaro* sprach nach Nobels Tod davon, das Testament werde „ein Denkmal der Menschenliebe bleiben und damit den geachteten Namen Alfred Nobels vor dem Vergessen bewahren".

*

Mittlerweile wird das Denkmal auch kopiert. Im Fernen Osten, in Japan, gibt es einen Preis in der Tradition von Alfred Nobel, den Kyoto-Preis. Einer der größten Keramik-Hersteller der Welt, das japanische Unternehmen Kyocera, führend in Leitsystemen für Computer, hat eine Stiftung gegründet, die Inamori-Stiftung. 1984 meldete sich eine Delegation bei der Nobelstiftung am Sturegatan 14 in Stockholm, die von sich behauptete, die Regierung und die Industrie Japans zu vertreten. Sie wollten einen neuen Wissenschaftspreis von beachtlicher Größe stiften. Die Delegation wollte etwas über die Nobelpreis-Organisation und die Regeln bei der Preisverleihung lernen. Es folgten, so Stig Ramel, drei Delegationen, die genaue Fragen stellten, schriftlich und mündlich. Am Schluss habe sich der japanische Delegationsleiter, ein ehemaliger Außenminister, bedankt und verwundert gefragt, ob die Nobelstiftung denn nicht besorgt sei aufgrund der Konkurrenz mit dem japanischen Preis. Stig Ramel antwortete: „Nein. Es kann niemals eine Frage des Wettbewerbs geben. Wir sind 84 Jahre voraus – und werden es auch in Zukunft sein. Nichts kann sofort eine Tradition begründen wie die von Nobel. Der Nobelpreis ist Teil unserer Geschichte, der Wissenschaft, der Literatur und des Friedens."

Die japanische Stiftung verleiht den Kyoto-Preis seit 17 Jahren jährlich in drei Kategorien, die vom Nobelpreis so nicht abgedeckt werden: in der Grundlagenforschung, in der Fortgeschrittenen Technologie und im Bereich Kunst und Philosophie. Im Jahr 2001 gingen die drei jeweils mit 950 000 Mark dotierten Preise in der Grundlagenforschung an den englischen Evolutionsbiologen John Maynard Smith, in der Technologie-Sparte an die Physiker Zhores Alferov aus Russland, Izuo Hayashi aus Japan und Morton Panish aus den USA. Alferov hatte im Jahr zuvor den Physik-Nobelpreis erhalten. In der Sparte „Kunst und Philosophie" fiel der Preis an den in Berlin lebenden ungarisch-österreichischen Musiker und Komponisten György Ligeti.

Das erste Feld überschneidet sich sicher in Teilen mit dem Nobelpreis, doch gerade Vertreter der Bildenden Kunst und klassischen Musik werden bei der Nobelpreisvergabe in keiner Weise berücksichtigt. Der erste Preis ging an die Nobelstiftung als Dank dafür, was Nobel für die Wissenschaft bedeutet. Auch hier wird das Bewusstsein spürbar, das Kulturerbe zu sichern. Dahinter steckt das Denken, dieses sei ständig gefährdet. Man muss also den Fortschritt mit den alten Werten, mit Humanität verbinden. „Zum Wohle der Menschheit" auch hier, nur im traditionell japanischen Gewand mit alten Zeremonien, die Bühne ist gestaltet mit dem Prunk japanischer Lackmalerei, alte Tänze und Kompositionen erinnern an die 1200 Jahre alte japanische Kultur. Bei der Preisverleihung in Kyoto ist auch die japanische Kaiserfamilie anwesend.

Das westliche Pendant zu dieser Zeremonie ist die Preisübergabe mit Musik und Medaille, mit dem Höhepunkt in Form königlicher Banketts in Stockholm und Oslo.

Es gibt eine kuriose Seite beim Kyoto-Preis: Nach der Nominierung reist ein dreiköpfiges Gremium der nach dem Konzernchef von

Kyocera, dem praktizierenden buddhistischen Mönch Kazuo Inamori, benannten Stiftung zum Wohnort des Preisträgers. Denn zu den Bedingungen der Preisvergabe gehört eine tadellose Lebensführung. Zudem müssen sich die Ausgewählten bereit erklären, den Preis in Kyoto persönlich entgegenzunehmen. Preisträger der vergangenen Jahre waren der Theaterregisseur Peter Brook, der Musiker John Cage, der Maler Roy Lichtenstein, die Philosophen Paul Ricœur und Karl Popper, der Komponist Olivier Messiaen, der Choreograph Maurice Bejart, die Filmemacher Andrzej Wajda und Akira Kurosawa. Letzterer ist übrigens einer von sechs inzwischen ausgezeichneten Japanern.

*

Man kann an dieser Stelle auch einmal nach den verbindenden Eigenschaften von Wissenschaft und Literatur fragen. Beide beschäftigen sich mit tiefer liegenden Zusammenhängen, versuchen, Zugriff zu finden zu den Geheimnissen der Existenz. Nur der jeweilige Blick und die Wahl der Mittel sind verschieden. Es geht bei beiden um das Wesen der Dinge, um Gefühle, um den Tod. Manchmal wird jedoch in der öffentlichen Wahrnehmung Wissen mit Fakten verwechselt, und Faktendenken schreibt man gern der Wissenschaft zu. Sogenannte Fakten scheinen einerseits unumstößlich und damit gültig. Gleichzeitig stellen sie aber starres Material dar ohne das Wissen, wie sie zustande kamen. Fakten sind unbeweglich, sie erzählen keine Geschichten mehr. Vor allem nicht davon, dass das, was ein Wissenschaftler sieht, davon beeinflusst ist, was er glaubt.

Hört man auf bedeutende Vertreter von Wissenschaft und Literatur wird man feststellen, dass sie die Nähe zwischen diesen beiden Bereichen durchaus sehen. Berühmte Forscher sagen, dass Wissenschaft eigentlich bedeute, Geschichten zu erzählen. Der Physiker und Träger des Alternativen Nobelpreises Hans-Peter Dürr berichtet von Gesprächen mit seinem Lehrer, dem Physik-Nobelpreisträger Werner Heisenberg: Die zentralen Ideen formen sich, nehmen Gestalt an im Gespräch, man holt sie gleichsam aus dem Unbewussten hervor. Wenn man sie niederschreibt, erwischt man immer nur einen Teil. Sofort wird die Erkenntnis starr.

Wohin entwickelt sich der Nobelpreis in einer mehr von der Technik dominierten Zeit? Die Gesellschaft lebt inzwischen im Zeitalter der Beschleunigung, Entwicklungen schreiten so rasant voran, dass es kaum noch Menschen gibt, die ihnen folgen können. So schnell auch, dass keine Zeit bleibt, die Folgen zu bedenken? Was verhandelt wird, ist die sogenannte Zukunft. Nach der Informationstechnologie scheint nun die Gentechnologie die Führerschaft zu beanspruchen. Das menschliche Genom ist gerade durch die Forschergruppen von Craig Venter und Francis Collins entschlüsselt, und keiner weiß, welche Konsequenzen das hat. Menschen wollen Menschen klonen, entwickeln die entsprechenden Techniken. Nur die Ethik steht noch im Weg. Der Mensch ist dabei, zum Schöpfer zu werden und damit die letzte Grenze zu überschreiten, die ihn von Gott unterscheidet. Der niederländische Schriftsteller Harry Mulisch prophezeit beim Gelingen dieses Vorhabens eine weltweite „metaphysisch-religiöse Krise", die die Religionen selbst betreffen wird. Vielleicht steuert die Menschheit im 21. Jahrhundert in eine Zeit, in der sie sich nicht mehr auf die Naturwissenschaften verlassen kann. Die ökologischen, wirtschaftlichen, gesellschaftlichen, auch die technologischen Prozesse ändern sich derart schnell, dass die Politik hier kaum folgen kann, die die Vorgaben für die Zukunft machen sollte.

Vielleicht nähern wir uns gerade einer Situation, die der vor 100 Jahren ähnelt, einer Zeit großer Umbrüche. Es könnte eine Zeit sein, in der man radikale Visionen mit Sprengkraft braucht – und nicht etablierte Ideen.

DER STIFTER

„Alfred Nobel – erbärmliches Halbgeschöpf – hätte bei seinem Eintritt in dieses Leben von einem menschenfreundlichen Arzt erstickt werden sollen. Hauptverdienste: Er hält seine Nägel sauber und fällt der Öffentlichkeit nicht zur Last. Hauptfehler: Ohne Familie, heiter und ein Vielfraß. Größte und einzige Bitte: Nicht lebendig verbrannt zu werden. Größte Sünde: Betet den Mammon nicht an. Bedeutende Ereignisse in seinem Leben: Keine."

(Alfred Nobel, Selbstbeschreibung von 1887)

ALFRED BERNHARD NOBEL war ein schüchterner Mann. Auf keiner der wenigen Fotografien, die es von ihm gibt, sieht er fröhlich aus. Immer wirkt er ein wenig mürrisch, sein Vollbart verstärkt diesen Eindruck, auch die dunklen, streng nach hinten gekämmten Haare. Der Mensch, der einem da entgegenblickt, wollte Distanz halten. Die bekannteste Aufnahme entstand um das Jahr 1880. Als er einmal für eine Festschrift zum Jahrestag der Gründung einer seiner Firmen fotografiert werden sollte, meinte er nur: „Sobald meine Assistenten und jeder einzelne Arbeiter auch um ihre Fotografie gebeten worden sind, werde ich der Sammlung ein Bild meiner schweineborstigen Junggesellenschnauze beisteuern, aber keinesfalls früher."

Dabei war dieser Alfred Bernhard Nobel gleichzeitig als Unternehmer äußerst erfolgreich. Er erfand nicht nur das Dynamit, sondern entwickelte auch die Initialzündung. Ohne Sprengstoffe aus dem Hause Nobel hätte es manche europäischen Verkehrsprojekte nicht gegeben. Ohne diesen Sprengstoff wäre aber auch sein Bruder Emil Oscar nicht gestorben, beim Umfüllen von Nitroglyzerin.

✡

Sein Bruder Ludvig hatte ihn 1887 um eine kurze Biografie für die Familiengeschichte der Nobels gebeten. Alfred Nobel schrieb damals zurück: „Biografien zu schreiben ist mir völlig unmöglich, wenn sie

Alfred Nobel, Erfinder und Mäzen (1833–1896)
(Foto: Bilderdienst Süddeutscher Verlag)

nicht an Knappheit polizeilichen Beschreibungen gleichen sollen. Gerade diese sind aber, wie mir scheint, die aufschlussreichsten." Dann folgt das oben zitierte Beispiel. Nobel war ein Zyniker. Er hatte nie eine Familie, war nicht verheiratet, hatte keine Kinder, nie glückliche Beziehungen zu Frauen, nicht einmal seine einzige langjährige Beziehung zum 23 Jahre jüngeren Blumenmädchen Sofie Hess könnte man so nennen.

*

Alfred Nobel wurde am 21. Oktober 1833 in Stockholm in der Norrlandsgatan 9 geboren. Als er acht Jahre alt war, zog seine Familie nach Russland. Später sollte man die Familie einmal als „Rockefeller Russlands" bezeichnen. Das bezieht sich darauf, dass die Familie unter Leitung seines Vaters Immanuel in St. Petersburg eine große Fabrik hatte, die während des Krimkriegs zunächst florierte, später aber Pleite ging, und Emmanuel Nobel in Baku am Kaspischen Meer mit seiner Firma „Branobel" auch im Ölgeschäft tätig war. Zuvor war Nobels Vater ohne seine Frau und die vier Söhne vor Gläubigern nach St. Petersburg geflohen, hatte dort ein Ingenieurbüro eröffnet. Früh interessierte sich Alfred Nobel für Wissenschaften, speziell für Chemie. Schnell erlernte er andere Sprachen, schon im Alter von 17 Jahren beherrschte er fünf. Nobel war Autodidakt. Eine reguläre Schule besuchte er nur von 1841 bis 1842 in Stockholm, ein College oder eine Universität nie. Mit 16 Jahren hatte er eigentlich Schriftsteller werden wollen. Sein Vater lockte ihn mit einem längeren Studienaufenthalt im Ausland, er müsse allerdings auf seine Schriftstellerlaufbahn verzichten. Alfred Nobel gab nach, doch unter der unerfüllten Sehnsucht nach dem Schreiben sollte er zeit seines Lebens leiden.

Sein Vater schickte ihn von St. Petersburg aus auf Reisen durch Europa und die Vereinigten Staaten. Er studierte im Labor von Professor Th. J. Pelouze in Paris. Hier wurde er zum ersten Mal auf Nitroglyzerin aufmerksam, diese extrem explosive Flüssigkeit, die der Italiener Ascanio Sobrero 1846 entdeckt hatte, einer von Pelouzes Studenten. Nobels entscheidender Beitrag war es, den Einsatz von Nitroglyzerin sicherer zu machen.

In Paris schrieb er auch seine ersten Gedichte, für ein junges schwedisches Mädchen, das dort als Apothekenhelferin arbeitete: „You say I'm a riddle – it may be / for all of us are riddles unexplained (Ihr sagt, ich sei ein Rätsel – das kann sein / denn wir alle sind nicht erklärte Rätsel)“ lauteten die ersten beiden seiner 425 Zeilen langen Liebesbezeugung, die er in englischer Sprache verfasste. Nobel schrieb damals als 18-Jähriger: „Ich kam nach Paris – auch das ist ein Ozean, wo die Leidenschaft sich zum Sturm erhebt und mehr Wracks zurücklässt als jemals die salzigen Wogen. Wer immer diese gewaltige, unermessliche Ansammlung von Sünde und Torheit erforscht, muss ihrem Abgott, der Wollust, Tribut zollen. Mein Leben, bis dahin eine öde Wüste, entfaltete sich zu Seligkeit und Hoffnung. Ich fand ein himmlisches Ziel – dieses liebenswerte Mädchen zu gewinnen und ihrer würdig zu werden. Ich fühlte ein unendliches Glück, und wir trafen uns wieder und immer wieder, bis wir füreinander ein Himmelreich geworden waren; und ich lernte das liebliche Mitgefühl in ihrer Liebe kennen und versiegelte es mit einem Kuss, einem keuschen und heiligen Kuss, von reinster Hingabe ...“

Nobel schildert Paris, verwoben mit den Gefühlen der ersten Verliebtheit. Es war eine Liebe, die tragisch endete. Die junge Schwedin starb an Tuberkulose, noch während Alfred Nobel in Paris war.

Dieser Verlust gehört zu den einschneidenden Erfahrungen im Leben dieses berühmten Mannes. Er machte ihn zu „einem einsamen Eremiten in der lebhaften Welt“, so schreibt er. Und fährt fort: „Ich beschloss, mein Leben nur noblen Pflichten zu weihen. Seit jenem Augenblick habe ich mich ferngehalten von den Vergnügungen der Masse ...“

Nobel schrieb in jungen Jahren Gedichte, später verfasste er dann den Roman „Die Schwestern“ und während der letzten Lebensjahre sein unvollendetes Drama „Nemesis“, sein wohl wichtigstes Projekt. Die meisten Jugendgedichte verbrannte Nobel später – bis auf eines mit dem Titel „Night thoughts“.

Alfred Nobel wurde 1833 in diesem Haus in Norrlandsgatan in Stockholm geboren
(Foto: Bilderdienst Süddeutscher Verlag)

The solemn silence of the midnight hour
Unchains the fettered spirit, and the power
of reasoning takes a visionary flight
Beyond the limits of detective sight
Which may deceive us, yet attracts the soul
Even with its wild and daring uncontrol.

Ein getragener Stil ist hier erkennbar. Die Kritiken zu seinem Roman waren vernichtend, von „pueriler Charakterzeichnung" war die Rede, von „unnatürlicher Buchsprache". Doch seine Leidenschaft für die Literatur blieb erhalten, er las viel und sammelte europäische, vor allem nordische Werke. Folgender Aphorismus Nobels sagt viel aus über die Bedeutung, die Literatur und das Schreiben für ihn hatten: „Ein Einsiedler ohne Bücher und Tinte ist ein schon im Leben toter Mann."

Neben „Nemesis" und dem eher komödiantisch angelegten Roman schrieb er mehrere Erzählungen und Gedichte. Vor allem während seiner Pariser Zeit suchte er die Gesellschaft von Literaten wie Victor Hugo. Er war ein Verehrer Percy Shelleys, dessen hochgestimmter Idealismus und gleichzeitig tragische Grundstimmung Nobels eigener Veranlagung sehr nahe kamen. Der Idealismus war später auch die Vorgabe für Nobels Testament, in dem er seine Bestimmung formulierte, denjenigen auszuzeichnen, *„der in der Literatur das Ausgezeichnetste in idealistischer Richtung hervorgebracht hat"*.

☆

Nobel kehrte 1863 nach Schweden zurück und arbeitete im Labor seines Vaters in Heleneborg in Stockholm. Von 1864 an probierte er dort die Methoden des Italieners Sobrero aus, um das explosive Nitroglyzerin industriell herzustellen. Die Erfolgsgeschichte Nobel nahm nach Rückschlägen – wie dem Tod seines jüngeren Bruders Emil Oscar – ihren Anfang. In Vinterviken am Mälarsee entstand die erste Nitroglyzerinfabrik der Welt. Sein Vater Immanuel Nobel erlitt nach Emils Tod einen Schlaganfall, daraufhin übernahm Alfred Nobel die Leitung der Firma. Er gründete Fabriken für „Dynamit oder

Nobels Sicherheitspulver" in Deutschland (Krümmel bei Hamburg) und Norwegen (übrigens das einzige Land, das unter Lizenz in eigener Regie Nobels Sprengstoffe produzierte), in Schottland und in Amerika.

1867 erhielt Nobel ein Patent auf ein bestimmtes Nitroglyzerin, das er selbst Dynamit nannte. Diese Erfindung erwies sich als sehr nützlich bei einigen wichtigen Bauvorhaben. Die Produktion und die Weiterentwicklung liefen parallel in Nobels Laboratorien in Stockholm, Hamburg, später dann in Paris, im schwedischen Bofors und in San Remo. Im Jahr 1875 waren 15 Dynamitfabriken weltweit in Betrieb. Nach 1875 wurde die ursprüngliche Form des Dynamits schrittweise durch eine sicherer zu handhabende Sprenggelatine ersetzt.

✡

Nobel war ein äußerst widersprüchlicher Mensch. Und an allen technischen Neuerungen war er interessiert, auch an skurrilen Verfahren wie Luftbildaufnahmen mit einer „Raketenkamera", die er in die Luft schießen wollte. 1892 schon beschäftigte er sich mit der Luftfahrt: „Sicher reizt mich die Fliegerei, aber wir dürfen uns nicht einbilden, wir könnten diesem Problem mit Ballons zu Leibe rücken… Was wir brauchen sind schwebende Flöße, die in großer Geschwindigkeit vorwärtsgetrieben werden."

Vieles, was Nobel entwickelte, waren Spielereien. Da gab es z.B. einen besonderen Füllfederhalter, der ihn auf den langen Zugfahrten vom Tintenfass unabhängig machte. Er besaß ein 12 Meter langes, silberglänzendes Aluminiumboot, das er nach eigenen Plänen mit seinem Neffen Ludvig hat bauen lassen. Es war das erste seiner Art und bot etwa 30 Personen Platz. Nobel saß manchmal selbst am Ruder seiner „Mignon".

Bertha von Suttner berichtet in ihren Memoiren von einer Bootsfahrt hinaus auf den Zürichsee, wo ein entspannter Alfred am Ruder saß und mit einem kleinen Handhebel dem Motor Brennstoff zuführte. Bertha von Suttner hatte sich von dem in Bern stattfindenden 4. Friedens-Weltkongress frei genommen und war auf Einladung Nobels nach Zürich gekommen. Sie erzählt, dass Alfred über einige große

Bertha von Suttner, enge Freundin von Alfred Nobel, erhielt 1905 den Friedensnobelpreis

Villen am Seeufer geäußert habe: „Ja, das haben alles die Seidenwürmer gesponnen." Sie habe erwidert: „Dynamit-Fabriken sind vielleicht noch einträglicher als Seidenfabriken, und weniger unschuldig." Blitzschnell habe Alfred entgegnet: „Meine Fabriken werden vielleicht dem Krieg noch früher ein Ende machen als Ihre Kongresse..."

Bertha von Suttner hatte Nobel über eine Anzeige kennengelernt. Im Alter von 43 hatte er in einer Zeitung folgendes Inserat aufgegeben: „Wohlhabender, hochgebildeter älterer Gentleman sucht eine Lady in reifem Alter, versiert in Fremdsprachen, als Sekretärin und Haushaltsvorstand." Es meldete sich unter anderem die Gräfin Bertha Kinsky, eine Frau aus Österreich. Sie war von der Mutter ihres späteren Mannes Arthur von Suttner überredet worden, sich um die Stelle in Paris zu bewerben, weil sie die Heirat ihres Sohnes Arthur mit Bertha verhindern wollte.

Alfred Nobel holte Bertha Kinsky am Bahnhof in Paris ab. In ihren Memoiren zeichnete sie ihren ersten Eindruck nach: „Alfred Nobel machte einen sehr sympathischen Eindruck. Ein alter Herr, wie es in der Annonce hieß und wie wir alle uns ihn vorgestellt hatten, grauhaarig, gebrechlich: das war er nicht, geboren 1833, war er damals 43 Jahre alt, von Gestalt unter Mittelgröße, dunkler Vollbart, weder hässliche, noch schöne Züge, etwas düsteren Ausdruck, nur gemildert durch sanfte blaue Augen; in der Stimme ein melancholischer oder abwechselnd satirischer Klang. Traurig und spöttisch, das war ja auch seine Art." Schnell hatte Nobel das Gefühl, jemanden gefunden zu haben, der ihm intellektuell ebenbürtig war. Auch Bertha Kinsky schrieb am Abend ihres ersten Arbeitstages in ihr Tagebuch: „Mit ihm über Welt und Menschen, über Kunst und Leben, über die Probleme von Zeit und Ewigkeit zu reden, war ein geistiger Hochgenuss." Schon nach wenigen Tagen überreichte Nobel ihr das 425-Zeilen lange Gedicht, das er als 18-Jähriger in Paris für seine erste Liebe geschrieben hatte und das den Titel trug: „Man sagt, ich sei ein Rätsel." Er sagte, es handle sich um das Ergebnis des „Hobbys eines einsamen Mannes".

Die österreichische Gräfin sollte nur kurz für Nobel arbeiten. Während einer Auslandsreise Nobels reiste sie ab, kehrte in ihre

Heimat zurück, um Graf Arthur von Suttner zu heiraten. Sie hatte die Stelle bei Nobel nur angenommen, weil sie ein eigenes Einkommen haben wollte. Erhalten blieb ein lebenslanger Kontakt, die beiden schrieben sich über Jahrzehnte intensiv Briefe. Dass Bertha von Suttners Porträt neben denen von Alfred Nobel und Ragnar Sohlman im Konferenzzimmer der Nobelstiftung in Stockholm hängt, ist ein starkes Indiz für die große Bedeutung dieser Frau im Leben Nobels, vor allem im Hinblick auf die Stiftung des Friedensnobelpreises.

Alfred Nobel begann, inspiriert von Bertha von Suttner, sich stark mit sozialen Fragen auseinander zu setzen. Gerade in Friedensdebatten entwickelte er sehr radikale Positionen. Man darf Nobel diese Friedensliebe durchaus abnehmen. Sicher war er ein Mensch voller Ideale und wollte Armut, Ungerechtigkeit, religiöse Vorurteile bekämpfen. Er bezeichnete sich einmal als „eine Art Sozialdemokrat", was Ragnar Sohlman später relativierte. Er war wohl eher ein liberaler Industrieller, seine Angestellten durften ihm nicht zu nahe kommen. Sicher kümmerte er sich um deren Belange, um faire Bezahlung, gute Unterkünfte und dergleichen. Im Dezember 1895 hatte Nobel sogar überlegt, die Zeitung *Aftonbladet* zu kaufen, nicht aus wirtschaftlichen Überlegungen: „Der Grund, warum ich eine Zeitung haben will, ist ganz einfach, dass ich der Redaktion eine sehr liberale Tendenz eintrichtern will."

Dabei war er sehr pragmatisch. Nobel lebte – und sein Testament beweist dies – im Widerspruch zur bürgerlichen Gesellschaft, lehnte sich gegen deren engstirniges Denken auf – und verdiente doch genau innerhalb dieses Systems sein Vermögen. Er hielt 355 Patente inne, viele davon eher imaginativ denn nützlich, andere sehr gut umsetzbar und wertvoll. Er experimentierte bis zu seinem Tod auf den unterschiedlichsten Gebieten, mit eigenwilligen Dingen wie dem lautlosen Feuern bei Gewehren und Geschützen. Seine letzte Entdeckung beschäftigte sich mit dem „sogenannten progressiven rauchschwachen Pulver", das den Zweck hatte, „die Mündungsgeschwindigkeit des Projektils zu beschleunigen, ohne dass der Maximaldruck innerhalb der Waffe vergrößert wird".

Er lebte einige Jahre in Hamburg, dann in Paris. In seinen letzten Jahren wollte er zunächst nach Schweden zurückkehren. Dass sich Nobel in Karlskoga ein Gutshaus gekauft hatte, wurde nach seinem Tod noch sehr wichtig. Ohne diesen Kauf hätte sich nach Nobels Tod wohl das Gericht im nahe gelegenen Karlskoga nicht zuständig erklärt für das Testament. Vielleicht gäbe es sogar die Nobelpreise in der heutigen Form nicht, weil das Testament Nobels vor einem französischen Gericht keinen Bestand gehabt hätte. Frankreich, wo der größte Teil seines Vermögens angelegt war, hatte damals strengere Gesetze, die Gültigkeit des Testaments wäre wohl mit Erfolg von den Familienmitgliedern, die quasi enterbt waren, angezweifelt worden.

*

Alfred Nobel war selten bei bester Gesundheit. Gerade in seinen letzten Lebensjahren klagte er oft über schwere Migräneanfälle und Gefäßkrämpfe. So verbissen er oft arbeitete, so verbittert waren seine Gedanken. Oft schrieb er über die „Geister aus Niflheim", jenem Reich des Nebels und der Kälte, das sich, nach nordischer Mythologie, aus anfänglichem Chaos am Nordende der Welt bildete. Das Südende, das Reich des Feuers und des Lichts, nennt man Muspelheim.

Vielleicht wollte Nobel auch das Chaos in seinem Inneren ordnen. Sicher ist jedenfalls: Er wollte nicht, dass ihm andere Menschen zu nahe kamen. Rastlos arbeitete er an seinen Erfindungen, an jedem seiner Wohnorte entstand immer gleichzeitig ein Labor, oft in einer Umgebung, die mit Sprengversuchen nun gar nichts anfangen konnte. Wer in der Avenue Malakoff in Paris hat sich wohl gefreut, dass da ein reicher Spinner ein Haus kaufte und im Hof mit Sprenggelatine experimentierte? Wer in San Remo, einer der damals mondänsten Orte der Welt, war glücklich über Kanonenschüsse oder Explosionen an einem hellen Sommertag? Er hat sich über alle Bedenken einfach hinweggesetzt, seine Methode war Distanz. Seine Fabriken etwa inspizierte er immer sonntags, wenn niemand dort arbeitete. Ragnar Sohlman schrieb über Nobel: „Er hielt aber sehr auf Etikette, und eine persönliche Annäherung war ganz undenkbar, selbst wenn er krank und hilfsbedürftig war und sogar dann, wenn er fühlte, dass ihm der persönliche Kontakt fehlte."

Fast scheint es so, als wollte er mit seinem Wesen, seinen Äußerungen die Leute brüskieren. Wie sonst sind die Worte eines Menschen, der voller Ideale und Entdeckerdrang war, zu verstehen „Der Wunsch, irgendeine Rolle in der buntgewürfelten Sammlung der 1400 Millionen zweibeinigen, schwanzlosen Affen zu spielen, die auf unserem kreisenden Erdprojektil herumlaufen, scheint mir verächtlich"? Dabei war Nobel durchaus klar, wie er sich selber einzuschätzen hatte. In einem Brief schrieb er: „Ich bin im höchsten Maße Misanthrop, bei dem eine Menge Schrauben locker sitzen, aber ich bin auch ein grenzenloser Idealist, der Philosophie besser verdauen kann als normales Essen."

✡

Alfred Nobel schätzte Wohlstand, äußerte sich aber oft kritisch gegenüber ererbtem Reichtum. Deshalb wollte er auch Menschen fördern, die gute Ideen hatten und sie umsetzen wollten – wie er selbst. Neben seinen technischen Errungenschaften konnte er sich zugute halten, einen Firmenverbund weltweit agierender Betriebe aufgebaut und kontrolliert zu haben. Ohne sein Dynamit wären einige Verkehrsprojekte nicht denkbar gewesen, nicht nur der St.-Gotthard-Tunnel, auch der Kanal von Korinth, die zentralpazifische Bahn über die Sierra Nevada, der Panama-Kanal. Typisch ist, was er über die Panama-Bahn schrieb, am 26. 8. 1881 vermeldet er in einem Brief: „Die Sache ist sehr großartig und ganz von amerikanischer Kühnheit. Mit dem Kanalbau von Lesseps soll es viel Schwierigkeiten geben. Die Arbeiter sterben wie die Fliegen und böse Fieber sollen furchtbar walten. In Sevran geht es gut vorwärts, und die Anlage wird außerordentlich zweckmäßig. Nur muss ich fast meine ganze Zeit dort zubringen und kann mich nicht so pflegen, wie ich sollte."

✡

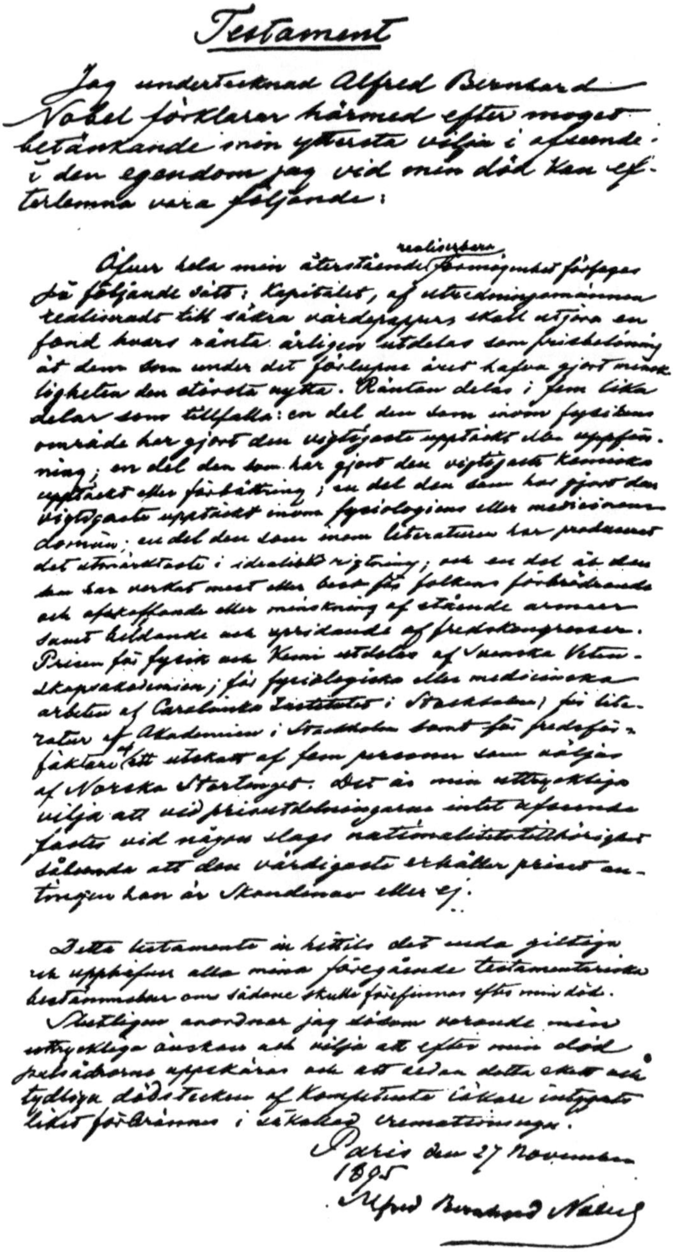
Testament

Jag undertecknad Alfred Bernhard Nobel förklarar härmed efter moget betänkande min yttersta vilja i afseende i den egendom jag vid min död kan efterlemna vara följande:

Öfver hela min återstående realisbara förmögenhet förfogas på följande sätt: Kapitalet, af utredningsmännen realiseradt till säkra värdepapper, skall utgöra en fond hvars ränta årligen utdelas som prisbelöning åt dem som under det förlupne året hafva gjort menskligheten den största nytta. Räntan delas i fem lika delar som tillfalla: en del den som inom fysikens område har gjort den vigtigaste upptäckt eller uppfinning; en del den som har gjort den vigtigaste kemiska upptäckt eller förbättring; en del den som har gjort den vigtigaste upptäckt inom fysiologiens eller medicinens domän; en del den som inom literaturen har producerat det utmärktaste i idealisk rigtning; och en del åt den som har verkat mest eller bäst för folkens förbrödrande och afskaffande eller minskning af stående armeer samt bildande och spridande af fredskongresser. Prisen för fysik och Kemi utdelas af Svenska Vetenskapsakademien; för fysiologiska eller medicinska arbeten af Carolinska Institutet i Stockholm; för literatur af Akademien i Stockholm samt för fredsförfäktare af ett utskott af fem personer som väljas af Norska Stortinget. Det är min uttryckliga vilja att vid prisutdelningarne intet afseende fästes vid någon slags nationalitetstillhörighet sålunda att den värdigaste erhåller priset antingen han är Skandinav eller ej.

Detta testamente är hittills det enda giltiga och upphäfver alla mina föregående testamentariska bestämmelser om sådane skulle förefinnas efter min död.

Slutligen anordnar jag såsom varande min uttryckliga önskan och vilja att efter min död pulsådrorna uppskäras och att sedan detta skett och tydliga dödstecken af kompetenta läkare intygats liket förbrännes i så kallad crematorium.

Paris den 27 November 1895

Alfred Bernhard Nobel

Alfred Nobels handschriftliches Testament

Vor seinem endgültigen Testament vom 27. November 1895, das zu den Nobelpreisen führte, hatte er 1893 eine andere Version des Testaments entworfen, die er lange geheim hielt. Darin vererbt er 20 Prozent seines Vermögens an 22 namentlich genannte Verwandte, Mitarbeiter und Freunde. Weitere 16 Prozent sollten verschiedenen Institutionen zugute kommen, etwa dem Schwedischen Club in Paris, der Stockholmer Hochschule und dem Karolinska Institut. Dieses Institut sollte mit dem Geld einen Fond bilden, „dessen aufgelaufene Zinsen jedes dritte Jahr entsprechend den Bestimmungen der Direktion als Preis für die wichtigste und bahnbrechendste Entdeckung oder Erfindung auf dem Gebiet der Physiologie und der ärztlichen Kunst vergeben werden". Fehlen noch 64 Prozent.

Hier verfügte Nobel: *„Der gesamte Rest an die Wissenschafts-Akademie, um daraus einen Fonds einzurichten, dessen jährliche Zinsen als Preis für die wichtigsten und bahnbrechendsten Entdeckungen oder Geistesarbeiten auf dem weiten Feld des Wissens und des Fortschritts mit Ausnahme des Gebiets der Physiologie und der Medizin verteilt werden. Ohne daraus eine absolute Bedingung zu machen, ist es mein Wunsch, dass diejenigen, denen es gelingt, durch Schrift oder Handlung die seltsamen Vorurteile zu bekämpfen, welche noch immer von Nationen wie von Regierungen gegen die Einsetzung eines europäischen Friedenstribunals gehegt werden, besondere Berücksichtigung finden mögen. Es ist mein bestimmter Wunsch, dass alle in diesem Testament ins Auge gefassten Preise dem Verdienstvollsten zuerkannt werden, ohne Rücksicht darauf, ob Schwede oder Ausländer, Mann oder Frau".*

Es folgte noch der Zusatz: *„Die wahrscheinlich bedeutenden Summen, die in Form von Patentabgaben eingehen, sollen nach meinem Wunsch zur Errichtung von Leichenverbrennungsöfen in großen Städten verwendet werden."*

Briefe aus dieser Zeit zeichnen einen zerrissenen Menschen. Ragnar Sohlman erzählt in seinen Memoiren, Nobel sei erleichtert gewesen, als er das Testament geschrieben hatte, seine Depressionen hätten etwas nachgelassen.

Im Herbst 1896 verschlechterte sich sein Gesundheitszustand, seine Pariser Ärzte, über die er teilweise sehr verächtlich als „erbärmliche Esel ihres Fachs" sprach, vermuteten zuerst rheumatische Gicht (oder gichtartigen Rheumatismus), diagnostizierten dann Angina pectoris. Als Arznei erhielt er, Ironie des Schicksals, Nitroglyzerin. Am 21. November reiste er nach San Remo in seine „Villa Nobel".

In einem letzten Brief vom 7. Dezember spricht er noch von seiner neuen Erfindung, einem Nitrozellulosepulver. Tags darauf erleidet er einen Gehirnschlag. Teile seines Gehirns werden nicht mehr mit Blut versorgt, fallen aus. Er spricht nur noch schwedisch und sehr undeutlich, so dass ihn sein Personal, vor allem sein französischer Diener und Hausverwalter Auguste Oswald kaum mehr verstehen. Oswald glaubt noch, das Wort „Telegramm" gehört zu haben, er telegrafiert an die beiden Neffen Nobels Emanuel und Hjalmar sowie den späteren Testamentsvollstrecker Ragnar Sohlman. Sie treffen nicht mehr rechtzeitig in San Remo ein, Nobel stirbt allein am 10. Dezember 1896 um zwei Uhr morgens in seinem Schlafzimmer, nicht wie seine Freundin Bertha von Suttner in ihren Memoiren schrieb, in seinem Arbeitszimmer.

Auf der Trauerfeier in San Remo fünf Tage später sagte der Pastor Nathan Söderblom, ein langjähriger Vertrauter Nobels: „Es gehörte zweifellos zu dem seinem Leben gemessenen Inhalt an Einsamkeit und Leiden, in den Augen der Leute zu viel als der reiche und merkwürdige Mann zu gelten und zu wenig als Mensch. So wollen wir ihn nicht noch im Tode damit verfolgen."

Sein im Testament geäußerter Wunsch, ihm mögen nach dem Tod die Pulsadern geöffnet werden, weil er eine panische Angst hatte, lebendig begraben zu werden, wurde nicht erfüllt. Der zuständige italienische Arzt hatte schon Maßnahmen zur Einbalsamierung eingeleitet, die einen ähnlichen Effekt hatten. Nobel wurde verbrannt, seine Asche am 30. Dezember 1896 in Stockholm im Familiengrab auf dem Nordfriedhof beigesetzt. Bei einem der aufwändigsten Begräbnisse Stockholms sang der Opernsänger Söderman Verdis „Requiem".

*

Der eingangs erwähnte Brief an seinen Bruder Ludvig schließt mit den Worten: „Ist das nicht genug, ja sogar mehr als genug? Und was kann man in unserem Alter unter der Rubrik ‚Bedeutende Ereignisse' anführen? Die zehn Billionen Sonnen in unserer kleinen Sternenblase, genannt die Milchstraße, sind ebenso unwichtig und würden sich ihrer Kleinheit schämen, wenn sie die Größe des Ganzen gewahr würden… Niemand liest Geschichten über andere, wenn sie nicht von Schauspielern und Mördern handeln. Besonders bei diesen letzteren interessiert man sich dafür, ob sie ihre Taten auf dem Schlachtfeld vollbracht haben oder im Hause, gewissermaßen vor den Augen der gaffenden Leute."

Büste von Alfred Nobel in der Noblstiftung (Foto: Gerhard Steidl)

Die Spuren Nobels

„Welch trauriges Ende werde ich haben nur mit einem alten Diener, der sich die ganze Zeit fragt, ob er etwas von mir erbt. Er kann ja nicht wissen, dass ich kein Testament hinterlassen werde – das, welches ich einmal geschrieben habe, habe ich zerrissen.“ (Alfred Nobel, 11. November 1889)

Es ist eine wunderbare Villa an der ligurischen Küste, in der Alfred Nobel am 10. Dezember 1896 gestorben ist. Sie liegt an der Riviera dei Fiori, der Blumenküste, nur durch die Eisenbahnlinie Genua – Nizza vom Meer getrennt. Der Garten ist heute etwas verwildert, doch seit 1997 wird hier renoviert, wie ein Schild am Eingang verrät. 360 Tage lang sollte es dauern, doch im Sommer 2001 darf man Haus und Garten immer noch nicht betreten. „Chiuso“, sagt auch der Hausmeister, der aus dem obersten Stockwerk blickt und gerade die Blumen gießt. Die Villa gehört seit den 60er Jahren der Stadt San Remo. Die Stadtverwaltung schickt jährlich Blumen nach Stockholm zur Preisverleihung, man hat einen Park und eine Straße nach dem berühmten Preisstifter benannt: „Via Alfredo Nobel“. Keine bedeutende Straße, eher kurz, sie mündet in einer Absperrung, dahinter führt zwar die Straße weiter, aber nur Motorradfahrer können passieren. Wenn nicht gerade die Schranke geschlossen ist, die ein meist in seinem geduckten Häuschen am Bahnübergang versteckter Herr bedient. Die Strecke ist eingleisig, die Züge kommen oft viertelstündlich.

Mittlerweile ist unten am Strand ein Hafen, dort, wo Nobel über die Bahnlinie Richtung Meer noch eine Raketenrampe gebaut hatte, die ein wenig an den Steg in Lothar Buchheims „Museum der Phantasie“ im oberbayerischen Bernried erinnert. Man stelle sich einmal vor, am Starnberger See würde heute jemand mit Sprengstoff experimentieren, Geschosse hinaus auf den See jagen und die Millionäre erschrecken.

In etwa so darf man sich also den lauten Knall damals vorstellen und die diversen Explosionen, in einer Gegend, in der um die Jahrhundertwende, in der Belle Époque, die reichsten Menschen Europas ihre Villen hatten – in denen sie zumindest ihren Urlaub verbrachten. Dieser skurrile eigenwillige Forscher mit dem ernsten Blick und dem wilden Bart war sicher ein komischer Nachbar. Mit dem Ingenieur Wilhelm Unge arbeitete er an dessen „fliegendem Torpedo". Dabei kam ihm auch die Idee zu einer Raketenkamera für Luftaufnahmen: „Ich trage mich mit dem Gedanken, einen kleinen Ballon starten zu lassen, der mit einem Fallschirm, einer Kamera und einem kleinen Uhrwerk oder einem Zeitzünder ausgerüstet ist. In der entsprechenden Höhe soll der Ballon automatisch von dem Fallschirm getrennt werden, so dass dieser mit den Aufnahmen in der Kamera zu Boden gehen kann." Das schreibt Nobel vier Monate vor seinem Tod an Ragnar Sohlman. Es gibt tatsächlich Aufnahmen dieser verrückten Kamera.

Im Garten der „Villa Nobel", wie Nobel sie von „Mio Nido" umgetauft hatte, steht noch heute eine Kanone. Nobel hatte sie aus dem schwedischen Bofors, aus einer seiner Fabriken dorthin bringen lassen, um Tests, die er sich im Laboratorium der Villa ausdachte, gleich ausführen zu können. Die Kanone ist immer noch in Richtung Meer gerichtet und wirkt nunmehr im Gestrüpp, inmitten von Palmen und südlichem Gewächs so, als müsste sie dieses Haus bewachen, als würde jemand über den Yachthafen, die Eisenbahnlinie, den lädierten Maschendrahtzaun eindringen und die Hinterlassenschaften dieses alten Magnaten stehlen wollen. Und man könnte ihn nur mit dieser alten Kanone davon abhalten. Es sieht aus wie aus einem Film von Fellini, dem „Schiff der Träume" vielleicht. Es ist verrückt, so verrückt, wie dieser Alfred Nobel war. Ein Phantast mit Sicherheit, was seine Erfindungen betraf. Ein verzweifelter Mensch aber auch, dem all seine Erfindungen und Kanonen nicht gegen seine Einsamkeit halfen.

An diesem Ort, in diesem Garten spürt man das noch heute. Einerseits ist da der Luxus der Villa über dem Meer, mit dem verspielten Turm an der Seite des Hauses und seinen Mustern aus kleinen, runden dunklen und hellen Steinen, den schönen Fensterläden aus Holz, den schmiedeeisernen Balkonen, den orientalisch wirkenden Verzierungen an der Fassade. Andererseits sind die Apartments in Schnellbauweise daneben der Villa näher gerückt.

San Remo ist kein Society-Badeort mehr. Die Gewächshäuser für die Blumen von der Riviera dei Fiori drängen sich an die Hänge rings um San Remo, sie wuchern in die 56 000 Einwohner zählende Stadt hinein. Heute bezieht San Remo seine Spannung aus diesem Gefühl, dass das Mondäne verdrängt wird, dass man aber noch das Spektakel liebt, das Besondere. Spürbar ist das an Tagen wie denen des Giro d'Italia, wenn die ganze Stadt auf den Beinen ist, an den Straßenecken wartet, bis der Tross der Fahrer in wenigen Sekunden so schnell vorbeirauscht, dass man kaum die Gesichter der Helden sehen kann. Die alte Stadt wird dabei zur schönen Kulisse. Die Musik dazu bringen die quietschenden Reifen der Service-Fahrzeuge, die lärmenden Boxen auf den Autos, die für die Radiostationen werben. Die breite Masse hat San Remo erobert. Es ist ein Publikum, das den Namen Nobel aus den Schlagzeilen der Zeitungen kennt, vielleicht die Zeremonie im Fernsehen gesehen hat und die Preisträger aus dem fernen Stockholm ehrfürchtig bewundert. Alfred Nobel aber würde sicher nicht mehr hierher ziehen.

Hier, inmitten von Palmen, hatte er seine letzten Jahre verbracht, „am Strand des Mittelmeers". Mit seinen Befürchtungen, er werde einsam und traurig sterben – wie er es als Kommentar zu seinem ersten, vernichteten Testamentsentwurf von 1889 formuliert hatte –, sollte er Recht behalten. Der Diener Auguste Oswald und seine Ehefrau Alphonse Tournand, die ihm in seinem Laboratorium in San Remo halfen, waren bei seinem Tod am 10. Dezember 1896 als einzige halbwegs vertraute Personen anwesend. Nobel bedachte sie in seinem Testament mit einer Leibrente von je elftausend Francs.

Es gibt einige Briefe an das Blumenmädchen Sofie Hess, mit der er jahrelang ein Verhältnis hatte, die ähnlich deprimiert klingen wie der zu Beginn des Kapitels zitierte.

Die 20-jährige oft als Schönheit beschriebene Frau hatte Nobel im Spätsommer 1876 im Kurort Baden bei Wien kennen gelernt. In Paris zeigte sich Nobel niemals mit ihr öffentlich, weil er wohl fürchtete, sie könnte sich aufgrund ihrer mangelnden Bildung nicht sicher in der Pariser Gesellschaft bewegen. Nobels Versuche, diesem Mangel abzuhelfen, gerieten bisweilen schulmeisterlich. So stellte er in

Paris eigens eine französische Gesellschaftsdame ein. Mit Ausnahme seines Verhältnisses mit Sofie Hess sind keine Liebesbeziehungen von Dauer bekannt.

In Paris, damals schon Zentrum internationaler Geschäfte, lebte Nobel von 1873 an in einem prächtigen Stadthaus. Er kaufte sich dieses elegante Haus in der Avenue Malakoff, nahe dem Triumphbogen und dem Bois-de-Boulogne. Das Haus besaß einen Wintergarten mit Gewächshäusern für Orchideen und einen Stall für seine eleganten russischen Pferde, die seine Kutsche durch den Bois-de-Boulogne zogen. Victor Hugo und andere Schriftsteller waren oft zu Gast bei ihm, Nobel liebte diese anregenden Konversationen, er galt selbst als gebildeter Unterhalter. Im Hof befand sich ein kleines, gut ausgestattetes Labor. Er verließ Paris, als er sich zu Unrecht angeklagt fühlte aufgrund des Vorwurfs des „Hochverrats gegen Frankreich", weil er wichtige Patentrechte Italien überlassen hatte.

Die Nobelstiftung hat nach aufwändigen Recherchen herausgefunden, dass die Pariser Adresse von Avenue Malakoff 53 auf 59 geändert wurde. Ein Teil der Straße von Étoile bis zur Avenue Foch war umbenannt worden in Avenue Raymond Poincaré. Deshalb muss, wer das Haus von Alfred Nobel sucht, heute in die Avenue Raymond Poincaré Nr. 59 gehen. Das Haus wurde 1910 komplett umgebaut im Stil des Art Nouveau. Seit 1994 befindet sich darin eines der bekanntesten Restaurants von Paris. Alain Ducasse kocht hier, das sei an dieser Stelle erwähnt für alle, die sich für die Haute Cuisine interessieren.

*

Szenenwechsel Stockholm: Auch hier wird erlesen gekocht, vor allem am 10. Dezember beim Nobel-Bankett. Doch ehe wir zu diesem bekannten Ereignis kommen, dem Diner in der Blauen Halle des Stadthauses, wollen wir mit einer schon kurz angedeuteten Episode beginnen, die das Wesen Nobels deutlicher werden lässt. In einer ähnlichen Weise vielleicht, wie es die Kanone im Garten von San Remo tut. Die Geschichte beginnt am 3. September 1864, einem schönen Samstag im Frühherbst. Stockholm war zu diesem Zeitpunkt keine reiche

Stadt. Es gab keine Bürgersteige, die kopfsteingepflasterten Straßen waren voller Abfall. Im Laboratorium von Immanuel und Alfred Nobel reinigte Alfreds damals 21-jähriger Bruder Emil Oscar Glyzerin – er half aus, nachdem er gerade sein Abitur gemacht hatte. Mitten in der Arbeit flog plötzlich das Laboratorium im Nebengebäude in die Luft.

In der Stockholmer Zeitung *Posttidingen* stand damals: „Später erfuhr man, dass die von Ingenieur Nobel draußen bei Heleneborg am Längholmsund angelegte Nitroglyzerinfabrik explodiert war. In der Hauptstadt nahm man das Unglück durch einen heftigen Knall wahr, und durch eine große helle Flamme, die zum Himmel stieg. Dieser folgte unmittelbar eine gewaltige Rauchsäule, die ebenfalls nach einer Weile verschwand, so dass man mit Ausnahme der oben erwähnten Fensterscheiben auf Kungsholmen und einem gewissen Durcheinander auf den Verkaufstischen der Hökerinnen auf Munkbron in der Stadt nichts weiter mitbekam."

Die Szenerie vor Ort bot ein Bild der Zerstörung: zerborstene Fensterscheiben überall, rauchgeschwärzte Gebäudereste, Fenstersimse weggesprengt. „Das Entsetzlichste war jedoch der Anblick der verstümmelten Leichen, die über den Unglücksplatz verstreut lagen. Nicht genug damit, dass die Kleider von den Körpern gerissen waren, bei einem Teil von ihnen fehlte auch der Kopf, und das Fleisch war zerfetzt bis auf die Knochen. Mit einem Wort, man sah keine gewöhnlichen Leichen, sondern formlose Massen von Fleisch und Knochen, die wenig oder keine Ähnlichkeit mit einem Menschenkörper hatten."

Fünf Menschen starben, darunter Emil Nobel, der jüngste Bruder von Alfred. Von Alfred Nobel ist kein Gefühlsausbruch, keine Verzweiflung überliefert. Ursache der Katastrophe war vermutlich ein falscher Umgang mit Glyzerin. Dieses brachte das in offenen Behältern aufbewahrte Nitroglyzerin zur Explosion. Normalerweise ist das erst bei einer Erwärmung auf 180 Grad Celsius möglich. Die Polizeibehörde untersagte daraufhin die „Herstellung und Lagerung von Nitroglyzerin auf bebautem Gebiet". Damit war faktisch die weitere Erforschung von Sprengmitteln in Stockholm untersagt. In Stockholm sprach man noch Jahre später vom „Nobelschen Knall".

Die Fabrik in Heleneborg existiert heute nicht mehr, heute ist dort auf der Insel Södermalm eine Wohngegend. Södermalm ist eine der bevölkerungsreichsten Inseln der 736 000 Einwohner zählenden Hauptstadt Schwedens. Doch man muss nur wenige Kilometer weiter fahren. Unweit von Heleneborg im Mälarsee, genauer am Bockholmsund, verankerte Alfred Nobel einen alten Kahn, auf dem er kurze Zeit nach dem Unglücksfall fast unbeeindruckt weiter experimentierte. Zu diesem Zeitpunkt war er bereits die treibende Kraft im Unternehmen, nicht mehr sein Vater. Er war besessen davon, einen Weg zu finden, das Nitroglyzerin als Sprengstoff sicher und effektiv zu verwenden, was ihm als erstem Forscher weltweit auch gelang. Schon fünf Wochen später wurde, noch im Jahr 1864, trotz vieler öffentlicher Proteste, beim Bau des Söder-Eisenbahntunnels ein anderes Nobel-Produkt verwendet, das Nobelsche Sprengöl.

Die erste Nitroglyzerin-Fabrik der Welt entstand dann in einer Seebucht mit dem schönen Namen Vinterviken. Dort sind große Teile der alten Fabrik erhalten. Nichts davon befindet sich mehr im Besitz der Nobelstiftung, obwohl doch die Wurzeln des Reichtums von Alfred Nobel und damit die der Nobelstiftung in Vinterviken liegen. Bei der Nobelstiftung sagt man dazu nur: Man musste gemäß Alfred Nobels testamentarischer Verfügung allen Besitz veräußern.

Es ist ein stiller Ort, den man heute mit der U-Bahn und Bus erreicht, über Liljeholmen und den Bus 133. Die Wiese neben dem alten Fabrikgebäude fällt flach ab zum See hinunter, die Szenerie erinnert an alte FDJ-Jugendheime an der Ostsee. „Vinterviken – Winterbucht" ist auch der Titel eines Großstadtromans von Mats Wahl über Jugendliche in Stockholm: „O Brüder und Schwestern, habt ihr schon mal was von der Winterbucht gehört? Die Wogen und das Wasser zwischen Apusden und Bromma, die Wellen, Brüder und Schwestern, der Wellenschlag am Ufer, das Klirren der Steine am Strand, das Rauschen des Windes im Schilf und ein flatterndes Segel an einem Hochsommertag? Schwestern und Brüder, habt ihr Essinge gesehen? Die Hochbrücke, die über das Wasser führt, habt ihr Björnholmen und Kärsön gesehen und die Segelboote, die mit vollen Segeln von Bromma herübergesegelt kommen? O Brüder und Schwestern! Es gibt so vieles, was ihr nicht wisst, so vieles, was ihr nie gesehen habt!" Ein Schild in dieser Bucht erinnert an den Roman. Seltsam zeitlos ist es hier. Über hundertdreißig Jahre früher war es noch abgeschiedener, oben am Hang standen noch keine mehrstöckigen Häuser. Es war still genug für eine Sprengstofffabrik.

Am 21. Januar 1865 erhielt Alfred Nobel von der Bezirksregierung die Genehmigung, in Vinterviken gegenüber von Stora Essingen eine Fabrik an Land zu errichten. Die Herstellung des Sprengöls konnte beginnen. Es war Nobels erste Fabrik für Nitroglyzerin, sie lag auf einem Gelände nur drei Kilometer Luftlinie vom alten Labor in Heleneborg entfernt.

Anders Bárány, Sekretär des Nobel-Komitees für Physik und Kurator des Nobel-Museums, sagt, sein Lieblingsplatz in Stockholm sei das „Skulpturens Hus", das Skulpturenhaus; „wegen des Wassers, der Lage im Tal und des schön renovierten Backsteingebäudes" sei es so schön. Es ist die alte Fabrikhalle der Nobel-Fabrik in Vinterviken. In Sichtweite, Richtung See, sind noch die Gebäude der alten Laboratorien erhalten und ein hoher Kamin. Es sind flache Gebäude, in denen heute Künstler arbeiten, vorwiegend Bildhauer. Sie machen teilweise verrückte Sachen, Figuren mit eigenwilligen Gesichtern. Ein Zaun umgibt das Gelände, auf dem Hof liegen die Arbeitsmaterialien vor den verschiedenen Ateliers herum, Steine, Metall, Holz.

Von diesen Gebäuden gibt es keine alten Fotografien mehr, so dass man nicht sicher sagen kann, dass sie schon, wie das Skulpturenhaus, zu Nobels Zeiten standen. Doch was macht das an einem solchen Ort, an dem man sich diesem eigenwilligen Forscher näher fühlt als sonst irgendwo in Stockholm?

Hinter diesem Gelände führt ein Weg vorbei. „Gehen Sie den Weg entlang", sagt eine der Künstlerinnen, die gerade ihr Atelier aufräumt, „dort hinten sind noch die alten Bunker und Sprenggräben." Wo Nobel gesprengt hat? „Ja", sagt sie, als sei es das Normalste der Welt. Es ist alles verwildert, nur Tunnels existieren noch, die hineinführen in Gräben und Krater. Hier hatte Nobel die ersten Sprengversuche mit Nitroglyzerin gemacht.

Still liegt die Landschaft da, kein Knallen mehr, keine Rauchschwaden, keine Gefahren. Natürlich findet man auch keine Brand- oder Sprengspuren. Eher Müll und Glasflaschen oder Reste von Lagerfeuern, von Jugendlichen, die hier draußen am See die Sommernächte verbringen. Es ist ein vergessener Ort, voller Geschichte und Geschichten. Ein Ort, den man in der Phantasie beleben kann.

Eine dieser ungewöhnlichen Geschichten, die Jahrzehnte nach Nobels Tod hier tatsächlich spielte, hat mit einem Fotografen zu tun. Mit William Eggerton, den Namen weiß Michael Sohlman, der Direktor der Nobelstiftung, jedoch nicht mehr. Aber er war es wohl, der hier zum ersten Mal in den 40er Jahren des 20. Jahrhunderts eine fliegende Gewehrkugel fotografierte, die aus einem Lauf kommt. Es gibt auch Bilder, die das Durchschlagen eines Apfels zeigen. In jedem Fall sind Eggertons Fotografien die ersten Ultrakurzzeitaufnahmen der Geschichte, er nahm sie mit einem von ihm entwickelten Stroboskopblitz auf. Die Explosion war erstmals im Detail zu sehen.

*

Es ist eine dieser Geschichten, die man irgendwann erfährt, wenn man durch Stockholm läuft und sich nach Nobel erkundigt. Geschichten, die die Herren der Nobelstiftung in diesem unscheinbaren Gebäude mit einer strengen Fassade am Sturegatan 14, die den Humlegarden-Park an einer Seite begrenzt, kennen, mit denen sie ihr Andenken an Nobel im Stillen aufrechterhalten. Denn egal, wen man fragt, ob Michael Sohlman oder Anders Bárány oder die Mitarbeiter des Nobel-Museums, alle mögen die alte Fabrik und das Skulpturenhaus – und alle haben sie ihre Geschichte zu erzählen.

Über der Eingangstür des Hauses gegenüber der Schwedischen Nationalbibliothek – in dessen unterirdisch in 40 Metern Tiefe gelegenen Magazinen befindet sich auch die originalgetreu nachgebaute Wohnung der Literatur-Nobelpreisträgerin Nelly Sachs – sieht man ein Steinrelief von Alfred Nobel. Nur eine schwedische Fahne weht über dem Portal, kein Messingschild, nichts Auffälliges hier. Das Tor versperrt ein schwarzes, eisernes Gitter, daneben ist der Kasten für die Zugangscodes. Es ist der Sitz einer Stiftung, die die Öffentlichkeit nicht braucht. Für die Öffentlichkeit sind die offiziellen Preisverleihungen, die Königlichen Hoheiten, die Komiteemitglieder besser geeignet. Hier dagegen wird in erster Linie Geld verwaltet. Das Haus entstand in den späten 20er Jahren. Die Tür öffnet sich langsam automatisch, im Inneren herrscht Stille. Am Ende des Ganges im Vestibül steht dann die erste marmorne Büste Alfred Nobels. Etwas düster ist es hier, nur im Garten draußen verliert sich das Gedämpfte. Der Architekt hat hier einen Springbrunnen bauen lassen. „Ein Platz für die Angestellten im Sommer", ist im Internet zu lesen. Die Wände sind aus Kalkstein, der aus Gotland stammt, verkleidet mit Marmorplatten. In manchen Nischen finden sich Bronzefiguren. Gediegene Eleganz beherrscht die Stimmung.

Im Erdgeschoss befindet sich der Ferdinand-Boberg-Raum, benannt nach dem Architekten, der das Nobel-Museum bauen sollte. Drei seiner bizarren Entwürfe hängen nebeneinander als Gemälde dort, ein beispielloser Stilmix aus indischer Pagode, islamischer Moschee, italienischer Villa und amerikanischem Wolkenkratzer.

Niemand wartet unten auf einen, erst oben am Ende der Treppe ist ein Empfangsraum. Im Gang hängen Bilder aus der Sammlung von Georg von Békésy, dem Medizin-Nobelpreisträger von 1961. Überall gedämpftes Licht, am Boden Teppiche. Es ist kein Ort, an dem man laute Feste feiert.

Oben im Konferenzzimmer ist das Herz der Stiftung. Es ist der Raum, in dem Alfred Nobels Testament in einer Vitrine zu sehen ist, wo seine Reisetasche normalerweise steht, die Nobelmedaillen der einzelnen Preise und drei Gemälde hängen: von Alfred Nobel natürlich (gemalt von Emil Österman), von Ragnar Sohlman, dem Chemieingenieur und Testamentsvollstrecker, der 1948 starb, und von der Friedenskämpferin Bertha von Suttner. Dazu kommen zwei Büsten, eine davon zeigt Immanuel Nobel, den Vater des Stifters. Am großen Sitzungstisch berät der Vorstand, was man mit dem Geld macht, wie hoch die Preissumme sein wird, wie denn die Feier vom nächsten Jahr aussehen wird. Es ist ein Ort, der schon viele Direktoren und Mitglieder gesehen hat, wo man nicht nur für Jahre plant, sondern für die Ewigkeit.

*

Nobel hatte bereits 1893 überlegt, nach Schweden zurückzukehren, und nahe seines Werks in Bofors den Landsitz Björkborn gekauft. Das Haus wurde seit Nobels Tod mehrmals umgestaltet, es sind jedoch noch einige persönliche Gegenstände Nobels, z. B. sein Schreibtisch, vorhanden, auch Gemälde von seinem Vater und den Brüdern Robert und Ludvig. Im Haus finden jährlich Nobel-Symposien statt mit renommierten Wissenschaftlern.

Überall in Stockholm gibt es diese Orte, die so still vor sich hin schlummern. Meist sind es Plätze, die nicht von der örtlichen Sightseeing-Tour „Stockholm und Nobel" angefahren werden. Man kommt dort am Grand-Hotel vorbei, in dem in der Nobel-Woche vom 6. bis zum 13. November die Nobelpreisträger wohnen. Hier fand auch das Diner der ersten Preisverleihung statt. Günter Grass hat in seinem Band „Stockholm" die Nummer seiner Suite fotografiert: 702. Von den Suiten aus hat man Blick hinüber auf das Königsschloss, wo die Parade zur Wachablösung im Innenhof stattfindet. Der König und die Königin wohnen nicht hier mitten in der Altstadt, der Gamla Stan, sondern draußen auf Drottningholm.

Die zentralen Orte der Sightseeing-Tour, die untrennbar mit den Nobel-Feierlichkeiten verbunden sind, sind das Konzerthaus am Hötorget und das Stadthaus am Mälarsee. Nicht weit vom Hötorget führt übrigens die Straße entlang, an der 1986 Olaf Palme erschossen wurde. Er liegt in einem kleinen Friedhof neben einer Kirche begraben, wo auch der Polarforscher Sven Hedin die letzte Ruhestätte fand. Das Konzerthaus mit seinen 1700 Plätzen ist tagsüber meist geschlossen, und es wirkt auch nie so pompös wie am 10. Dezember, wenn auf der geschmückten Bühne die Nobeldiplome und -medaillen übergeben werden.

*

Es klingt banal, wenn man sagt, dass man den Nobelpreis in Stockholm besser versteht. Weil es doch auch nur eine Großstadt im Norden ist, in der auf den ersten Blick das Leben auch nicht anders abläuft. Was einem auffällt, ist das Licht, das länger als im Süden braucht, um abends zu verschwinden. Es ist auch eine Stadt, in der die neuen U-Bahnen Namen tragen, vorwiegend weibliche wie Elvira, Mia, Anna-Maria oder Chudapha. Innen laufen Leuchtbänder mit dem nächsten Halt und allerlei Informationen, die lustig klingen, die man als Nicht-Schwede aber kaum versteht. Die U-Bahnen fahren über Brücken von Insel zu Insel, von Södermalm über Riddarholmen zum Hauptbahnhof. Viele Inseln heißen Holmen. Skeppsholmen mit dem Modernen Museum, Kastellholmen mit einer kleinen roten Burg, die man vom Wasser aus sieht. Überhaupt hat man das Gefühl, es muss einmal eine Ansammlung kleiner Inseln gewesen sein, die geradezu herausforderte, auf den höchsten Punkt ein Schloss oder eine Burg oder einen Turm oder wenigstens ein herrschaftliches Gebäude zu bauen. Es waren erhabene Inseln. Jetzt stehen herrschaftliche Häuser am Strand der Stömmen und des Mälarsees, manchmal geduckt an den Felsen gebaut, manchmal in einer langen Reihe stolzer Fassaden. Es gibt kaum Baulücken hier, trotz der manchmal weniger schönen neuen Fassaden ist es eine gewachsene Stadt.

Auffallend in dieser Stadt ist der Drang zur Höhe. Es ist nicht nur der hohe Turm des Stadthauses, wo das Bankett stattfindet, der unbedingt einen Meter höher sein musste als ein fast zeitgleich in Kopenhagen erbauter. Auch zur neuen, ganz eigenwilligen Siedlung, die der spanische Architekt Ricardo Bofill auf Södermalm 1992 gebaut hat, gehört ein runder Hochhausturm. Daneben steht in einem Halbrund ein schlossähnliches Wohnhaus, nach den Worten seines Schöpfers ein „Versailles für das Volk". Der Wohnhausturm ist wie ein Leuchtturm, selbst von der Altstadt aus, oder vom Stadthaus kann man die Spitze erkennen.

Das Stadthaus selbst wurde 1911 bis 1923 nach Plänen des Architekten Ragnar Östberg erbaut. Es ist eines der bedeutendsten Bauten der schwedischen Nationalromantik. Das Gebäude, das sich zum östlichen Teil des Mälarsees, dem Riddarfjärden, öffnet, besteht aus 8 Millionen Backsteinen.

Das Nobel-Bankett findet in der Blauen Halle statt, die eigentlich blau hätte schimmern sollen. Als Östberg die rote Backsteinmauer sah, wollte er sie nicht mit blauem Putz bedecken lassen. Der Name aber war schon bekannt und auf allen Bauplänen der Stadt vermerkt.

Die Nobel-Tour führt noch zur Börse, wo bis 2004 die Nobel-Jubiläumsausstellung stattfindet und die Schwedische Akademie ihren Sitz hat. 1786 hatte sie der schwedische König Gustav III. gegründet, der dann 1792 auf einem Maskenball ermordet wurde. Die Akademie wacht über die Reinheit der schwedischen Sprache und hat ihren Sitz im Obergeschoss der Börse. Draußen vor der Tür, auf dem Stortorget, fand einst ein großes Blutbad statt. Der Däne Kristian Tyrann ließ dort 1520 eine Reihe schwedischer Ehrenmänner enthaupten, diese grausame Handlung ging als „Stockholmer Blutbad" in die Geschichte ein. Im Stadthaus ist sie als Wandmosaik im Goldenen Saal zu sehen, wo die Nobelpreisträger und die Gäste der Feier nach dem Bankett die Nacht durchtanzen.

An Orten wie diesem versteht man etwas vom Glanz und Geltungswillen der schwedischen Preisverleiher und ihrer Auszeichnung. Mit Alfred Nobel selbst hat in Stockholm nur noch Vinterviken zu tun. Am nächsten kann man ihm vermutlich in San Remo kommen, so komisch das klingt, aber welcher Mensch stellt sich eine Kanone in den Garten seiner Villa – und benützt sie auch noch?

Das System Nobel

„Am Rande zu stehen, verdammt, das ist mein Prinzip, und daran halte ich fest."
(George Brassens)

Man könnte sich das System Nobel wie einen Organismus vorstellen, eine Art künstliche Intelligenz, darauf programmiert, über das Wissen der Welt zu wachen. Seine Energieversorgung ist dank einer großzügigen Spende gesichert. Mit den 101 Jahre alten Statuten, die mehrmals geändert wurden, hält man den Bauplan in Händen. Darin verzeichnet sind Anweisungen für dieses amorphe Wesen, dessen Netzwerk die halbe Erde überzieht. Es verfügt über vier zentrale Organe, die ruhig vor sich hin zu arbeiten scheinen. Nur einmal im Jahr sind deutliche Bewegungen erkennbar. Es ist die Zeit Anfang Oktober. Dann verkündet es seine Botschaften für die Welt, sein Orakel aus dem Norden. Als Folge gehen an einigen Punkten der Erde Scheinwerfer an, es beginnt ein Blitzlichtgewitter, Kameras verfolgen die, die im Orakelspruch genannt wurden. Diese Menschen, man nennt sie dann Laureaten (die mit einem unsichtbaren Lorbeer Bekränzten), werden zu Lichtgestalten. In diesem Moment ist dieses Wesen, dieses System Nobel ganz bei sich, als ein System der Sieger, bei dem nicht einmal zweite und dritte Plätze verliehen werden.

*

So erscheint die Wahl wohl vielen schicksalhaft. Umso mehr, als das System Nobel eben kein Supercomputer ist; es sind vielmehr einige sehr menschliche Wesen, die in den fünf Komitees sitzen. Nimmt man den seit 1969 von der Bank von Schweden vergebenen Preis für Wirtschaftswissenschaften im Gedenken an Alfred Nobel hinzu, sind es sechs. Diese Verbindung zwischen „human touch" und einem – zumindest, was die Preise in den Naturwissenschaften betrifft – sehr ausgeklügelten Vorschlags- und Bewertungssystem bildet das Herzstück. Zudem wacht das System Nobel darüber, dass die Allgemeinheit in den ersten fünfzig Jahren nach der Preisvergabe keinen Einblick in ihre Archive erhält, erst danach werden Historiker oder Menschen mit wissenschaftlichem Interesse eingelassen. Niemand kann in den Protokollen nachlesen, wer nominiert war neben den Preisträgern, von wem und wie die Arbeiten bewertet wurden. Was auch nach diesen fünfzig Jahren niemand erfahren wird, sind die Gedanken und Beweggründe der Juroren, die bestimmte Kandidaten heftig unterstützen, andere dagegen blockieren. Natürlich gibt es Fehler und Lücken im System; vor allem die Mitglieder der Schwedischen Akademie haben in den vergangenen Jahren das Schweigegelübde nicht ganz so ernst genommen. Doch dazu später.

*

Am Anfang, noch ehe man sich zu diesem Organismus formierte, herrschten größte Bedenken: Dass man sich nicht so schnell den Überblick verschaffen könne in nur einem Jahr. Dass man sich als angesehene Vereinigung blamieren, gar als unakademisch gelten könne. Heute spricht kaum noch jemand in Stockholm darüber, dass sich mit Ausnahme des norwegischen Parlaments die preisverleihenden Institutionen anfangs zierten, die in Nobels Testament zugedachten Aufgaben zu übernehmen. Und wenn, dann hat sich die Geschichte über eine anfängliche Verweigerung, die das Entstehen des Nobelpreises ernsthaft bedrohte, in eine Anekdote verwandelt über Zeiten, als man noch unbedarft war.

Alfred Nobel hatte die zuständigen Einrichtungen klar in seinem Testament benannt: *„Die Preise für Physik und Chemie werden von der Schwedischen Akademie der Wissenschaften verteilt; die für physiologische oder medizinische Arbeiten vom Karolinska Institut in Stockholm; die für Literatur von der Akademie in Stockholm und die für Friedensvorkämpfer von einem Ausschuss von fünf Personen, die vom Norwegischen Storting gewählt werden."*

Nach der Testamentseröffnung hatte sich nur das norwegische Parlament am 26. April 1897 sofort bereit erklärt, die Friedensnobelpreisträger zu küren. Das Karolinska Institut tat dies erst am 7. Juni 1898, die Schwedische Akademie am 9. Juni, die Akademie der Wissenschaften stimmte am 11. Juni zu.

Testamentsvollstrecker Ragnar Sohlman konnte die drei wissenschaftlichen Einrichtungen erst überreden, als er finanzielle Unterstützung für ihre Arbeit zusicherte. Am 29. Juni 1900 wurden die Statuten der Nobelstiftung verabschiedet und von König und Regierung abgesegnet. Die Stiftung verwaltet das Vermögen. Damit war erstmals sicherer Boden erreicht nach Jahren der Ungewissheit. Die erste Preisverleihung fand erst fünf Jahre nach dem Tod Alfred Nobels am 10. Dezember 1901 statt. Aus Sicht der Akademien hat sich das Pokern und Zaudern gelohnt. Heute fließen 40 Prozent der jährlichen Erträge der Nobelstiftung an sie, 60 Prozent gehen an die Nobelpreisträger.

*

Schnell stellte sich natürlich die Frage, wie man die Qualität der Auswahl sichern könne. Denn dies bedeutete zusätzliche Arbeit. Die Komitees müssen ja aus den vorgeschlagenen Kandidaten geeignete herausfiltern. Dies heißt, man muss sich überlegen, wie gut die Arbeiten der Betreffenden eigentlich sind, wie revolutionär, welche Nutzen sie bringen und wann, weshalb sie überhaupt vorgeschlagen wurden und von wem, was der- oder diejenige davon haben könnte bis hin zu der letzten Entscheidung: Weshalb der eine und nicht der andere?

Deshalb hat man in Stockholm und Oslo eigene Nobel-Institute gegründet, deren Mitarbeiter sich nicht nur durch die Fachliteratur wühlen, um die Nominierten bewerten zu helfen – man würde das heute wohl Evaluierung nennen –, sondern die auch selbst wissenschaftlich in ihren Fachbereichen tätig und Kongresse und Tagungen organisieren sollen, etwa die Nobel-Vorlesungen. Manche der Institute wurden erst spät gegründet. 1945 entstanden etwa am Karolinska Institut die Abteilungen für Neurophysiologie sowie Zellforschung und Genetik. Den Anfang hatte 1901 die Schwedische Akademie gemacht, die neben dem Institut eine eigene Nobel-Bibliothek installierte. Dort wollte man die beste und modernste Literatursammlung der Welt aufbauen, heute zählt sie 200 000 Bände mit Schwerpunkt auf zeitgenössischer Literatur und literarischer Geschichte. In sie fließt auch heute noch der Großteil der jährlichen Zuwendungen. Das

Osloer Institut folgte 1904, im Jahr darauf das der Akademie der Wissenschaften mit den Abteilungen Physik 1937 und Chemie 1944. All diese Einrichtungen arbeiten völlig unabhängig von der Stiftung.

*

Wer Preisträger überhaupt nominieren darf und wie sich die Komitees zusammensetzen, ist in den Statuten der Nobelstiftung festgelegt und je nach Preis unterschiedlich. In diesen Statuten findet sich auch die erste Abweichung von Nobels testamentarischem Willen. Die prämierten Entdeckungen müssen – im Gegensatz zu seiner Verfügung – nicht aus dem vergangenen Jahr stammen. Ein erster deutlicher Einschnitt.

Nicht jeder darf Vorschläge machen zu Personen, die er für geeignet und würdig hält, Nobelpreisträger zu werden. Dies ist ein erster, ins System eingebauter Filter. Die Anzahl der Nominierenden reduziert sich dadurch auf ein paar Tausend. Wichtiger dabei ist, dass man diese Menge von Menschen ihrer Struktur nach kennt, zudem die Möglichkeit hat, ordnend einzugreifen. Natürlich schützt die Beschränkung der Vorschlagsberechtigten die Komitees darüber hinaus vor einer Menge unnützer Arbeit.

Generell haben in allen Preiskategorien Komiteemitglieder und die jeweiligen Nobelpreisträger Vorschlagsrecht. Es gibt eine eindeutig skandinavische Note, mit leichter Variation je nach Disziplin. In Physik und Chemie kommen die 350 schwedischen und 164 ausländischen Mitglieder der Königlich Schwedischen Akademie der Wissenschaften hinzu, sowie die ordentlichen Physik- und Chemieprofessoren und Dozenten der Universitäten und technischen Institute von Schweden, Dänemark, Finnland, Island und Norwegen und des Karolinska Instituts in Stockholm. Erst dann folgt der internationale Teil mit Physik- und Chemie-Lehrstuhlinhabern an mindestens sechs ausgewählten ausländischen Universitäten sowie ausgesuchte Fachleute, die die Wissenschaftsakademie für geeignet hält.

Ähnlich ist es im Bereich Physiologie oder Medizin: Hier sind es zusätzlich die Mitglieder der Medizinischen Fakultät des Karolinska Instituts und der Medizinischen Abteilung der Akademie der Wissenschaften in Stockholm, zudem Professoren oder Inhaber vergleichbarer Positionen an Medizinfakultäten in Schweden und ähnlichen Einrichtungen in Dänemark, Finnland, Island und Norwegen sowie an mindestens sechs weiteren ausgewählten internationalen Universitäten und ausgesuchte Fachleute.

Für Literatur ist die Schwedische Akademie zuständig. Ihre 18 Mitglieder sowie die ähnlicher Institutionen weltweit wie beispielsweise die Académie française können Kandidaten benennen, ebenso Professoren für Literatur und Sprachwissenschaften an den genannten Universitäten und die Präsidenten wichtiger Autorengesellschaften wie etwa des PEN in den einzelnen Ländern.

Am internationalsten zusammengesetzt ist die Gruppe der Nominierenden beim Friedensnobelpreis. Neben den Beratern des norwegischen Nobel-Instituts haben die Mitglieder der nationalen Parlamente und Regierungen aller Staaten Vorschlagsrecht (nicht jedoch die Abgeordneten des Europaparlaments) sowie die Mitglieder der Interparlamentarischen Union in Genf, des Internationalen Gerichtshofs in Den Haag, des Internationalen Friedensbüros in Genf, des Instituts des Internationalen Rechts in Gent, gefolgt von Universitätsprofessoren für Recht, Politische Wissenschaft, Geschichte.

Der Skandinavien-Schwerpunkt stabilisiert das Auswahlsystem, da die Kontakte untereinander traditionell sehr eng sind und dies als Nebeneffekt auch eine gewisse Kontrollmöglichkeit für die Komitees bietet. Der Schwerpunkt der Nobelwelt liegt weit im Norden.

*

Eines der umstrittensten Machtzentren ist im ersten Stock der Schwedischen Börse nahe dem Königsschloss untergebracht. Im Erdgeschoss ist bis zum Jahr 2004 die Jubiläumsausstellung „Cultures of Creativity" zu sehen. Hier ist der Sitz der Schwedischen Akademie, eines Gremiums, dessen Mitglieder im Schnitt 70 Jahre alt sind. Sie sind dafür bekannt, bisweilen alles andere als altersweise zu streiten. Nicht nur um die Sache, d.h. um die Literatur oder im weiteren Sinne die Pflege der Sprache. Achtzehn Mitglieder gehören der Akademie an, knapp die Hälfte sind Schriftsteller, das jüngste Mitglied ist die 1953 geborene Lyrikerin Katarina Frostensson, das älteste der 1910 geborene Erik Lönnroth, Mitglied seit 1962. Nicht aufgenommen wurde eine Generation hervorragender schwedischer Schriftsteller: nicht Tomas Tranströmer, nicht Lars Gustafsson, nicht Thomas Enquist, nicht Sven Delblanc. Die Mitglieder sind auf Lebenszeit berufen, ein Ausscheiden aus eigenem Wunsch ist in den Statuten nicht vorgesehen. Es ist lediglich möglich, den wöchentlichen Sitzungen am Donnerstag fernzubleiben. Stirbt ein Akademiemitglied, wählen die Verbleibenden einen Nachfolger. Der Ständige Sekretär der Akademie darf nicht älter als 69 Jahre sein, derzeit ist es Horace Engdahl, der erst 1997 in die Akademie aufgenommen wurde. Für die Nobelpreisentscheidung müssen mindestens zwölf der 18 Akademiker anwesend sein, die einfache Mehrheit entscheidet.

Gegründet wurde die Schwedische Akademie am 5. April 1786 in der Schwedischen Börse. König Gustav III. (er taucht auch in Verdis „Maskenball" auf) hatte 1786 die ersten 13 Mitglieder der Akademie ernannt, den großen Teil der Statuten verfasst, sich dabei sehr an den Regeln der Académie française orientiert. Das Hauptanliegen der Akademie sei es, „Reinheit, Stärke und Stellung" der schwedischen Sprache zu fördern. Dafür soll ein Lexikon und eine Grammatik der schwedischen Sprache entstehen. 1893 begann man mit dem Buchstaben A. Nach den jüngsten Berechnungen werde man im Jahr 2017 beim letzten Buchstaben des schwedischen Alphabetes angelangt sein, dem Ö.

König Gustav III. schrieb der Akademie durchaus eine patriotische Rolle zu. Sie sollte das Niveau der schwedischen Sprache und seiner Literatur auf das Niveau führender Nationen bringen. In seiner Eröffnungsrede im Jahr 1786 formulierte er den Anspruch so: „Das Andenken großer Männer zu ehren bedeutet, deren Nachkommen zu gebieten, ihnen zu ähneln: Kriegsherren, Richter, Staatsmänner, Mitbürger! Ihr, die ihr die Namen dieser Helden geerbt habt oder die Ihr deren Ämter bekleidet, hört, seht die Opfer, die eine dankbare Nachwelt zu deren Gedenken erbringt; verdient, wenn Ihr es könnt, verdient deren Ehrengedenken. Euer Name ist vor das Gericht der Nachwelt gestellt."

Da die Akademie finanziell unabhängig sein sollte, erhielt sie bestimmte Vergünstigungen, etwa die Steuerfreiheit, was dazu führte, dass es sich heute um eine Einrichtung mit einem gewaltigen Vermögen handelt. Die schweizerische Zeitung *Weltwoche* schrieb von einem milliardenschweren Besitz in Aktien und Immobilien, die von „Gewinnsucht, Intrigen und Inkompetenz" beherrscht sei. Die Mitglieder führten sich „gegenseitig wohldotierte Stipendien zu, versehen sich und die Ihren mit attraktiven Wohnungen und sorgen für fette Pensionen". Kein gutes Bild, was sich hier abzeichnet. Thomas Steinfeld hatte in der *FAZ* von einem „Schlangennest, in dem Gesetze der Kolportage gelten", gesprochen.

Besonders fortschrittlich war die Akademie, die insgesamt fast 60 Literaturpreise und Stipendien vergibt, nie eingestellt. Unter ihrem Ständigen Sekretär Erik Axel Karlfeldt, dem übrigens kurz nach seinem Tod der Literatur-Nobelpreis verliehen wurde, wurde die erste Frau in den Bund vorwiegend älterer Männer aufgenommen. In den 215 Jahren seit der Gründung passierte dies insgesamt nur sechsmal.

*

Zurückhaltender treten meist die wissenschaftlichen Akademien auf, was ihr Mitwirken am Nobelpreis betrifft. „Diese Arbeit hat den Aufbau eines breiten Kontaktnetzwerks innerhalb der medizinischen Wissenschaftsgemeinde erfordert", steht sachlich auf der Homepage des Karolinska Instituts. Anfangs musste sich noch das Lehrpersonal um die Preisvergabe kümmern, heute ist dafür die Nobel-Versammlung mit ihren 50 Professoren des Karolinska Instituts zuständig.

Den Medizin-Nobelpreis haben seit 1901 acht schwedische Forscher erhalten, davon arbeiteten fünf am Karolinska Institut, nämlich Hugo Theorell (1955), Ragnar Granit (1967), Ulf von Euler (1970), Sune Bergström und Bengt Samuelsson (beide 1982). Im Karolinska Institut hat es sich seit 1980 eingebürgert, ehemalige Nobelpreisträger zu Vorträgen einzuladen. Dabei gibt es natürlich auch Gelegenheit, mit dem Nobel-Komitee über neue Entwicklungen auf dem jeweiligen Forschungsgebiet der Preisträger zu sprechen. Das dient einerseits dem Informationsfluss, bindet gleichzeitig aber auch die Laureaten enger an Stockholm. Wer seinen Einfluss geltend machen will, muss dies in Stockholm tun, nicht anderswo.

Auch hier taucht der „human touch“ wieder auf. Wer aufgenommen ist in den Club, gewinnt nicht nur an Prestige, er kann tatsächlich seinen Bereich und ein bestimmtes wissenschaftliches Umfeld stärken. So ist es oftmals von zentraler Bedeutung, wer Kontakt zu Nobelpreisträgern hat, sie auf Konferenzen oder in Fachgesellschaften entsprechend überzeugen kann.

Dem Karolinska Institut bekommt seine Stellung als preisverleihende Einrichtung offenbar gut. In den vergangenen Jahren wurden wieder einige neue Abteilungen gegründet. Seit 1993 gibt es auf dem Campus-artigen Gelände des Karolinska Instituts das neue Nobel-Forum, ein Backsteingebäude, in dem auch die Nobel-Versammlung mit ihren 50 Mitgliedern Platz fand. Es ist das erste eigens dafür konstruierte Gebäude. Hier verkündet das Nobelpreiskomitee jedes Jahr den Preisträger für Medizin oder Physiologie. Im ersten Stock, dem Nobel-Stockwerk, befindet sich die Versammlungshalle und das Nobel-Büro.

Das Karolinska Institut wurde 1810 auf Betreiben von König Karl XIII. gegründet, kurz nachdem der Finnische Krieg gegen Russland verloren wurde. Damals starben etwa ein Drittel der Verwundeten in den Feldlazaretten. Das Institut sollte die offenbar schlechte Schulung des Krankenpersonals verbessern. Heute ist es die einzige medizinische Universität des Landes.

*

Die Königlich Schwedische Akademie der Wissenschaften ist die Dachorganisation für die Bereiche Mathematik, Astronomie und Raumfahrt, Physik, Chemie, Geowissenschaften, biologische, medizinische und Ingenieur-Wissenschaften, humanistische und andere Disziplinen. Gegründet 1739 und in ihrer Idee der „Royal Society“ von London und der „Académie Royale des Sciences“ in Paris nachempfunden, kümmert sie sich hauptsächlich um die Mathematik und die Naturwissenschaften. Ihre sieben Institute vertreiben Fachmagazine, knüpfen Kontakte zu anderen europäischen Einrichtungen. Dabei ist die Akademie durchaus auch politisch beratend tätig. Sie hat 350 schwedische Mitglieder, von denen 164 unter 65 Jahren alt sein müssen. Zudem gibt es 164 ausländische Mitglieder. Sie stellt die Komitees der Sparten Physik, Chemie und Wirtschaft, bestehend aus jeweils fünf Mitgliedern und zusätzlichen Beratern nach Bedarf.

Die Akademie vertritt Schweden nach außen in internationalen Forschungsgemeinschaften. Gerade während der EU-Präsidentschaft Schwedens soll die Wissenschaft gestärkt werden. Nach einer Pressemitteilung der Akademie plant die EU ein neues beratendes Wissenschaftsgremium mit Sitz in London unter Mitwirkung der Schwedischen Akademie. Es soll auf EU-Ebene die wissenschaftliche Grundlage zu brisanten Themen möglichst fundiert liefern. Damit werden gleichzeitig neben den wissenschaftlichen Kontakten auch die politischen gestärkt.

*

Eine völlig andere Situation als in Schweden herrschte bei Alfred Nobels Tod in Norwegen. Schweden und Norwegen waren damals noch (bis 1905) in einem Staatenbund zusammengeschlossen. In Norwegen gab es für die Preisvergabe keine wissenschaftliche Einrichtung mit Tradition. Als 1905 das norwegische Nobel-Institut eröffnet wurde, war die Nobelstiftung heftig kritisiert worden, weil es zu viel Geld für die aufwändige Renovierung ausgegeben hatte.

In den ersten Jahren bis zur Gründung des Nobel-Instituts 1905 schrieb die Berichte zu den vorgeschlagenen Kandidaten der Komitee-Sekretär (und spätere Friedensnobelpreisträger) Christian Lange. Danach kamen erst drei Berater hinzu, Experten in internationalem Recht, Geschichte oder Politikwissenschaften. Seit den 80er Jahren gibt es vier ständige Berater, Professoren der Geschichte oder der Politik. Das Institut soll das Friedenskomitee in seiner Arbeit bei der Auswahl der Preisträger unterstützen und insbesondere auch Hintergrundinformationen über die Nominierten erarbeiten. So hat es im Laufe der Jahre die umfangreiche, 181 000 Publikationen zählende, öffentliche Bibliothek aufgebaut, vorwiegend über internationale Beziehungen und Friedenspolitik. Angegliedert ist mittlerweile auch eine eigene Forschungsabteilung. Die Abteilung veranstaltet Seminare und Konferenzen und natürlich die sogenannten Nobel-Symposien, die auch in anderen Disziplinen üblich sind.

Das Norwegische Nobel-Komitee besteht aus fünf Mitgliedern, die vom Storting, dem Norwegischen Parlament, gewählt werden. Nach den Regeln des Storting werden die Komitees auf sechs Jahre gewählt. Ihre Mitglieder, vom Parlament unabhängige Persönlichkeiten, können wiedergewählt werden. Die Zusammensetzung spiegelt die relativen Machtverhältnisse der politischen Parteien im Storting wider. Obwohl das keine Bedingung ist, sind doch alle Mitglieder norwegischer Nationalität. Das Komitee wählt seinen eigenen Vorsitzenden und dessen Stellvertreter. Der Direktor des Nobel-Instituts, derzeit Geir Lundestad, fungiert als Sekretär des Komitees. Alle Treffen des Norwegischen Nobel-Komitees finden in einem eigenen Konferenzraum des Instituts statt.

1936 gab es im Zusammenhang mit der Auszeichnung von Carl von Ossietzky eine Änderung in der Praxis: von diesem Zeitpunkt an waren keine aktiven Mitglieder der Regierung mehr Komitee-Mitglieder. 1977 wurde eine Regelung verabschiedet, nach der Mitglieder des Storting von der Wahl in das Komitee ausgeschlossen sind. Gleichzeitig wurde das Komitee von Nobel-Komitee des Norwegischen Storting in Norwegisches Nobel-Komitee umbenannt.

*

Zentrales und gleichzeitig repräsentierendes Organ der Nobelstiftung ist der Vorstand, der amtierende Vorsitzende ist Bengt Samuelsson, Medizin-Nobelpreisträger von 1982 und Professor für medizinische und physiologische Chemie am Karolinska Institut. Der Vorstand mit Sitz in Stockholm besteht aus sieben Mitgliedern und zwei Stellvertretern, alle schwedische oder norwegische Bürger.

Zunächst waren norwegische Staatsbürger im Vorstand nicht vertreten aufgrund der politischen Konstellation um 1900. Erst als 1986 die Statuten geändert wurden, durfte sich der Vorstand nicht mehr aus „schwedischen Männern" zusammensetzen, sondern aus „schwedischen oder norwegischen Bürgern". Im ersten Vorstand der Nobelstiftung war auch Ragnar Sohlman. Der Vorstand hat generell das Recht, aus seinen Reihen einen Vorsitzenden und einen stellvertretenden Vorsitzenden zu wählen, und den geschäftsführenden Direktor. Der derzeit amtierende Direktor ist Michael Sohlman, der Enkel des Testamentsvollstreckers Ragnar Sohlman. Die Amtszeit des geschäftsführenden Direktors beginnt jeweils am 1. Mai.

In den 50er Jahren begann die Nobelstiftung unter ihrem damaligen Direktor Nils Ståhle, etwas risikofreudiger zu investieren, vorwiegend in Immobilien. Erstmals tauchten auch ausgewiesene Finanzleute im Vorstand auf. Heute ist ein erfahrener Finanzexperte zusätzlich zum geschäftsführenden Direktor Michael Sohlman im Vorstand.

Nur den Vorsitzenden des Aufsichtsrates bestimmt die Regierung, was formal der einzige direkte Einfluss ist. Auch an solchen Kleinigkeiten sieht man die größere Geschlossenheit des Systems Nobel: Die Statuten wurden so geändert, dass die Entschädigungen für die Vorstandsmitglieder und die Aufsichtsräte der Stiftung wie das Gehalt des Direktors der Stiftung vom Stiftungsvorstand selbst bestimmt wurden.

*

Bengt Samuelsson setzt eine Tendenz fort, die 1960 ihren Anfang nahm, als mit Arne Tiselius, Chemie-Nobelpreisträger von 1948 und Professor für Biochemie an der Universität von Uppsala, erstmals ein Wissenschaftler Vorstand der Nobelstiftung wurde und kein ehemaliger Spitzenpolitiker. Bis dahin hatte diese Position meist ein ehemaliger Premierminister, Außenminister oder anderer hoher Regierungsvertreter inne. Von nun an war der Vorstand Mitglied einer der preisverleihenden Institute. Damit war auch das Ende einer symbiotischen Beziehung und die allmähliche Ablösung von der schwedischen Regierung sichtbar geworden. Faktisch ist heute die Nobelstiftung von der schwedischen Regierung völlig unabhängig. Man kann daraus sehen, dass die Nobelstiftung und die Institutionen in ihrem Umfeld immer mehr zu einem gemeinsamen System wurden. Die

Einrichtungen arbeiten eigenständig, jedoch in einem gemeinsamen Geist. Die hundertjährige Geschichte des Nobelpreises hat auch die preisverleihenden Einrichtungen geprägt. Mehr als für irgendetwas anderes stehen sie für die Marke „Nobel". Wäre es ein Konzern, man würde wohl von einer „corporate identity" sprechen.

Das Geld

„Ich bin in doppelter Hinsicht im Vorteil vor meinen Konkurrenten: Geld scheffeln und Lobhudeleien lassen mich völlig kalt.“
(Alfred Nobel)

Als Michael Sohlman 1992 die Verantwortung für ein Vermögen von 2,4 Milliarden schwedischen Kronen übernahm, das sind umgerechnet etwa 600 Millionen Mark, hatte er keine einschlägige Erfahrung als Vermögensverwalter. Er habe deshalb einen eintägigen Intensivkurs an der Universität Stanford belegt, um die Geheimnisse der Portfolio-Theorie zu studieren, sagt er scherzhaft. Der Vorsitzende der Nobelstiftung ging in Stanford zum Investitionstheoretiker William Sharpe, dem Nobelpreisträger für Wirtschaftswissenschaften 1990. Standesgemäß, könnte man sagen.

Sohlman, geboren 1944 in Stockholm, hat unter den bisherigen Vermögensverwaltern eine Sonderrolle. Familienbedingt. Dies ist eines der Kuriosa, die regelmäßig in der Geschichte des Nobelpreises auftauchen, die ihr gleichsam auch eine besondere Aura verleihen. Michael Sohlman ist der Enkel des Testamentsvollstreckers Ragnar Sohlman. Er macht natürlich nicht diese Verwandtschaftsverhältnisse für seine Wahl 1992 verantwortlich, sondern seine Karriere als Beamter in verschiedenen offiziellen Funktionen. Nach seinem Studium an der Universität von Uppsala arbeitete der ausgebildete Ökonom in zahlreichen Ministerien (Industrie, Landwirtschaft, Finanz, Äußeres). Als Delegierter des Handelsdepartments vertrat er die schwedische Regierung bei den Gatt- und EWR-Verhandlungen. Aus dieser Zeit stammen auch viele Kontakte zu wichtigen Vertretern der Finanzwelt.

*

Nach den Nobel-Statuten vom 29. Juni 1900 wird das Vermögen aus dem Erbe Alfred Nobels von der Nobelstiftung verwaltet. Die Stiftung ist zuständig für die Investition des Vermögens, nicht für die Verleihung der Preise. Das Gesamtvermögen bei Nobels Tod 1896 hatte 33,234 Millionen Kronen betragen. In seinem Testament verfügte er, eine Stiftung oder ein Fonds solle das *„Kapital, vom Testamentsvollstrecker in sicheren Wertpapieren realisiert"*, betreuen, *„dessen jährliche Zinsen als Preise denen zuerteilt werden, die im verflossenen Jahr der Menschheit den größten Nutzen gebracht haben."* Die Zinsen seien in fünf gleiche Teile aufzuteilen. Zu Vollstreckern machte er die beiden schwedischen Ingenieure Ragnar Sohlman und Rudolf Liljequist. Sohlman war damals erst 26 Jahre alt, hatte drei Jahre lang als Assistent für Nobel gearbeitet, in Paris, an Nobels zeitweiligem Wohnort in San Remo und im schwedischen Bofors. Liljequist, damals 40, kannte Nobel nur aus zwei Treffen. Als dritter kam der Jurist Carl Lindhagen hinzu, der spätere Bürgermeister von Stockholm.

*

Die Hauptaufgabe der Nobelstiftung besteht also darin, die finanzielle Grundlage der Nobelpreise sicherzustellen. Damit ist auch ihre Rolle als Investitionsunternehmen klar definiert. Viele der ersten Anlagen waren durch sogenannte Gold-Klauseln abgedeckt, der Besitzer war also berechtigt, den Gegenwert in krisensicherem Gold einzufordern. Aktiengeschäfte oder Grundstücksanlagen galten als zu riskant. In der Geschichte der Nobelstiftung, die seit 1926 ihren festen Sitz am Sturegatan 14 in Stockholm hat, gab es einige wichtige Grundsatzentscheidungen, die sich auf die Finanzlage und Investitionspolitik auswirkten.

Entsprechend den Investitionsvorgaben von 1901 setzte man zunächst auf Sicherheit. Das Vermögen war dann aufgrund der Auswirkungen der Inflation in den 20er und 30er Jahren geschrumpft, zumal Anfang des 20. Jahrhunderts die Stiftung in Stockholm als Kapitalgesellschaft auch noch hohe Steuern hatte zahlen müssen. Ein Problem bis 1946 blieb die hohe Steuerlast. Bis 1914 betrug die Steuer nur 10 Prozent, 1915 wurde eine „zeitweilige Verteidigungssteuer" eingeführt, die Abgaben stiegen auf 20 Prozent. 1922 überstieg die Steuerlast die Preissumme für 1923, damals erreichte diese einen absoluten Tiefstand. Lange Zeit war die Nobelstiftung der größte Steuerzahler Stockholms. Wichtig für das Fortbestehen war die 1946 genehmigte Befreiung von Einkommens- und Wohlfahrtssteuer. Von 1953 an gewährten auch die USA Steuerfreiheit für die Stiftung. Insgesamt konnte dadurch nicht nur das Preisgeld wieder steigen, auch die Finanzen für den Aufwand der preisverleihenden Behörden waren wieder vorhanden. Bis 1950 war der Kapitalstock der Stiftung nämlich beträchtlich geschwunden.

Durch die Veränderungen der Wirtschaftswelt nach dem Zweiten Weltkrieg bestand Bedarf, auch die Anlage-Richtlinien zu ändern. Deshalb gewährte die schwedische Regierung 1953 eine Lockerung der Investitionsgrundsätze. Im Ersten Weltkrieg war der Realwert des Preisgeldes etwa auf ein Drittel des Ursprungswertes gefallen. Die Vorgaben Nobels und einzelne Ereignisse wie der Zusammenbruch des Imperiums von Streichholz-Fabrikant Ivar Kreuger 1932 hielten die schwedische Regierung von einer Änderung der Statuten ab. 1953 gab es zudem einen Wechsel im Vorstand, Nils Stahle wurde neuer Direktor. Trotz der starken Inflation blieb der Gegenwert in den 60er Jahren konstant. Stahle kaufte nun verstärkt Immobilien, verstreut über das ganze Land. Dies ist insofern interessant, da der Hintergrund dieser Aktion im weltpolitischen Geschehen zu suchen ist. Doch in der Stiftung nahm man die Gefahr eines drohenden Atomkriegs aufgrund der zunehmenden Ost-West-Spannungen sehr ernst, hielt sogar einen Atomschlag gerade auf Ballungsräume wie Stockholm für möglich. Dazu passt auch der Ankauf von holz- und landwirtschaftlichen Betrieben. Die Phobie löste sich erst in den 70er Jahren. Der damals 45-jährige Stig Ramel war 1972 Direktor geworden. Er beschloss, das Immobilienvermögen wieder auf Stockholm zu konzentrieren. Die Mietshäuser in Västeras, Uppsala, Sundsvall, Malmö, Södertälje und Helsingborg wurden veräußert, dafür zwei Hochhäuser in Stockholm gekauft. Zuvor hatte man schon die Waldbesitzungen veräußert, zu einem guten Preis, denn 1974 und 1975 erlebte die schwedische Holzwirtschaft einen Boom. Ramel, der über gute Kontakte in der schwedischen Wirtschaft verfügte, jedoch kein ausgebildeter Finanzverwalter war, hatte diesen Verkauf gegen Widerstände der traditionsbewussten Aufsichtsräte durchgesetzt, was nicht einfach war. „Das Rauschen des Waldes kann gelegentlich die bestbegründeten Vorschläge übertönen", sagte Stig Ramel im Rückblick in der Wochenzeitung *Die Zeit.* Später, als die Nobelstiftung bereits in Aktien angelegt hatte, habe er sich zusammen mit Marcus Wallenberg, Schwedens reichstem und zudem einflussreichstem Finanzier, eine Liste der Aktien vorgenommen. Sie umfasste fast die gesamte Palette der Stockholmer Börse. Das verstand man bei der Nobelstiftung unter Risikominimierung. Wallenberg machte rote Kreuze neben Gesellschaften, bei denen er den Aktienbesitz für unergiebig hielt. Offensichtlich hat diese Umschichtung der Stiftung gut getan.

Schließlich bewirkten Aktienaufschwung und die Grundstückspreise eine Trendwende in den 80er Jahren. Doch der große Coup kam Ende der 80er Jahre auf dem Immobilienmarkt. Unter der Führung von Stig Ramel kam die Idee auf, den Immobilienbesitz in eine eigene Gesellschaft einzubringen, die man dann über die Börse verkaufen könne. Im Oktober 1987 wurde die Gesellschaft „Beväring" gegründet. Rechtzeitig und äußerst gewinnbringend verkaufte die Stiftung ihren Grundbesitz vor dem großen Crash Anfang der 90er Jahre. Der Immobilienmarkt brach damals nach Saddam Husseins Einmarsch in den Kuwait ein. Das Stiftungsvermögen verdoppelte sich durch diese Geschäfte.

„Unsere Philosophie bleibt dennoch, risikoarm zu investieren", sagt Sohlman, der Ramel nachfolgte. „Wir würden gelobt, wenn wir besser wären als der Markt. Aber wesentlich schlimmer ist es, wenn wir viel mehr verlieren als alle anderen." Seit Sohlman die Geschäfte führt, stieg das Vermögen noch einmal um fast 100 Prozent, derzeit ist es etwa 4 Milliarden schwedische Kronen wert. Der reale Wert erreichte in den 90er Jahren wieder den bei Nobels Tod.

Vom 1. Januar 2000 an kann die Stiftung nach einer neuen Reglementänderung auch Buch- und Kursgewinne aus dem Verkauf von Aktiva für die Preissumme hernehmen. Nach Nobels Willen durften bis dahin nur direkte Einkünfte wie Zinserträge dafür verwendet werden. Dadurch kann die Stiftung einen höheren Anteil seiner Anlagen in Aktien investieren, die Grenzen für den Aktienanteil von zuvor maximal 70 Prozent des Stiftungsvermögens wurden aufgehoben, was eine höhere Rendite und dadurch höhere Preisgelder sichert. Einschränkend gilt nur, dass die langfristigen Substanzwerte nicht beeinträchtigt werden, um den realen Wert zu erhalten. Zur Absicherung verfolgt man in letzter Zeit verstärkt eine auf Diversifizierungen ausgerichtete Anlagepolitik. Die Nobelstiftung ist heute ein profitorientiertes Unternehmen konservativer Prägung.

Im Preisgeld schlug sich das deutlich nieder, als nämlich 1989 das Preisgeld von 880 000 auf 3 Millionen Schwedische Kronen angehoben wurde. 1991 erreichte man das Realniveau des ersten Preisgeldes 1901. Seit 1991 steigt das Preisgeld, um inflationäre Entwicklungen auszugleichen. Allein im Jahr 1999 war die Summe um 13,9 Prozent gegenüber dem Vorjahr gestiegen. Die Gesamtinvestitionssumme hatte zur Jahrtausendwende einen Gegenwert von 3,938 Milliarden Schwedischer Kronen, etwa 910 Millionen Mark, im Jahr 2001 waren es in der Spitze 4,1 Milliarden Kronen. Die Stiftung hat ihre Werte etwa zu 50 Prozent in Schweden angelegt, etwa 20 Prozent jeweils in den USA und dem übrigen Europa, der Rest ist verstreut.

Betrachtet man die Höhe der Preisgelder im Verlauf der vergangenen Jahre, sieht man also, dass Michael Sohlman die neuesten Erkenntnisse der Wirtschaftstheorie umzusetzen weiß. Laureaten werden heute mit einem Schlag zu Multimillionären. Im Jubiläumsjahr 2001 werden die Preisträger erstmals eine achtziffrige Zahl auf ihrem Preisscheck lesen: 10 Millionen Kronen steht darauf, das sind umgerechnet etwa 2,3 Millionen Mark. Die ersten Preisträger 1901 hatten 150 800 Kronen erhalten, etwa das 20fache eines durchschnittlichen Jahresgehalts eines Professors. Nimmt man das Gehalt heutiger Spitzenforscher als Vergleich – die mehr Geld verdienen als ähnlich angesehene Professoren vor 100 Jahren –, hat das Preisgeld dieses Niveau zwar bis heute nicht erreicht. Doch es ging von Anfang an um sehr viel Geld – neben der Ehre.

*

Nobel hatte ein Geflecht international operierender Firmen aufgebaut, auch um das Risiko zu streuen. Neben seinen Erfinder-Qualitäten besaß er unternehmerisches Gespür für den richtigen Investitionszeitpunkt. Er war sehr versiert in der Analyse der Geschäftsentwicklung fremder Gesellschaften. Nur einen geringen Teil seines Vermögens legte er in spekulativen Industrieaktien an. Er wollte auch nach seinem Tod sein Vermögen nicht in riskanten Geschäften aufs Spiel gesetzt wissen und hielt deshalb im Testament fest, dass das Erbe in sicheren Papieren angelegt und das Preisgeld aus den daraus fließenden Zinseinnahmen bezahlt werden sollte. War das nicht zu konservativ gedacht? „Da verteidige ich aktiv den Alfred; was er dort im Testament geschrieben hat, war sehr zweckmäßig, rationell, er war sehr risikobewusst", sagt Michael Sohlman heute. „Zu seiner Zeit waren die Zinssätze stabil. Aktien gegenüber war Alfred Nobel skeptisch eingestellt. Wenn man jemand kritisieren will, ist es die schwedische Regierung wegen ihrer hohen Steuern damals."

Erst in den 50er Jahren kümmerten sich ausgebildete Finanzmanager um die Anlagepolitik der Nobelstiftung. Die Absicherung erfolgt heute über eine möglichst breite Anlagestreuung. Ziel ist ein über lange Zeit kalkulierbarer und gleichbleibender Ertrag. Man müsse das Risiko eigentlich auf ewig begrenzen, sagt Sohlman. Er macht eine kleine Pause im Gespräch, wie um die Dimensionen anzuzeigen, um die es in der Stiftung geht. Dann sagt er: „Sie und ich leben ja leider nicht ewig." Eine Stiftung für die Ewigkeit, wie gesagt.

*

Welche Leistung es war, die Stiftung überhaupt zu gründen, zeigt ein Blick in die Geschichte. Nachdem Alfred Nobel seine Verwandten und Freunde in einer etwas eigenwilligen und in Zügen sogar leicht wirren Weise im Testament bedacht hatte, überlegte er, wie er mit dem Rest seines Vermögens, das sich damals auf 31,225 Millionen schwedischer Goldkronen belief, verfahren sollte. Dass sich die Verwandten, vor allem die Neffen Hjalmar und Ludvig Nobel, die Söhne seines Bruders Robert – sie erhielten 200 000 Kronen –, um viel Geld gebracht sahen, darf man verstehen, denn faktisch waren sie enterbt. Für sie besonders bitter, denn ihr Familienzweig war anders als der von Nobels Neffen Emmanuel nicht sehr wohlhabend. Statt des Vermögens von über 33 Millionen Kronen erhielten sie nur jeweils zwischen 100 000 und 300 000 Kronen.

Juristisch war das Testament nicht sauber formuliert. Der Fonds, der das Vermögen verwalten sollte, existierte noch gar nicht, und hätte nicht vor allem Sohlman im Sinne Nobels gearbeitet, hätte es die Stiftung wohl in der heutigen Form niemals gegeben. Ragnar Sohlman sollte zur Schlüsselfigur werden, er unterstützte die weltoffenen Gedanken Alfred Nobels gegen alle Widerstände. Die 100 000 Kronen für Ragnar Sohlman, die der Stifter testamentarisch verfügt hatte, waren gut investiertes Geld.

Das erste juristische Problem bestand darin, dass „Europas reichster Vagabund", wie Victor Hugo den Industriellen nannte, keinen eindeutigen, ständigen Wohnsitz besaß. Frankreich, wo sich Nobel oft aufhielt, hätte nach den strengen Gesetzen das Testament wohl nicht anerkannt. Ein Showdown mit skurrilen Zügen begann. Die Erben fuhren nach Paris, um das Testament anzufechten. Sohlman, der dies ahnte, versuchte, schneller zu sein. Im März 1897, also vier Monate nach Nobels Tod am 10. Dezember 1896, fuhr er nach Paris und brachte alle Wertpapiere nach Schweden, den größten Teil des Vermögens. Per Post konnte er die Papiere nicht verschicken, denn die französischen Postbestimmungen ließen Versicherungen über 20 000 Francs nicht zu. Also schloss Sohlman mit der Bankierfirma Rothschild einen Vertrag für Transporte bis zu einem Wert von 2,5 Millionen Francs ab. Päckchen mit diesem Gegenwert brachte er in unauffälligen Pferdekutschen zum Gare du Nord. Dies musste möglichst heimlich geschehen, denn die Pariser Straßen wurden als unsicher beschrieben. In einer Hand hielt er den Koffer, in der anderen eine geladene Pistole zum Schutz. Wildwest in Paris.

Ragnar Sohlman schrieb in seinem posthum erschienenen Buch „Das Testament": „Die Probleme, die wir zu lösen hatten, bestanden im Wesentlichen in Folgendem: 1. Gesetzliche Formalitäten und strittige Angelegenheiten. 2. Finanzielle Transaktionen, die die Besitzauflösung mit sich brachte, und die Wiederanlage des Geldes in sicheren Wertpapieren, wie es das Vermächtnis ausdrücklich gefordert hatte. 3. Die Organisation einer eigenen, verwaltenden Körperschaft für die dauernde Betreuung des Stiftungsfonds sowie die Ausarbeitung einer Satzung, nach der die alljährliche Vergabe der Preise vor sich gehen sollte.“ Sohlman nahm derartige Strapazen auf sich, weil er sich als Freund und Vertrauter des Großindustriellen empfand.

Wie sehr er ihn als Mensch schätzte, verdeutlichen seine Worte: „Doktor Nobel erzählte und philosophierte so unterhaltend, dass es für seine völlig faszinierte Gesellschaft zu einem großen Vergnügen und Genuss wurde. Eine Stunde mit ihm zu verplaudern war sowohl ein seltener Genuss als auch eine erhebliche Anstrengung, denn es galt, auf der Hut zu sein und dem Galopp seiner unerwarteten Wendungen und abrupten Paradoxe zu folgen. Er flog wie eine windgetriebene Schwalbe von einem Thema zum anderen, und im schnellen Flug seiner Gedanken schrumpfte der Erdball, und die Entfernungen schmolzen zur Bedeutungslosigkeit dahin.“ Die Stimme Alfred Nobels sei etwas rau gewesen, sein Tonfall melancholisch, manchmal ironisch.

✡

Alfred Nobel war, wie erwähnt, nicht nur Erfinder des Dynamits. Dass seine Erfindung der Sprengkapsel und der Initialzündung von Sprengstoffen prinzipiell und technisch bedeutender sind, wird oft vergessen. Knallquecksilber als Zünder ist der größte Fortschritt in der Sprengstofftechnik seit Erfindung des Schwarzpulvers. Dadurch erst wurde Nitroglyzerin beherrschbar.

Als die Verwandten den Coup des Testaments durchschauten, ließen sie 1897 alle Vermögenswerte in Italien, England und Deutschland sperren. Ein Prozessmarathon begann. Am intensivsten in Schweden, wo es allein Monate dauerte, bis sich ein Gericht zuständig erklärte. Eine zunehmend wichtige Rolle spielte Nobels Neffe Emmanuel, selbst ein reicher Mann und Ölmagnat am Kaspischen Meer. Er befürchtete einen Kurssturz für die Aktien sämtlicher Nobel-Unternehmen, wenn bekannt würde, dass Nobel den Verkauf seiner Aktien verfügt hatte. Ein Verkauf der Nobel-Aktien in größerem Rahmen hätte zudem sein Unternehmensgefüge durcheinander wirbeln können. Emanuel Nobel nutzte die Situation aus und kaufte zu einem niedrigen Preis sein Aktienpaket zurück.

Fortan unterstützte er Sohlman auch gegenüber dem schwedischen und norwegischen König Oskar II., der vor allem wegen des Friedensnobelpreises erzürnt war: „Ihr Onkel war von Friedensfanatikern beeinflusst, und ganz besonders von Frauen." Der Konflikt verschärfte sich, als das Storting, das norwegische Parlament in Oslo, das die Mitglieder des Friedensnobelpreis-Komitees nach Nobels Willen bestimmen sollte, auch noch den Richter Bjørnsterne Bjørnson in das Komitee wählte. Der spätere Literatur-Nobelpreisträger Bjørnson galt als Verfechter der Unabhängigkeit Norwegens von Schweden. Beide Länder waren von 1814 bis 1905 in einer Union verbunden. Norwegen entschied sich für die Unabhängigkeit und hat seit dem 18. November 1905 einen eigenen König. In diese Zeit fallen auch die ersten Preisverleihungen. Von Bjørnson hatte Alfred Nobel sogar in seiner Bibliothek in Karlskoga verschiedene Werke, neben großen russischen Autoren und nahezu allen wichtigen nordischen Autoren wie August Strindberg, Selma Lagerlöf, die er sehr schätzte, von Henrik Ibsen, Herbert Spencer und Byron.

Die nächste Hürde, die Sohlman und Emmanuel Nobel nehmen mussten, bestand darin, die für die Preisverleihung vorgesehenen, aber zögernden Institutionen zu überzeugen, ihre Bedenken bezüglich der Preisverleihung fallen zu lassen. Man befürchtete angesichts der immensen Summen einen schädlichen Einfluss, enormen Druck von Seiten der Öffentlichkeit, Bestechung, Korruption. Keine grundlosen Befürchtungen. Letztlich wurde auch dieses Problem durch Geld gelöst. Das letzte Hindernis war überwunden. Auch Nobels ehemaliger Geliebten, dem Blumenmädchen Sofie Hess, wurden noch 200 alte Briefe abgekauft, in denen man pikante Details über deren Beziehung vermutete. Sohlman war klug genug, hier Aufmerksamkeit zu vermeiden, denn Skandalberichte in den Zeitungen hätte das Klima für die Gründung einer Stiftung verschlechtert. Man möge sich diese Situation hundert Jahre später vorstellen, mit ungleich mehr Zeitungen und Fernsehsendern, mit Medien, die davon leben, schillernde Geschichten zu platzieren. Sofie Hess wäre monatelang der Platz auf den Titelseiten der Gazetten sicher gewesen.

*

Eigentlich hatte man zu Beginn geplant, ein eigenes Gebäude in Stockholm zu errichten, um für die Preisverleihung und das Bankett am 10. Dezember einen würdigen Rahmen zu haben. Ehe man sich darauf verständigen konnte, ob Ferdinand Bobergs 1911 vorgelegter Plan für ein gigantisches, burgähnliches Bauwerk mit seinem kunterbunten Stilmix nun zu bombastisch, verspielt oder eben gerade angemessen sei, brach der 1. Weltkrieg aus. Nach dem Krieg entwarf dann Ivar Tengbom ein Gebäude, das später zur Stockholmer Konzerthalle wurde. In der Zwischenzeit wurde unter der Regie des Architekten Ragnar Östberg auch die City Hall von Stockholm gebaut. Damit gab es zwei Gebäude, die für den Nobelpreis zur Verfügung standen. Die Nobelstiftung brauchte nur noch Verwaltungsräume und erwarb 1919 ein Haus im Sturegatan 14, in der Altstadt von Stockholm.

Von hier aus führt Michael Sohlman auch heute die Geschäfte. In aktuelle Diskussionen mischt sich der 1944 geborene Ökonom nur zurückhaltend ein. 1997 gab es Forderungen nach der Abschaffung des Wirtschaftsnobelpreises, der erst 1968 gestiftet worden war. Die Bank von Schweden hatte damals eine große Spende anlässlich ihres 300. Geburtstages an die Stiftung gemacht. Meist werden damit anerkannte Professoren vorwiegend amerikanischer Universitäten ausgezeichnet, fast immer für ihr Lebenswerk, auch wenn die Begründungen meist anders lauten. Hauptkritikpunkt ist, dass es tatsächlich in der Entwicklung der Wirtschaftswissenschaften weit weniger Spielraum als in anderen Wissenschaftszweigen gibt. In den vergangenen 30 Jahren gab es in der Tat keine bahnbrechend neuen Theorien. Anzeichen, diesen Preis wieder ernsthaft in Frage zu stellen, sind bei der Nobelstiftung nicht zu erkennen. Hier hat man Zeit. Hier plant man für die Ewigkeit, wie Michael Sohlman einem freundlich vermittelt.

Die Auswahl

„... ein Teil dem, der auf dem Gebiete der Physik die wichtigste Entdeckung oder Erfindung gemacht hat; ein Teil dem, der die wichtigste chemische Entdeckung oder Verbesserung gemacht hat; ein Teil dem, der die wichtigste Entdeckung auf dem Gebiet der Physiologie oder der Medizin gemacht hat; ein Teil dem, der in der Literatur das Ausgezeichnetste in idealistischer Richtung hervorgebracht hat; ein Teil dem, der am meisten oder besten für die Verbrüderung der Völker und die Abschaffung oder Verminderung der stehenden Heere sowie für die Bildung und Verbreitung von Friedenskongressen gewirkt hat."
(Alfred Nobel, Testament)

„Der Nobelpreis ist doch bloß eine Erfindung der Schweden, um ihr Land bekannter zu machen. Wer würde im Winter jemals von Stockholm reden, wenn sie hier nicht den Nobelpreis vergeben würden?"
(Max Delbrück, Mitbegründer der Molekularbiologie)

Ein Junge hatte – es muss mit fünfzehn oder sechzehn Jahren gewesen sein, einen Traum: er wollte Nobelpreisträger werden. Ein berühmter Wissenschaftler wie Albert Einstein. Aber wie geht das, fragte er fünf Herren, die an einem ellipsenförmigen Tisch saßen. Am besten, sagte der erste, Sie arbeiten mit Spitzenforschern zusammen, noch besser mit Nobelpreisträgern, vielleicht können Sie deren Schüler werden. Empfehlen würde ich, meinte der zweite, auch die häufige Teilnahme an Fachkongressen, die Mitgliedschaft in wissenschaftlichen Akademien und Fachgesellschaften, natürlich, er lachte dabei, als würde er gleich etwas sehr Banales sagen, häufiges Publizieren in renommierten internationalen Fachzeitschriften. Der dritte warf ein, spezielle Vorteile bringe die Arbeit an den Top-Instituten der Welt, am Caltech in Kalifornien, am Institut Pasteur in Paris, an den Bell-Laboratorien in New York, am MIT im amerikanischen Boston, am Joffe-Institut in St. Petersburg. Und, der vierte sah ihn dabei milde an, fast nicht zu vermeiden sind auch international

Preisträger: Zur Erinnerung an die ersten Träger des Nobelpreises gab die schwedische Post 1961 Sondermarken heraus (Fotos: Bilderdienst Süddeutscher Verlag)

Preis-Verleiher: Sitzung im Raum des Lehrerkollegiums des Karolinska Instituts in Stockholm. Dieses Gremium von rund 45 Professoren entscheidet mit einfacher Mehrheit über die Wahl des Medizin-Nobelpreisträgers

renommierte Auszeichnungen, aber das merken Sie dann von selbst. Der letzte erhob sich von seinem Stuhl, hob ein wenig seine rechte Hand, zögerte und sagte dann: Eines dürfen Sie nicht vergessen, dies alles gilt nicht für Mathematiker, Astronomen oder Geologen oder Meeresforscher. Sie haben keine Chancen, wir haben sie nicht vorgesehen in unserem Nobel-Plan.

Darauf lachten im Traum die fünf Herren höhnisch und klopften mit ihrer Hand im Takt auf den elliptischen Tisch.

☆

Diese fünf Herren gibt es wirklich, sogar jeweils in fünffacher Ausführung. An ihnen vorbei führt das letzte Stück auf dem Weg zum Nobelpreis. Denen, die am Ende übrig bleiben, mag es wie ein Traum vorkommen. Doch auf dem Weg bis zur begehrtesten Auszeichnung der Welt ist harte Arbeit zu tun, auch Lobby-Arbeit. In Zeiten, in denen Politiker die Öffentlichkeitsarbeit fast mehr beherrschen als ihr eigenes Metier, dürfen auch Forscher nicht mehr nur in Labors sitzen. Personen, die niemals auffallen, taugen nicht zu Nobelpreisträgern. Denn ein Nobelpreisträger braucht Menschen, die sich für ihn einsetzen, Menschen, die einen guten Draht nach Stockholm haben.

☆

Es sieht alles so einfach aus, wenn die Laureaten endlich die Urkunde in Händen halten. Dann haben sie etwas geschafft, was sie erhofft, erträumt, befürchtet oder mit dem sie überhaupt nicht gerechnet hatten. Doch aus welchem Stoff sind diese Menschen gemacht? Weshalb wurde der eine gewählt und nicht ein anderer? Ist der Literat anders als der Naturwissenschaftler? Angesichts der Fülle an Menschen, an Disziplinen, an Einzelfällen erscheint es zunächst ein völlig aussichtsloses Unterfangen, dies erklären zu wollen. Weil man nämlich nichts versteht, wenn man die 719 Biografien der Laureaten der ersten 100 Jahre durchgeht, außer vielleicht, dass es im Leben auch viele Zufälle gibt.

☆

Formal gesehen werden die Nobelpreise in einem mehrstufigen Verfahren vergeben, das man als System von Netzwerken bezeichnen kann. Im Herbst des Jahres vor der Preisverleihung erhalten mehrere tausend Organisationen und berechtigte Personen Briefe aus Stockholm und Oslo – mit der Bitte, Kandidaten für die einzelnen Auszeichnungen vorzuschlagen.

Bis zum 1. Februar müssen die Antworten schriftlich bei den Nobel-Komitees der preisverleihenden Einrichtungen eingegangen sein. Im Durchschnitt sind es in jedem Jahr pro Wissenschaftsdisziplin Nominierungen für 250 bis 350 verschiedene Kandidaten, beim Friedensnobelpreis-Komitee für 120 Kandidaten, bei Literatur werden etwa 200 Schriftsteller vorgeschlagen. Sich selbst vorschlagen darf niemand. Jede Benennung sollte eine genaue Begründung enthalten, etwa eine Schilderung einer bestimmten Arbeit oder einer Idee, belegt durch eine Veröffentlichung, bei Wissenschaftlern in einer Fachzeitschrift. Die Nobelstiftung bittet darum, die Nominierungen inklusive der Begründung in Schwedisch, Norwegisch oder in Englisch abzufassen – um Missverständnisse zu vermeiden.

Aus den eingegangenen Vorschlägen treffen die jeweiligen Komitees eine Vorauswahl. Die Königlich Schwedische Akademie der Wissenschaften hat drei Komitees, für Physik, Chemie und den Zusatzpreis der Bank von Schweden für Wirtschaftswissenschaften. Die Komitees bestehen aus jeweils fünf Mitgliedern, gewählt jeweils für drei Jahre. Diese Gremien können zusätzliche Mitglieder aufnehmen, um die fachliche Kompetenz zu erhöhen. Derzeit kann man zweimal wiedergewählt werden, so dass ein Mitglied maximal neun Jahre dort wirken kann. Physiologie oder Medizin liegt in der Obhut des Karolinska Instituts in Stockholm. Ein fünfköpfiges Komitee, ergänzt um außerordentliche Mitglieder, die für die Zeit von März bis zur Preisverleihung im Oktober gewählt werden, leistet hier die Vorarbeit für die 50 Professoren, die ihre Entscheidung im Oktober bekannt geben. Da es zuweilen grenzüberschreitende Arbeiten gibt, stimmen sich die Komitees von Physik, Chemie und Medizin in gemeinsamen Sitzungen über Kandidaten ab, die in mehreren Disziplinen vorgeschlagen werden. Für Literatur gibt es ebenfalls ein fünfköpfiges Komitee aus dem Kreis der 18 Mitglieder der Schwedischen Akademie.

Nach Nominierung und Vorauswahl beginnt die nächste Runde, die nach dem Gutachterprinzip funktioniert: International anerkannte Experten, darunter ehemalige Nobelpreisträger, verfassen Gutachten über die Kandidaten. Die Preisverleiher stützen sich auf ein System von Experten, von denen sie glauben, sie könnten die Arbeit und den Wirkungsbereich der Kandidaten gut einschätzen. Zudem sind auch die Mitglieder der Komitees Fachleute der einzelnen Preissparten, für die sie zuständig sind. Wobei hier durchaus wichtig ist, welchen Fachbereich innerhalb einer Sparte ein Jurymitglied vertritt. Ist etwa jemand aus dem Physik-Komitee Professor für Elementarteilchenphysik, wird er dort alle wichtigen Erkenntnisse seiner Wissenschaftskollegen weltweit viel genauer verfolgen als in einem anderen Feld der Physik. Dass ein stärkeres Interesse an bestimmten Bereichen einer Disziplin auch zu einer häufigeren Vergabe von Nobelpreisen in diesem Bereich führt, ist also durchaus denkbar. Bereits im Juni treffen sich die Komiteemitglieder zu einer Sitzung, in der dann über die Kandidaten der „Shortlist", die in die engere Wahl kommen, gesprochen wird. Auf dieser Sitzung kann durchaus auch schon ein Kandidat oder eine Kandidatin zur Wahl vorgeschlagen werden.

*

Spätestens bis Ende September sind die Beratungen in den Komitees abgeschlossen. Die Komitees geben ihre Vorschläge an die preisverleihenden Einrichtungen. Diese übernehmen die Entscheidungen meist. Abweichungen gibt es aber durchaus. Denn die zentralen Figuren in den Komitees sind oft starke Persönlichkeiten, die mit Verve ihre Kandidaten puschen, die dadurch erheblich bessere Chancen haben, als wenn jemand zaghaft als Wunschkandidat präsentiert wird. „Kein Preis in keiner Disziplin wird jemals verliehen, wenn es nicht mindestens eine Person gibt, die den Kandidaten sehr stark puscht. Also muss es mindestens einen Juror gegeben haben, der sich sehr stark für diesen Kandidaten eingesetzt hat", sagt Anders Bárány, Sekretär des Physik-Nobelkomitees.

Charismatische Personen wie Svante Arrhenius haben dies schon Anfang des Jahrhunderts bewiesen. Er war selbst Chemie-Nobelpreisträger, zudem von stattlicher Erscheinung, und versuchte, 1908 gleich zwei Kandidaten durchzubringen. Der Physiker Ernest Rutherford schien ihm geeignet für den Chemie-Nobelpreis, der Physiker Max Planck für den Physik-Nobelpreis. Die Nominierungen der Komitees verliefen zunächst in seinem Sinne. Doch dann meldeten die vier übrigen Mitglieder des Physik-Komitees kurz nach der Nominierung gegenüber der Akademie der Wissenschaften „leichte Bedenken" an, mehr nicht. In der Sprache der Komitees ist das eine deutliche Meinungsäußerung. Sie genügte, um Arrhenius in diesem Jahr zu bremsen. Planck scheiterte 1908, wurde erst zehn Jahre später ausgezeichnet, 1918. Viel hängt also vom Geschick einzelner Komiteemitglieder ab. Mit Rutherford hat erstmals ein Physiker den Chemie-Nobelpreis bekommen, ein Kuriosum, das für die inzwischen wieder viel diskutierten, inhaltlichen Überschneidungen der einzelnen wissenschaftlichen Disziplinen steht. Übrigens arbeitet das Physik-Komitee hier puristischer: Noch nie in der hundertjährigen Geschichte fand ein Nicht-Physiker die Gnade der Ehrung als Physik-Nobelpreisträger.

*

„Die Prozesse der Wahl müssen geheim bleiben, die verschiedenen Bewertungen der Kandidaten. Eine wichtige Seite des Auswahlverfahrens ist, dass deren Namen nicht veröffentlicht werden. Dazu hat man auch eine Reihe von internationalen Experten, darunter Nobelpreisträger, die Analysen machen über die wichtigsten Entwicklungen in den einzelnen Disziplinen und die relative Rolle der einzelnen Kandidaten. Sie müssen ja etwas schreiben können, ohne befürchten zu müssen, dass es morgen in der Zeitung stehen wird. Es geht auch um Integritätsschutz", sagt Michael Sohlman. Die Statuten sehen diese Geheimhaltung vor. Das selbst auferlegte Schweigegelübde trägt entscheidend zum Ruf des Nobelpreises bei. Denn Schweigen bedeutet Macht. Und Schweigen ist bekanntlich Gold. Die Vergabe bekommt dadurch Züge einer Entscheidung höheren Orts. Je renommierter der Preis ist, je länger er sich etabliert hat, desto weniger schaden auch kleine Fehlentscheidungen.

Der Chemiker Carl Djerassi, mehrmals selbst Nobelpreiskandidat und „Mutter der Anti-Baby-Pille", wie er sich selbst nennt, durfte als ausländisches Mitglied der Königlichen Akademie der Wissenschaften an der Vollversammlung 1998 teilnehmen. Er erzählt von den Dossiers, die jedes Mitglied als Kopie vor sich liegen hatte. „Ich hatte mir die von einem Nachbarn ausgeborgt und dann durchgeblättert. Ich war total überrascht, mit welcher kaum versteckten Gehässigkeit ein paar amerikanische Gutachter, ich kenne die meisten ja als Kollegen, hier über verdiente Wissenschaftler geschrieben haben." Als er so in den Unterlagen blätterte, wechselte der Vorsitzende ohne Unterbrechung und ohne Wechsel des Tonfalls plötzlich von Schwedisch auf Englisch: „Ich möchte alle hier Versammelten daran erinnern, dass sie über alle Vorkommnisse hier in diesem Raum fünfzig Jahre lang schweigen müssen." Djerassi lacht bei dieser Erinnerung, er habe die Warnung aber auch ernst angenommen.

*

Anders Bárány erzählt einen zweiten Fall aus der Geschichte: „Einstein schrieb 1905 seine drei wichtigsten Meisterwerke, die Relativitätstheorie, die Theorie des Photoelektrischen Effekts, die Theorie der Brownschen Bewegung. Am bekanntesten und radikalsten war die Relativitätstheorie. Einstein war zum erstenmal 1908 nominiert worden, die Expertenberichte zur Relativitätstheorie waren meist positiv, es gab noch ein paar Zweifel. Dann veröffentlichte Einstein seine Allgemeine Relativitätstheorie, gleichzeitig gab es eine Expedition nach Afrika, die seine Theorie bestätigte. Einstein wurde sehr oft vorgeschlagen, nun für die Allgemeine Relativitätstheorie. Der Vorsitzende des Nobel-Komitees war damals Allvar Gullstrand, Nobelpreisträger für Medizin 1911. Er war Spezialist für die Funktionsweise des Auges, er untersuchte, wie Licht eindringt, fokussiert wird und dergleichen. Er interessierte sich für Einsteins Relativitätstheorie, speziell, warum Licht beim Weg vorbei an großen Sternen abgelenkt wird. Gullstrand veröffentlichte seine Berechnungen, die nicht mit denen Einsteins übereinstimmten. Er dachte, Einstein habe sich geirrt, und verhinderte Jahr für Jahr seine Auszeichnung. Erst 1920 wurde ein junger Professor für Theoretische

Physik der Universität Uppsala Mitglied des Komitees. Er wusste um die Qualität von Einsteins Arbeiten. Als er herausfand, dass Gullstrand Einsteins Relativitätstheorie blockierte, schlug er Einsteins Veröffentlichung zum ‚Photoelektrischen Effekt' in einem Report vor. Sofort stimmte das Komitee zu. Gullstrands Ablehnung wegen seiner eigenen Arbeit konnte so umgangen werden. Das war natürlich ein Trick."

✡

Endgültig ernannt werden die Preisträger auf einer Vollversammlung der einzelnen Institutionen. Dort trägt das Komitee die Namen der Preisträger vor. Die Vollversammlung diskutiert bei Bedarf noch einmal über die Wahl und stimmt danach ab. Man versucht, im Anschluss an die Wahl zunächst, den Preisträger oder die Preisträgerin telefonisch zu benachrichtigen. Unmittelbar danach, oder wenn der Versuch nicht klappt, weil man gerade keine passende Nummer parat hat, werden die Namen der Preisträger den wartenden Journalisten verkündet; meist geschieht dies in den ersten beiden Oktoberwochen, beim Friedensnobelpreis oft an einem Freitag Mitte Oktober.

✡

Der in den USA lebende, deutsche Physik-Nobelpreisträger Herbert Kroemer erfuhr von seiner Wahl um 2.30 Uhr nachts, das Klingeln riss ihn aus dem Schlaf. Seine Frau nahm ab. „Wir beide hatten zunächst Panik, dass etwas mit unseren Kindern oder Enkelkindern passiert sei, war ja mitten in der Nacht. Meine Frau gab mir das Telefon mit den Worten: Das ist Stockholm." Geschichten, die davon handeln, wie die Herren aus Stockholm die Nachricht überbringen wollten, haben meist einen heiteren Unterton. Da gibt es zum Beispiel die des Medizin-Nobelpreisträgers mit dem nicht gerade seltenen Namen Herbert C. Brown aus New York, dessen Nummer das Nobel-Komitee über die Auskunft suchte. In New York gab es zwei Kandidaten. Der erste, natürlich auch in der Nacht geweckt, war Arzt und fühlte sich geehrt, erkannte aber schnell, dass er nur dem Namen nach Preisträger war. Auch die Geschichte eines Italieners gibt es, den man mit einem Pizzabäcker verwechselte.

Manchmal führen die Bemühungen, einen frischgekürten Preisträger ausfindig zu machen, auch über Kollegen, die wissen könnten, wo die Laureaten sich gerade aufhalten. Und die sich, wie 1992 im Fall des Chemikers Harry B. Gray, selbst für Kandidaten halten. Da kann der Satz „Es ist Stockholm" auch zum Beinahe-Herzinfarkt führen: In Grays Fall wollte der Anrufer aus Stockholm wissen, wo denn sein Kollege Rudolph Marcus sei. Äußerlich nimmt Gray die Geschichte mit Humor, Kollegen gegenüber pflegt er zu scherzen: „I got the call, but not the prize."

Der russische Preisträger Iwan Bunin hat im Buch „Ruhm und Ehre" das Warten auf den Nobelpreis beschrieben. Am 9. November 1933 weilte er in Südfrankreich. „Diese gute alte Provence, dieses gute kleine Städtchen Grasse an einem grauen, sanften und stillen Herbsttag … Tage wie diese locken mich kaum an die Arbeit. Trotzdem, wie immer, sitze ich schon seit den ersten Morgenstunden an meinem Schreibtisch. Auch nach dem Mittagessen setze ich mich an ihn. Indem ich zum Fenster hinausblicke und sehe, dass es regnen wird, sage ich mir jedoch: ‚Nein, es ist wirklich sinnlos, darauf zu bestehen. Heute gibt's eine Matinee im Kino. Ich werde also ins Kino gehen …' Indem ich von der Höhe, auf der mein ‚Belvedere' steht, zur Stadt hinuntersteige, erblicke ich in der Ferne Cannes und das Meer, kaum erkenntlich an einem solchen Tag. Ich blicke auch zum dunstigen Kamm des Estérel und ertappe mich dabei, wie ich daran denke, dass in diesem Augenblick, dort, am anderen Ende Europas, über mein Schicksal entschieden wird. Immerhin vergesse ich Stockholm im Kino.

Nach der Pause wird ein lustiger, dummer Film gezeigt, der den Titel ‚Baby' trägt, aber ich starre mit besonderem Interesse zur Leinwand, denn die Hauptrolle wird von der hübschen Kissa Kuprin gespielt, der Tochter des Schriftstellers. Plötzlich höre ich neben mir ein vorsichtiges Geräusch und sehe den Strahl einer Taschenlampe: jemand berührt mich an der Schulter und lispelt mit gerührter und feierlicher Stimme: ‚Telefon … aus Stockholm …' Und dann habe ich das Gefühl, dass irgendetwas soeben den gewohnten Lauf meines Lebens unterbrochen hat." Bunin beschreibt den Moment als eine Art Umkehr. Er ist der erste russische Schriftsteller, der den Nobelpreis erhält. Offenbar wusste Bunin, dass er Kandidat war, er hatte lobende Artikel von Kritikern gelesen, die auch Mitglieder der Schwedischen Akademie waren. Jedenfalls hatte er im „Belvedere" hinterlassen, wo er zu finden war.

*

Die Verkündigung ist pompös inszeniert, wie eine Mischung aus Weihnachtsmärchen und Jüngstem Gericht. Sture Allen, bis 1998 Ständiger Sekretär der Schwedischen Akademie und zuständig für den Literatur-Nobelpreis, nannte das immer „mein kleines Ritual". An einem Donnerstag im Oktober saß er mittags an seinem Louis-XV-Schreibtisch. Als die goldene Uhr 13 schlug, stand er auf und ging langsam Richtung Flügeltüren. Dann lugte er verschmitzt hinaus, genoss das Blitzlichtgewitter der wartenden Weltpresse, ehe er durch die hohen, weißen Türen des Sitzungssaales hinaustrat in die große Halle der Akademie und das Ergebnis verkündete. „Jedes Jahr mache ich es genau so", sagte Allen. „Ich öffne die Tür und gehe in die Große Halle, wo die Presse ist. Es ist der Moment, auf den die literarische Welt jedes Jahr gespannt wartet. Verleger und Schriftsteller in der ganzen Welt sitzen an ihren Radios, warten auf die Nachricht. Es ist die Zeit des höchsten Ruhms, der Würde, der Vollendung. Und sie alle warten. Sie alle warten auf mich." Michael Specter beschrieb Allens Habitus im amerikanischen Magazin *New Yorker:* Allen habe die Rolle des „Ersten unter Gleichen, gleichzeitig Vorsitzender und Pressesprecher". Bei der Verkündigung der Nobelpreise vermischt sich beides, der Ernst und das Renommee der Auszeichnung mit dem Glamourfaktor. Hier wollen die Verkünder und Verleiher ein Stück vom Glanz für sich haben. Gerade in der Literatur sind ja die Spekulationen am größten, und mit diesen Spekulationen steigt offenbar auch die Freude der Akademiemitglieder, wenn sich wieder alle Literaturexperten weltweit getäuscht hatten mit ihren Vermutungen. Vielleicht ist das sogar manchmal ein Ziel der Runde.

*

Stark diskutiert seit Beginn des Nobelpreises, verstärkt im Medienzeitalter, ist die Frage der Beeinflussung von außen. Haben Lobbyisten eine Chance, die Jury zu beeinflussen? Natürlich. Der bekannteste Fall aus den letzten zwei Jahrzehnten ist wohl der der italienischen Biologin Rita Levi-Montalcini. Sie erhielt 1986 den Medizin-Nobelpreis für ihre Entdeckung des „Wachstumsfaktors der Nerven". Die italienische Firma Fidia, die in ihrem Medikament „Cronassial" den Wachstumsfaktor verwendete und Levi-Montalcini in ihrer Forschung unterstützt hatte, spendete insgesamt 20 Millionen Mark, und wollte nach Berichten der Stockholmer Zeitung *Dagens Nyheter* gezielt ein Mitglied des Komitees beeinflussen. Eine direkte Beeinflussung läßt sich jedoch schwer nachweisen. Es wird vermutlich auch dann kein deutlicher Verstoß gegen die Nobel-Richtlinien sichtbar sein, wenn man fünfzig Jahre später, im Jahr 2036, Einblick in die Akten nehmen darf. Allerdings erklärte nach Berichten der *Neuen Zürcher Zeitung* Professor Tomas Hökfeldt, Mitglied des Nobel-Komitees und selbst in der Nervenforschung etabliert, dass er sich ein Jahr vor der Verleihung des Preises an Levi-Montalcini bewusst gewesen sei, dass die Wissenschaftlerin von der italienischen Firma – mit welchem Ziel auch immer – „gepuscht" werde. *Der Spiegel* berichtete 1995 davon, dass Fidia noch weiter ging. Tomas Hökfeldt sei das Ziel der Werbeversuche gewesen. Reisen, Kongressauftritte und ein angesehener italienischer Forschungspreis waren die Lockmittel. Auf der entscheidenden Sitzung des Nobel-Komitees stimmte er für Levi-Montalcini, seine Stimme hatte Gewicht, er war schließlich kompetent auf diesem Gebiet. Die Firma Fidia verdiente an einem Medikament, das die prämierten Wachstumsfaktoren für Nerven enthielt. Das Präparat „Cronassial" musste später vom Markt genommen werden, es heilte offenbar kein Nervenleiden, sondern löste es mitunter sogar aus.

*

Ist der Levi-Montalcini-Fall ein Problem für den Nobelpreis? Interessant in diesem Zusammenhang ist, dass niemand den Wert der Arbeiten von Rita Levi-Montalcini anzweifelt. Doch ohne Unterstützung und geschickte PR kann auch der beste Wissenschaftler niemals Nobelpreisträger werden. Interessant ist dabei an ihrem Fall, dass die Wissenschaftlerin von Fidia erst nach ihrer Pensionierung wieder entdeckt wurde. Forschungsgelder flossen, es gab Kongresse und einen Rita-Levi-Montalcini-Preis für Neurologie.

Professor Kjell Fuxe von der Nobel-Stiftungsversammlung bestätigte, dass die Fidia-Kampagne insofern erfolgreich gewesen sei, als Levi-Montalcini den Preis möglicherweise früher erhalten habe, als dies ohne Lobbying zu erwarten gewesen wäre. Fuxe, der zum Zeitpunkt der Preisverleihung an Montalcini noch nicht Mitglied der Stiftungsversammlung war, hatte zwischen 1984 und 1992 Forschungsgelder von Fidia in größerem Umfang erhalten. Der Vorsitzende des Stockholmer Nobel-Komitees Sten Grillner spielte, als dies Mitte der 90er Jahre aufgedeckt wurde, die Aufregung herunter: „Es ist doch völlig normal, dass bestimmte Firmen Wunschkandidaten für den Nobelpreis haben." Und Stig Ramel, bis 1992 Direktor der Nobelstiftung, meinte: „Jeder, der mit dem Nobelpreis zu tun hat, ist dem Versuch der Einflussnahme ausgesetzt."

*

Den massivsten Kampagnen seien, wie Ramel damals sagte, die Juroren der Sparten Medizin, Literatur und Friedenspreis ausgesetzt. Eine interessante Bemerkung. Die Sparten Physik und Chemie gelten allgemein als die unabhängigsten. „Hinter Physik steckt keine Großindustrie", sagt Anders Bárány, Sekretär des Nobel-Komitees für Physik. Physik ist in erster Linie zunächst Grundlagenforschung geblieben. Was nicht bedeutet, dass der Aufwand dahinter nicht gigantisch ist, man denke nur an Einrichtungen wie CERN in Genf, wo Teilchenbeschleuniger Milliarden verschlingen, und das, obwohl die Triebfeder nicht mehr ist als eine berechtigte Hoffnung, dort Erkenntnisse über die Eigenschaften der Materie zu finden. Große Firmen stehen nicht hinter dieser Art Forschung.

Verdächtiger scheint die Medizin-Industrie mit ihren Milliardenumsätzen vor allem im Arzneimittelsektor. Investitionen in diesem Bereich sind insgesamt noch teuer, Forschung ist sehr zeitintensiv. Geschickte Werbekampagnen wirken also durchaus risikosenkend.

Die Life sciences, zu denen auch die aufwändige Entschlüsselung des menschlichen Genoms zählt, gehören zu den Schlüsselindustrien des 21. Jahrhunderts. „Ohne die Beeinflussung im Bereich der Medizin wäre mancher Preis an jemanden gegangen, der ihn jetzt wohl niemals bekommen wird. Wenn es keine medizinischen Firmen oder keine Gruppen außerhalb gäbe, die Druck ausübten auf die Komitees, gäbe es eine Art statistisches Element, ein Jahr ist der eine Bereich stärker, das nächste Jahr der andere. Aber weil es diese Beeinflussungsversuche von außen gibt, wissen sie nie, was im Hirn eines Mitglieds vorgeht, irgendwo weit hinten versteckt, vielleicht wurde er einmal zu einer Konferenz eingeladen, sehr gut von einer Firma behandelt. Selbst solche kleinen Dinge können einen Einfluss haben. Also ist das wirklich ein Problem", sagt Nobel-Komiteesekretär Anders Bárány.

Bárány meint, es gebe zwei Gruppen von Komiteemitgliedern: den neutralen, wenig eitlen Naturwissenschaftler und die „Diva", die ihre Position bei Reisen ausspiele. Komiteemitglieder, wohl ähnlich denen der Olympischen Komitees, werden mit besonderer Aufmerksamkeit begleitet, auf Kongresse eingeladen, von Firmen gut behandelt. Nicht ohne Absicht natürlich.

*

Wenden wir den Blick kurz ab von der reinen Wissenschaft und betrachten die Börse. Hier waren im Jahr 2000 in der allgemeinen Euphorie des Neuen Marktes die größten Gewinner (und später die größten Verlierer) Technologiewerte und Biotechnologie-Firmen, meist kleine Unternehmen, die sich Geld an der Börse holten. Monatelang regierte das Prinzip Hoffnung, Hoffnung auf das große Geld. Basis für eine solche Firma ist oft nur eine Erfindung, eine einzige Idee. Beispiele für vermarktungsfähige Entdeckungen gibt es immer wieder. Die des Penicillins oder des Insulins etwa. Auch im Falle von HIV oder BSE findet sich der gleiche Nährboden. Jeder Firma, jedem Forschungslabor einer weltweit operierenden Gesellschaft würde ein Nobelpreisträger gut tun. Marketingstrategisch erfüllt er die Rolle, die Königshäuser in Demokratien haben. Es ist ein exotischer Glamour-Faktor. Das Wissen gibt es dabei gratis dazu, denn Spitzenforscher konnte man schon immer anwerben, die Zahl der Nobelpreisträger ist naturgemäß begrenzt.

*

Für wen also ist dieser Preis bestimmt? Geht man die Liste der Preisträger in den Naturwissenschaften durch, fehlen die wichtigsten Entdeckungen bei den prämierten Leistungen. Im amerikanischen Magazin *Cosmopolitan* war schon 1906 zu lesen, die Geschichte der modernen Wissenschaft könne geschrieben werden, ohne andere Namen zu berücksichtigen außer denen der Nobelpreisträger für Physik, Chemie und Medizin. Keine ganz falsche Behauptung, wenngleich man sich offenbar auf spezielle Felder innerhalb dieser Disziplinen geeinigt hat und andere völlig ignoriert. Woran das liegen könnte, zeigt ein Blick auf die Statistik der Nobelpreise, hier erkennt man eine gewisse Systematik. Schüler von Nobelpreisträgern haben größere Chancen, Linus Pauling etwa arbeitete bei Erwin Schrödinger, Pauling-Schüler William Lipscomb erhielt den Preis 1976, fünf Jahre später war sein Mitarbeiter Roald Hoffmann an der Reihe. Hoffmann und Djerassi kennen sich ebenfalls gut, sie schrieben gemeinsam das Theaterstück „Oxygen – Sauerstoff". Thema: Ein Nobel-Komitee streitet darüber, wer den Nobelpreis für die Entdeckung des Sauerstoffs im 18. Jahrhundert verdient hat. Es ist eine fiktive Geschichte über eine Preisverleihung posthum und über die Frage, wer der eigentliche Entdecker sei: Antoine Lavoisier, Joseph Priestley oder Carl Wilhelm Scheele? Geschildert werden dabei Aspekte wie der Streit dreier Nationen, die stellvertretend für ihre Forscher die Entdeckung für sich beanspruchen, und die Rolle der drei Forscherfrauen.

Wäre nicht eine Verleihung nach dem Tod nach den Statuten unmöglich, hätten die Entdecker des Sauerstoffs tatsächlich gute Chancen, denn Grundlagenforschung ist bei den Komitees durchaus beliebt, obwohl es Alfred Nobel eigentlich mehr darum ging, Forscher zu fördern, deren Entdeckungen einen hohen praktischen Nutzen haben.

*

Dass von Anfang an Nobels testamentarische Bestimmung ignoriert wurde, dass die Leistungen im Verlauf des vergangenen Jahres erbracht sein müssen, hat einen Grund: Die schwedischen Institutionen befürchteten, sie könnten sich blamieren, wenn sie so kurzfristig Entwicklungen beurteilen müssten. Gefragt, ob er glaube, dass die Preisverleihungen der letzten Jahre noch im Sinne Nobels waren, sagt Michael Sohlman: „Das ist sehr schwierig zu sagen. Nobel wollte junge Forscher und Erfinder, die eigentlich in derselben Situation waren wie er, also Ideen, aber kein Geld hatten, unterstützen. Da haben sich die Komitees mehr in Richtung ‚größtes Wohl für die Menschheit' entschieden." Was sich als Qualitätssicherung ausgibt, bedeutet freilich eine Festlegung auf die etablierte Wissenschaft, hat also das System mehr im Blick als den einzelnen Forscher, den man vor allem finanziell unabhängig machen könnte.

*

Woher kommen die Preisträger? Wertet man die Statistiken aus, sind die meisten Nobelpreisträger über 60 Jahre alt, wenn sie ausgezeichnet werden, der jüngste Preisträger war William Bragg mit 25 Jahren, der älteste 87, nur 29 der 719 Preisträger sind Frauen, die meisten Laureaten kommen aus westlichen Ländern, vorwiegend den USA, England, Deutschland und Frankreich. Was die Naturwissenschaften betrifft, hat dies sicher mit dem enormen finanziellen Aufwand zu tun, den man für Spitzenforschung betreiben muss.

Doch auch in der Literatur ging der Hauptteil nach Europa und die USA, in Zahlen: 83 von 97 Preisen. Ist der Nobelpreis also westlich orientiert? „Die Werte stammen aus der letzten Hälfte des 18. Jahrhunderts, aus dem Humanismus. Bei Nobels Tod herrschte eine optimistische Grundhaltung gegenüber Technik und Wissenschaft vor. Nobel hat mit Bertha von Suttner ernsthaft darüber diskutiert, den Krieg in 20 bis 30 Jahren völlig zu überwinden. Der Nobelpreis ist aus dieser westlichen Kulturtradition entstanden, aber durch die Verbreitung der Wissenschaft und der demokratischen Idee ist er nun weltweit von Bedeutung", sagt Michael Sohlman.

Von zentraler Bedeutung etwa im Bereich Literatur ist – immer noch –, was in Schweden überhaupt wahrgenommen wird. Übersetzt wird hier neben der französischen vor allem die amerikanische und englische Literatur. Der Nigerianer Wole Soyinka war 1986 der erste schwarzafrikanische Schriftsteller, der ausgezeichnet wurde. Afrikanische Kritiker wie der Schriftsteller Chinweizu betrachten die Verleihung in Stockholm als Zeugnis europäischer Hegemonie, die sich anmaßt, aus europäischer Perspektive den literarischen Wert von Werken in Afrika und anderen Weltkulturen zu bestimmen: „Afrika braucht nicht die kulturelle Desorientierung und Abhängigkeit, die westliche Preise unterstützen." Dieser Kommentar Chinweizus war Teil eines Papiers der Teilnehmer einer Konferenz afrikanischer Autoren, die im Mai 1986, also kurz vor Soyinkas Wahl, in Stockholm stattfand. Gefragt, ob er den Nobelpreis als westliche humanistische Idee ansehe, reagiert Wole Soyinka leicht gereizt: „Humanismus hat seine Wurzeln nicht nur in Europa, schauen Sie sich die japanische, chinesische oder vor allem die indische Literatur an. Es geht hier um die Frage von Preisen allgemein. Ich glaube nicht an Preise, speziell nicht an die, die den Wettbewerb mit der Menschlichkeit verbinden. Wie wollen Sie zwei Kompositionen miteinander vergleichen? Das Gleiche gilt für Literatur, die sich über einem bestimmten Level befindet. Hier jemanden auszuwählen, ist für mich eine der arrogantesten Dinge in der Welt. Dass ich der erste afrikanische Schriftsteller war, der den Preis erhielt, bedeutet nichts. Die Auszeichnung hat nur meine politische Stellung erhöht. So ist es zuletzt kein Preis für den Einzelnen, sondern ein Tribut an den Beruf. Ich nehme ihn als Botschafter einer Profession an. Er holt diese Aktivität aus ihrem Ghetto heraus. Sehr oft werden die Künste marginalisiert, und so sind auch Kunstpreise sehr nützlich, um dagegen anzugehen."

*

Woher kommt die zeitweilige Dominanz einzelner Forschernationen in bestimmten Bereichen? Im Bereich Chemie gingen allein 48 Preise in die USA, 26 nach Deutschland und 25 nach Großbritannien. 45 der 48 Amerikaner und 19 der 25 Briten erhielten den Preis nach dem Zweiten Weltkrieg, dagegen waren es nach 1945 nur noch 12 aus Deutschland. Frankreich hat sieben Laureaten, Schweden und die Schweiz fünf, die Niederlande und Kanada drei, Japan zwei. Dann folgen Ägypten, Argentinien, Belgien, Dänemark, Finnland, Italien, Norwegen, Österreich, Russland und Tschechoslowakei mit je einem Preisträger. Australien: Null, Afrika: Eins, Südamerika: Eins, Asien: Zwei. Von einer weltweiten Verteilung kann nicht die Rede sein, die gesamte südliche Hemisphäre hat einen Preisträger der Chemie, den Argentinier Luis Leloir 1970.

Tatsächlich hatte lange Zeit die mangelnde Reichweite des Nobel-Komitees die Auswahl beeinflusst. Arne Westgren, von 1944 bis 1965 Vorsitzender des Chemie-Komitees, hatte das im Buch „Nobel – ein Mann und seine Preise“ noch anders formuliert: „Tatsächlich wird ein Wissenschaftler, wenn er von einer großen Zahl von Unterstützern in der vorbereitenden internationalen Wahl vorgeschlagen wird, von der Akademie normalerweise auch gewählt.“

Ein Beispiel aus der deutschen Nobelpreisgeschichte der Chemie mag die Mechanismen dahinter erklären. Fünf der Chemie-Nobelpreisträger der Jahre 1909 bis 1936 haben an der Universität Leipzig gearbeitet. Wilhelm Ostwald (1909), Walther Nernst (1920), Carl Bosch und Friedrich Bergius (1931) und Peter Debye (1936). Ihre Arbeiten bewegten sich im Wesentlichen im Bereich der Physikalischen Chemie. Nimmt man noch die Physiker Werner Heisenberg (Nobelpreis 1932), Gustav Hertz (Nobelpreis 1925) und Felix Bloch (Nobelpreis 1952) hinzu, erkennt man, dass es in Leipzig vor allem in den 20er und 30er Jahren eine gut funktionierende Zusammenarbeit im Bereich Physik und Chemie gab.

Hochschulen in Deutschland waren damals in erster Linie Eliteeinrichtungen für Männer, wichtige Zentren waren Berlin, Leipzig, Göttingen, Heidelberg und München. Die Wissenschaftsgemeinde war enger verzahnt, als dies heute der Fall ist. Als Peter Debye 1926 erster Kandidat für den Lehrstuhl für Theoretische Physik in Leipzig war, hießen die weiteren Kandidaten Erwin Schrödinger, Max Born und Arnold Sommerfeld. Schon damals galten alle drei als hervorragende Physiker von Weltruf. Debye bekam die Stelle am 1. Oktober

1927, seine Antrittsvorlesung am 16. Januar 1929 beschäftigte sich mit der Frage „Wie sieht es in einer Salzlösung aus?" Debye wurde 1935 auf Vorschlag von Max Planck Leiter des Kaiser-Wilhelm-Instituts für Physik (heute Max-Planck-Institut), er folgte Walther Nernst nach, ebenfalls aus Leipzig. Die Vorschläge, die sie regelmäßig nach Stockholm schickten, beinhalteten naturgemäß auch Arbeiten von Forschern aus dem bekannten Umfeld. Eine Disziplin verstärkt sich selbst. Peter Debye ging bei Ausbruch des Zweiten Weltkriegs in die USA, wurde 1940 Professor für Chemie am Chemie-Department der Cornell-Universität, Ithaca, USA. Cornell ist heute ein Ort, an dem viele Nobelpreisträger wirken. Es scheint, als hätten einzelne Forscher nicht nur ihr Wissen mit in die USA genommen, sondern auch die Nobelpreise, denn – wie erwähnt – nach 1945 haben 45 Amerikaner den Chemie-Nobelpreis erhalten, die ausländischen Forscher, die an amerikanischen Instituten arbeiten, sind noch gar nicht mitgerechnet.

*

Was aber sind die großen Entwicklungslinien in den Naturwissenschaften? Gibt es sie überhaupt? Innerhalb der Chemie dominiert die Sparte Organische Chemie mit 25 Preisen, was nicht weiter verwundern dürfte, da hierunter alle Untersuchungen im Zusammenhang mit Kohlenstoff-Verbindungen als zentrales Element fallen. Wichtige Felder sind noch die Physikalische Chemie mit 13 und die Theoretische Chemie mit 6 Preisen. Immer mehr Labors arbeiten flankierend mit theoretischen Modellen, um Vorgaben für ihre Experimente zu erhalten. Dies scheint besonders beim Studium biologischer Systeme zuzutreffen. Denn hier genügt es nicht mehr, einzelne Makromoleküle oder Molekülstrukturen zu betrachten, hier geht es um die Interaktion großer Systeme, man denke nur an chemische und elektrische Signalübertragung im Gehirn oder die Funktionsweisen von Enzymen im lebenden Organismus. Folgerichtig begann auch auf der Nobel-Plattform in den vergangenen Jahrzehnten der Siegeszug der Biochemie mit allein 8 Auszeichnungen zwischen 1970 und 1997.

In der jüngsten Zeit scheinen sich die Nobel-Komitees nicht nur in der Chemie verstärkt für die praktische Anwendbarkeit der Forschungsergebnisse zu interessieren, etwa im Jahr 2000 für „die Entdeckung und Entwicklung leitender Polymere". Es könnte durchaus ein genereller Trend in den Naturwissenschaften werden, denn auch in der Physik ging die Auszeichnung im Jahr 2000 an die angewandte Forschung, in diesem Fall die Halbleiterphysik. Die Forschungsergebnisse von Herbert Kroemer, Zhores Alferov und Jack Kilby dienten als Basis der Informationstechnologie, etwa für CD-Spieler. Der Stärke deutscher Forscher, speziell auf theoretischem Gebiet, folgte nach dem Zweiten Weltkrieg die amerikanische Dominanz, wenngleich nicht ganz so ausgeprägt wie in der Chemie oder in der Medizin.

Erstmals änderte sich die Preisvergabepolitik Anfang der 20er Jahre, der Zeit nach den großen Diskussionen über die Arbeiten von Physikern und Chemikern wie Planck, Einstein und Bohr. Sie schlugen die Bresche für Theoretiker. Ohne sie wäre diese Sparte noch heute weniger repräsentiert. Denn anfangs findet sich praxisorientierte Forschung sehr viel häufiger unter den den mit Nobel-Ehren ausgezeichneten Arbeiten. Man kann annehmen, dass der Tüftler Nobel dies sicher so gewollt hätte. Die Theoretiker Ludwig Boltzmann, Wolcott Gibbs, Oliver Heaviside und Henri Poincaré sind oft nominiert worden, für sie kam aber dieser Paradigmenwechsel zu spät. Offiziell niemals angetastet wurde der Mythos des „einsamen Entdeckers". Nur maximal drei Menschen können den Preis erhalten, was an der aktuellen Situation in den Labors vorbeigeht. Oft arbeiten Dutzende Forscher gemeinsam und gleichzeitig an nur einem Projekt. Wenn man die Veröffentlichungen in den führenden Fachmagazinen anschaut, sieht man die Größe der Gruppen sehr schnell. Der Nobelpreis propagiert immer noch das menschliche Prinzip in Zeiten, da Forschung Milliarden verschlingt, da es den einsamen Forscher im Labor längst kaum mehr gibt. Man kann es dem System Nobel nicht anlasten, dass es auf diesen Mythos setzt, denn er gehört sozusagen zu seinen zentralen Reproduktionsmechanismen. Solange es Helden gibt, gibt es Nobelpreise, und bei der Genese von Helden sind die Macher aus Stockholm unschlagbar.

Allerdings stärkt das System Nobel Einzelfiguren in einer veränderten Wissenschaftslandschaft mit ihren enormen wirtschaftlichen Interessen, und es schwächt andere dadurch. Hier ist das System – vielleicht unfreiwillig – brutal. Es würde jedoch erst ins Wanken geraten, wenn man das Denken in Kategorien des Heroischen, die Bewunderung der großen Geister aufgäbe und Forschergruppen oder einzelne Laborgemeinschaften auszeichnen würde.

*

Die Literatur ist nicht wie die Wissenschaft auf Forschungsgelder angewiesen, für sie braucht man weder Spektroskope noch Laborkolben, noch Maschinen. Nobel hatte den Preis ja vorgesehen für den, *„der in der Literatur das Ausgezeichnetste in idealistischer Richtung hervorgebracht hat"*. Das zentrale Wort des Testaments im schwedischen Original ist „idealisk". Akademiemitglied Kjell Espmark zitiert in seiner Analyse „Det litterära Nobelpriset – Der Literatur-Nobelpreis" Georg Brandes. Brandes führt einen guten Freund Alfred Nobels, Gösta Mittag-Leffler, als Zeugen an. Mittag-Leffler war gefragt worden, was Nobel damit meinte: „Er – Nobel – war Anarchist, und mit idealisk meint er das, was gegenüber der Religion, der Monarchie, der Ehe, der Gesellschaftsordnung im Ganzen eine polemische oder kritische Haltung einnimmt." Und Kenne Fant zitiert in seiner Nobel-Biografie das Akademiemitglied Knut Ahnlund: „Als Nobel von idealer Richtung sprach, gab er wohl aufrührerischen und selbstständigen Tendenzen größeren Spielraum, als seine zeitgenössischen Interpreten verstanden, soweit sie es verstehen wollten." Klar ist, dass Nobel selbst sämtliche Richtungen innerhalb der Literatur akzeptierte. Betrachtet man die Statistik der Vergabe des Literatur-Nobelpreises, so gewann allerdings die Prosa mit 51 Preisen die Oberhand, gefolgt von 26 Lyrikern und zehn Dramatikern. Ungewöhnlich ist die Auszeichnung von Philosophen, darunter Rudolf Eucken, Bergson und Russell, und den historisch angelegten Werken von Theodor Mommsen und Winston Churchill.

*

Von den bislang 97 Laureaten stammen zwölf aus Frankreich, zehn aus den USA, acht aus Großbritannien, sieben aus Deutschland. Eine internationalere Ausrichtung des Literatur-Nobelpreises – die Chilenin Gabriela Mistral wurde als erste Nicht-Europäerin 1945 ausgezeichnet – setzte erst Ende der 70er Jahre ein. „Die wahre Aufgabe des Preises ist es, die Aufmerksamkeit auf Leistungen zu lenken, die nicht hinreichend beachtet werden", war das neue Stockholmer Credo, ein Paradigmenwechsel. Seit dieser Zeit gibt es immer wieder Entscheidungen für Autoren außerhalb des Literaturkanons: Gabriel García Márquez, Wole Soyinka, Naghib Machfus, Octavio Paz, Derek Walcott, Kenzaburo Oe, Gao Xingjian.

Bis 1974 war auch ein gewisser Skandinavien-Bezug zu erkennen. Vierzehn skandinavische Autoren haben den Literatur-Nobelpreis im 20. Jahrhundert erhalten. Nach dem Fall des schwedischen Schriftstellers und Akademiemitgliedes Harry Martinson, der 1974 zusammen mit Eyvind Johnson, ebenfalls Akademiemitglied, den Nobelpreis erhielt, gab es keine Nobel-Ehrung für Skandinavien mehr. Harsche Kritik, vorwiegend der schwedischen Presse, folgte. Lars Forssell, ebenfalls Mitglied der Schwedischen Akademie, erklärte damals, die Akademie dürfe nicht die eigenen Leute auszeichnen. Martinson litt unter psychischen Problemen, war verwirrt und tief deprimiert. 1978 verübte er schließlich Selbstmord, indem er sich nach Aussagen des ehemaligen Akademiemitglieds Lars Gyllensten in einer Stockholmer Klinik mit einer Schere den Bauch aufschlitzte.

*

Wie homogen und harmonisch arbeiten eigentlich die Komitees? Hier können wir bei Gyllensten bleiben, er ist selbst ein interessanter Fall, seit Januar 1967 Akademiemitglied. Von 1968 an gehörte er zum fünfköpfigen Komitee, das die Kandidaten für den Literatur-Nobelpreis auswählt, von 1981 bis zu seinem Ausscheiden aus der Akademie war er auch dessen Vorsitzender. 1987 trat er zusammen mit drei Kollegen aus Protest gegen die sehr zögerliche und schwache Haltung im Fall Salman Rushdie aus. In seinem Buch „Erinnerungen, nur Erinnerungen" rechnet er vor allem mit Sture Allén und Lars

Forssell ab. Forssell habe öffentlich bestimmte Kandidaten unterstützt wie Norman Mailer, war offensichtlich auch entscheidend an der Wahl von Dario Fo beteiligt, den manche „anarchistischen Clown" oder „Gaukler" nannten, dessen Wahl diskutiert wurde wie lange keine mehr zuvor. Kurz nach der Preisvergabe am 9. Oktober 1997 hatten sich die Mitglieder der Akademie gegenseitig beschimpft, inkompetent zu sein. Lars Forssell äußerte sich nach Berichten der Stockholmer Tageszeitung *Dagens Nyheter* über seinen Akademie-Kollegen Knut Ahnlund: „Gott behüte alle Wahnsinnigen."

Dario Fos Vorlesung, die traditionsgemäß drei Tage vor der Preisverleihung in der Börse, dem Sitz der Akademie, gehalten wurde, geriet dann wieder zu einem alle einigenden, komödiantischen Spektakel. „So warm, so heftig, so anhaltend", sei noch nie einem Nobelpreisträger applaudiert worden, meldete das *Svenska Dagbladet.*

All diese Wirrungen, persönlichen Anfeindungen, offen ausgetragenen Streitereien sogar zwischen einzelnen Akademiemitgliedern zeigen eines: Es gewinnt am Ende der, dessen stärkster Förderer in diesem Chaos den klarsten Kopf behält. Welche Interessen dahinter stecken, wird im Gremium offenbar nicht thematisiert. Auch nicht, ob es nur Zufall ist, dass etwa im Jahr 2000 ein schwedischer Verlag Bücher des völlig unbekannten, späteren Preisträgers Gao Xingjiang herausbrachte. Oder dass 1998 der Portugiese José Saramago in einer breiten Kampagne, Lesereise eingeschlossen, in den schwedischen Medien unterstützt wurde.

Der investigativ angelegte Bericht „Brief aus Stockholm" im *New Yorker* zählt eine Reihe Autoren auf, zitiert Mitglieder der Akademie, die ihre *omerta,* ihr Schweigegelübde, bezüglich der Preisverleihung brechen. Doch die Enthüllungen, die doch vor allem zeigen sollen, wie willkürlich die Preise vergeben werden, treffen ihr Ziel nicht wirklich. Denn sie beziehen sich immer auf die Auswahl der tatsächlichen Preisträger. Hier ist es ja klar, dass die Wahl niemals gerecht sein kann. Solange ein gewisser Standard gewahrt bleibt, ist nichts Schlimmes passiert. Das Problem entsteht durch die enorme Bedeutung des Preises. Wer ihn nicht bekommt, gilt als nicht würdig. Dem „ewigen Kandidaten" haftet dadurch ein Makel an, die

Gründe der Ablehnung interessieren nur sekundär, egal wie banal die Vorbehalte sein mögen.

Die Akademie versteht es geschickt, von diesem Umstand abzulenken. Der Nobelpreis geht nicht, und kann auch nie, an den besten Schriftsteller gehen. Dies ist also nicht zu kritisieren. Wohl aber ist ein kritischer Punkt, dass im Tribut an ein Proporzdenken, das man als internationales Denken missversteht, einzelne, ebenso würdige Kandidaten kalt geopfert werden. So beendete der Portugiese José Saramago die Hoffnungen seines Landsmanns António Lobo Antunes, Gao Xingjiang die des chinesischen Lyrikers Bei Dao, die Polin Wislawa Szymborska die von Zbigniew Herbert.

Das eigentliche Problem liegt in der Idee, eine Einzelperson auszuzeichnen. Weshalb sollte man nicht einen Preis an mehrere Personen geben? Neben Saramago auch Antunes auszeichnen, neben Böll schon damals auch Grass. Hier sind die Naturwissenschaften schon weiter, hier werden bestimmte Bereiche der Forschung ausgezeichnet. Andere wiederum nicht, aber das ist ein anderes Thema.

*

Die schwierigsten Entscheidungen sind im Bereich Frieden zu treffen. Dort ist der Einfluss der internationalen Politik am größten. Unabhängig zu sein heißt hier, Machtstrukturen zu reflektieren, ohne sich vereinnahmen oder gar zermahlen zu lassen. Oder im Sinne des Preises noch schlimmer: sich der Lächerlichkeit preiszugeben. Da der Friedensnobelpreis einen eigenen Charakter hat, ist ihm ein eigenes Kapitel gewidmet. Eine skandinavische Ausrichtung in der Vergabepolitik ist jedenfalls nicht festzustellen. Acht Skandinavier erhielten den Preis, fünf Schweden, ein Däne und zwei Norweger, Christian Lous Lange und Fridtjof Nansen.

Hier trägt Nobels wohl revolutionärster Gedanke am meisten Früchte: *„Es ist mein ausdrücklicher Wille, dass bei der Preisverleihung keine Rücksicht auf die Zugehörigkeit zu irgendeiner Nation genommen wird.“* Martin Walser schrieb dazu in seinem Vorwort „Nobel und die Nobelpreisträger“ des Buches „Ruhm und Ehre“: „Das war ein so kühner Satz am Ende des 19. Jahrhunderts, dass die Jury noch bis tief ins zwanzigste hinein ihre Schwierigkeit mit ihm hatte... Dass 1933 Iwan Bunin dran war, der Emigrant, und erst 1965 Scholochow möglich wurde, das zeigt doch, dass die Testamentsvollstrecker Schwierigkeiten hatten, den Nobelschen Internationalismus so kühn zu praktizieren, wie er entworfen worden war... Es ist vorwiegend europäischer, allenfalls europäisch-amerikanischer Internationalismus geworden: aber mehr darf man wohl nicht erwarten von einer bürgerlichen Idee des 19. Jahrhunderts." Trotzdem war dieser Internationalismus in einer national geprägten Zeit eine großartige Idee.

✡

Eine Idee mit tatsächlichen Folgen. „Ich beobachte, dass Europa aus seinem Inseldasein und -bewusstsein allmählich ausbricht, dafür ist dieser Preis sehr gut, sie entdecken andere Teile der Welt, anderes Denken, andere Gesellschaftsformen und -strukturen", sagt der afrikanische Literatur-Nobelpreisträger Wole Soyinka. „So kommt dieser Preis mehr der europäischen Welt zugute, weil er den Blick öffnet. Ich stimme zu, dass es anfangs ein Fehler war, nicht über die eigene Gesellschaft hinaus zu blicken, aber das ist eine Frage der Haltung der Preisverleiher, ein Fehler der Komitees. Wir könnten auch einen Preis verleihen und sagen, wir verleihen ihn in den ersten 50 Jahren nur Schwarzen und nicht an die europäischen Außenseiter. Das ist das Privileg derer, die ihn verleihen."

✡

Nach außen wirkt die Nobelstiftung immer so, als würde sie alle Reaktionen auf den Nobelpreis wie aus der Ferne betrachten, cool und über allem schwebend. Doch deutliche internationale Kritik dringt doch langsam ein. So ist auch inoffiziell Kritik am 1968 neu geschaffenen Zusatzpreis für Wirtschaftswissenschaften zu hören, manche sprechen von einer „unglücklichen Entscheidung", diesen Preis einzuführen. Ein Grund sicherlich auch dafür, so harsch in der Ablehnung gegenüber Vorschlägen für zusätzliche Preise zu reagieren.

✡

Vor allem in den Naturwissenschaften gleichen die preisverleihenden Institute mehr Ballons an Seilen, deren Seil-Enden in der Wissenschaftsgemeinde festgezurrt sind. Man schwebt nur wenig über den Dingen. Der Nobelpreis ist hier eingebettet in eine Landschaft von Auszeichnungen, deren Krönung er ist. Voraussetzungen für den Nobelpreis sind oft andere Auszeichnungen, wie im Bereich Medizin der Paul-Ehrlich-Preis, der Preis der Gairdner-Stiftung in Toronto, der Robert-Koch-Preis, der Bristol-Myers Squibb Research Award, New York, oder der Albert-Lasker-Basic Medical Research Award. Man könnte das nun fortführen, die Biografien der Nobelpreisträger durchforsten, auf der Suche nach Auffälligkeiten in ihrem Werdegang. Man findet in der Chemie den Wolf-Preis der Jerusalemer Wolf-Stiftung, der auch in der Medizin vergeben wird, oder allgemeine Wissenschaftspreise wie den Japan-Preis oder den internationalen King-Faisal-Preis für Wissenschaft oder die Lorentz-Medaille der Holländischen Akademie für Künste und Wissenschaften, im Bereich Physik die Hughes-Medaille der Royal Society London, den Buckley-Preis der American Physical Society, die Max-Planck-Medaille der Deutschen Physikalischen Gesellschaft.

Nicht jedes Land besitzt dieses System, hier sind es vorwiegend wiederum die Top-Nobelpreisländer USA, Großbritannien und Deutschland, die renommierte Auszeichnungen vergeben. Entscheidend sind sie in den Naturwissenschaften. Man darf spekulieren, was dabei insgesamt wichtiger ist: das Renommee der Preise oder die daraus resultierenden persönlichen Kontakte? Den Paul-Ehrlich-Preis etwa – benannt nach dem Entdecker der modernen Chemotherapie und Nobelpreisträger von 1908 Paul Ehrlich – erhielten im Jahr 2001 die beiden amerikanischen Virus-Forscher Stephen C. Harrison und Michael G. Rossmann für Arbeiten zur Struktur der Hülle von Viren. Der Paul-Ehrlich-Preis unterscheidet sich in seiner Zielsetzung nicht sehr vom Nobelpreis. Er ist eine der angesehensten Auszeichnungen auf dem Gebiet der biomedizinischen Forschung sowohl in Deutschland als auch weltweit. Mehrere der mit diesem Preis ausgezeichneten Wissenschaftler haben zwischenzeitlich den Nobelpreis erhalten. Der Preis ist mit 120 000 DM dotiert und wird seit 1960 zur Hälfte aus Bundesmitteln finanziert. Ein Stiftungsrat, dem international renommierte Wissenschaftler angehören, benennt die Preisträger. Die Preisrede 2001 hielt der schwedische Biochemiker Erling Norrby, er sprach von „bahnbrechenden Arbeiten“. Norrby ist Generalsekretär der Schwedischen Akademie der Wissenschaften und Mitglied des Vorstands der Nobelstiftung.

Ein zweites Beispiel ist der seit 1947 vergebene Albert Lasker Award. Manche nennen ihn „Amerikas Nobelpreis“ – in jedem Fall ist er einer der begehrtesten Preise in der medizinischen Wissenschaft, vor allem im klinischen Bereich und der Grundlagenforschung. Der Preis ist nach Albert und Mary Woodard Lasker benannt, die vor allem das Interesse an Medizin und Gesundheit auch in der breiteren Öffentlichkeit sowie bei den wichtigen Politikern des Landes fördern wollten. Seit 1962 haben mehr als die Hälfte der Lasker-Preisträger den Nobelpreis in Chemie oder Medizin und Physiologie bekommen, die meisten innerhalb von zwei Jahren nach dem Lasker-Preis. Die Nominierung folgt im Prinzip dem Nobel-System. Die Nominierungsfrist endet wie in Stockholm und Oslo am 1. Februar.

Ein drittes Beispiel: Fachgesellschaften mit ihrem wissenschaftlichen Netzwerk im Hintergrund. In den Vereinigten Staaten gibt es etwa die „American Association for the Advancement of Science – AAAS“ (gesprochen „Triple-A-S“). Sie ist die weltgrößte allgemeine Wissenschaftsorganisation mit 138 000 Mitgliedern und 275 angeschlossenen Gesellschaften, gibt zudem das Fachmagazin *Science* heraus, neben der englischen Zeitschrift *Nature* das renommierteste internationale Wissenschaftsjournal. Gegründet 1848 in Philadelphia gehört sie zu den ältesten Gesellschaften der USA. Sie definiert ihre Rolle auch eindeutig als Mittlerfunktion zwischen Wissenschaft, Politik und Öffentlichkeit. Einfluss inklusive. Mittlerweile ist die Gesellschaft internationaler ausgerichtet, besteht aus 24 Sektionen, die Zeitschrift *Science* hat seit 1993 ein Büro im englischen Cambridge.

Der Gesellschaft liegt der Grundgedanke zugrunde, der Fortschritt der Wissenschaft sollte „ein Hauptanliegen jeder Nation sein, die den

Wohlstand seiner Bürger bewahren und verbessern" wolle. Gemäß der Satzung soll die AAAS die Arbeit von Wissenschaftlern unterstützen, Kooperationen unter ihnen erleichtern, wissenschaftliche Freiheit und Verantwortung pflegen, die Effektivität der Wissenschaften zum Wohle der Menschheit verbessern, die Lehre voranbringen und auch das Verständnis von Wissenschaft in der Bevölkerung fördern.

☆

Man könnte nun aufhören, diese Preise aufzuzählen. Doch einen muss man noch erwähnen, die Fields-Medaille für Mathematik, eine Auszeichnung übrigens, für die es im Gegensatz zum Nobelpreis eine Altersbeschränkung von 40 Jahren gibt. Manche nennen die Fields-Medaille auch „geheimen Nobelpreis". Und fügen dann noch boshaft an, an der Nicht-Vergabe eines Mathematik-Nobelpreis sei eine verschmähte Liebe schuld: die Alfred Nobels zu der als mathematisch talentiert beschriebenen Russin Sofya Kowalewskaja. Sie wollte nicht seine Geliebte sein, also stiftete Nobel keinen Preis.

Vermutlich ist es nur eine der Geschichten, die den Mythos Nobelpreis lebendig machen. Wahrscheinlicher haben Nobel einfach die theoretischen Wissenschaften nicht begeistert. Der in Zügen kompromisslose Charakter seines Testaments und damit dessen starke persönliche Ausrichtung wäre also nur geschwächt worden durch eine vernunftgeprägte Ausdehnung auf mehr Disziplinen als die genannten fünf.

Es gibt nicht die gerechte Entscheidung für einen Preisträger. Es gibt immer 20 andere, in jeder Disziplin. Man sollte sie einladen, es wäre eine illustre Runde von Herren, vielleicht wären auch ein paar mehr Damen dabei. Mit dem Nobelpreis ist es wie mit der Demokratie. Wir haben kein besseres System. Deshalb sind eben die so wichtig, die auf die Fehler hinweisen, die Entscheidungen anzweifeln, die ungläubig den Kopf schütteln, wenn jemand in Stockholm im herbstlichen Nebel zum Telefonhörer gegriffen hat und wieder einmal den Falschen erwischt hat, oder den Richtigen zu spät. Jeder, der die Auszeichnung annimmt, wird aufgenommen in einen Kreis, in dem er bestehen muss, auch vor sich selbst. Mit der Produktivität der meisten Nobelpreisträger geht es nach der Auszeichnung rapide bergab, sie haben kaum noch Zeit für ihre Arbeit, werden zu Botschaftern, zu Repräsentanten.

Es ist also keine heilige, einsame Entscheidung einer absoluten Gemeinschaft dort oben im Norden. Vielleicht sollte man das Ganze einfach als Spiel sehen – mit hohem Einsatz. Und hat nicht eigentlich den größten Einsatz schon zu Beginn ein anderer ins Spiel gebracht?

Der Tag – die Feiern

„Warum kann man sich in Deutschland nicht einfach freuen?“
(Günter Grass)

Es ist kein Pult wie alle anderen. Auch wenn es schlicht aussieht mit seinem dunklen Holz, der Leselampe, dem Mikrophon. Unter der Ablage für die Redemanuskripte ist Platz für eine Wasserkaraffe und ein Glas. Es ist eine kleine Nische seitlich an der Treppe, nur elf Stufen erhöht über dem Boden der Halle. Doch diese elf Stufen reichen – zumal diejenigen, die immer am 10. Dezember an diesem Pult stehen in der berühmten Blauen Halle, keine Erhöhung mehr brauchen. Es kann sein, dass manch einem der Nobelpreisträger die Stimme zittert, wenn er (seltener auch sie) das Wort erhebt und auf die 1287 Gäste hinunterblickt, den König Carl XVI. Gustav, seine Frau Silvia und die anderen Nobelpreisträger. Von diesem Pult aus werden nicht die großen Reden gehalten, gegen Ende des Nobelpreisbanketts, nach Champagner und schwerem Wein. Nach einem Abend, der wie ein einziges Strahlen sein will – was nicht nur am goldenen Besteck liegt –, stehen dort die Preisträger und sagen Worte des Danks: geehrt, erstaunt, um Würde bemüht.

*

Was sind das für Bilder, die sich ins Gedächtnis einprägen, wenn man zu den Ausgezeichneten gehört und dort oben steht? Sieht man noch Einzelheiten, sucht man die Freunde und Verwandten, die unten sitzen, oder nimmt man nur noch ein Glitzern wahr, wie in Trance? Es ist mit Sicherheit keine nüchterne Angelegenheit. Oft ist von der Heiterkeit dieses Banketts zu lesen. Und dieser Saal passt gut dazu. Der Platz ist nicht geometrisch, er verjüngt sich zu einer Seite hin, was die Planer des Banketts regelmäßig in den Wahnsinn treibt, weil doch die Tische eigentlich parallel zueinander stehen müssten. Überall finden sich kleine neckische Spielereien, selbst die Treppe, die

Grand Hôtel, Stockholm (Foto: Gerhard Steidl)

doch dafür gedacht ist, dass man auf ihr majestätisch nach unten schreitet, mündet in den Saal etwas seitlich von der Mitte. Also muss auch die Festgesellschaft am Fuß der Treppe einen leichten Schlenker machen, um zur Tafel des Königs, der Nobelpreisträger und Komiteemitglieder in der Mitte zu gelangen. Alle anderen Tische führen von diesem Haupttisch weg. Der Vorteil, an diesem mit 25 Metern längsten Tisch zu sitzen, ist: man hat zehn Zentimeter mehr Platz zum Essen, 70 Zentimeter anstelle von 60 sonst. Gedrängt sitzt man in jedem Fall, aber sonst hätten die 1288 Gäste auch nicht Platz im Saal.

☆

Wenn man sich, Stunden zuvor, auf eine Höhe mit den langen Tischen begibt, die dicht gedrängt im Saal stehen, und die Augen zusammenkneift, sieht man ein Glitzern, ein Funkeln, wie es sich vielleicht Kinder vorstellen in Schatzkisten voller Gold und Edelsteine. Das ist sicher an der Grenze zum Kitsch, aber dieses Bankett, die Preisverleihung, der Tanz im Goldenen Saal ist inszeniert wie aus einer anderen Zeit, der, als das Wünschen noch half. Es verbindet sich damit mit den Sehnsüchten all der Wissenschaftler und Schriftsteller, die begehrteste Auszeichnung der Welt einmal zu bekommen, die goldene Medaille mit dem Kopf des Alfred Nobel in Händen zu haben. Bis dahin darf man sich erst einmal wünschen, einen Platz für das Bankett zu erhalten.

Was sicherlich nicht so schwierig ist, wie einen Nobelpreis zu erhalten, aber dennoch fast unmöglich. Um eine Einladung bewerben kann sich zunächst jeder. „Viele fühlen sich berufen, aber nur wenige werden gerufen", sagt Lena de Champs, die von 1983 bis 1999 im für die Nobel-Feierlichkeiten zuständigen Sekretariat arbeitete. Die Nobelstiftung besteht beharrlich darauf, dass das Bankett ein „akademisches Ereignis" sei, und verweist auf die Formalitäten. Die besten Chancen haben – abgesehen von den Preisträgern – schwedische Studenten. 250 Tickets werden in einem Losverfahren unter etwa 2000 Bewerbern von allen schwedischen Universitäten in einer Tombola verteilt. Sie müssen dafür fast 200 Mark bezahlen, obwohl sie fast die schlechtesten Plätze am Rand unter den Arkaden haben. Es sind dennoch die begehrtesten Tickets des Landes. Im Saal sind diese Studenten an ihren weißen Kappen zu erkennen, an den eleganten Anzügen, den perlmuttfarben oder schwarz schimmernden Kleidern, den gelb-blauen Schärpen. 50 von ihnen formieren sich zu einer Parade mit Bannern und Standarten, während die Preisträger hochgehen zum Pult und ihre Rede halten und ehe die Gäste sich wieder von ihren Sitzen erheben. „Studenten der schwedischen Universitäten und Colleges tragen die Standarten ihrer Studentenvereinigungen zur Ehre der Preisträger", steht im gedruckten Programm. 30 Studenten stehen zudem als Stewards für die Betreuung der Gäste zur Verfügung.

*

Was aber sind die Zutaten dieses Stockholmer Winterabends, dieses 10. Dezember? Der Festtag, im schwedischen Kalender heißt er „Nobel-Tag", ist Höhepunkt der Nobel-Woche vom 6. bis zum 13. Dezember. Während dieser Woche sind die Preisträger in ganz Schweden (oder Norwegen) unterwegs, geben Lesungen und Seminare, besuchen Botschaften und Cocktailparties, gehen Einkaufen (etwa die elegante Abendgarderobe). Dann am 10. Dezember beginnen die Feiern mit der Preisverleihung um 16.30 Uhr im Konzerthaus, es folgt das Bankett um 19 Uhr im Stadthaus. Der Tanz danach geht bis in die Nacht.

Am 10. Dezember, an einem dieser schwedischen Winternachmittage, an denen es hier im Norden schon dunkel ist, ist der Hötorget gesperrt, der Neumarkt, auf dem tagsüber Blumen- und Gemüsehändler ihre Stände haben, dieser Platz zwischen dem Stockholmer Konzerthaus und dem Kaufhaus „Pub", wo, wie es in den Touristenführern heißt, Greta Garbo, die Göttliche, an der Kasse gearbeitet habe. Die Gäste fahren in dunklen Limousinen vor. Seit den späten 20er Jahren werden die Nobelpreise im Konzerthaus verliehen. Der weite, offene Saal, in dem 1700 Menschen Platz finden, ist üppig mit Blumen geschmückt und hell erleuchtet.

*

Die Nobel Suite im Grand Hôtel (Foto: Gerhard Steidl)

Der Zeitplan ist auf die Minute abgestimmt. Der russische Preisträger Iwan Bunin hat einmal geschrieben, die offiziellen Einladungen seien mit jener Präzision abgefasst, die das schwedische Protokoll charakterisiere: „Zu spät oder mit einer Verspätung von weniger als zwei Minuten bei einer schwedischen Einladung zu erscheinen, wird als unannehmbare Unhöflichkeit angesehen."

Die Plätze werden nach Namen einzeln zugewiesen, die Mitglieder der Schwedischen Akademie und des Nobel-Komitees nehmen Platz, dann der König und die Mitglieder des Königshauses. Als Letzte folgen die Preisträger. Um 16.30 Uhr beginnt die Preisverleihung, die Reden werden gehalten, und nacheinander schreiten die Nobelpreisträger jeweils ein paar Stufen hoch auf die Bühne und erhalten die goldene Medaille und das Diplom aus den Händen von Carl XVI. Gustav von Schweden. Danach spielt das Königlich Schwedische Philharmonische Orchester zu Ehren jedes Kandidaten.

Es gibt Geschichten, dass die Auswahl des Musikprogramms bisweilen zu Verstimmungen geführt habe. Für jedes Stück bleiben ja nur fünf bis sechs Minuten, also fällt ein Großteil des klassischen Repertoirs aus, es bleiben meist Ouvertüren, Arien, Märsche. Man hat hier auch mit Solisten experimentiert, oft mit Trompete oder Posaune, selten mit Gesang. 1936 sang der junge Tenor Jussi Björling Wilhelm Stenhammars Lied „Schweden", das ging gut. Doch als die Sängerin Birgit Nilsson 1968 auf der Bühne drei Lieder hintereinander wunderbar darbot, murmelten einige Herren der Komitees danach, die Musik sei hier nicht der Mittelpunkt, man dürfe den Preisträgern nicht die Schau stehlen. Diese leise vorgetragene Kritik war natürlich das Ende dieser Darbietungen. Keine Experimente. Solisten müssen wieder hoch in die Galerie. Dorthin, wo auch das Orchester eingezwängt sitzt im langgestreckten, engen Bereich unterhalb der großen Orgel des Konzerthauses oberhalb der Bühne, auf der die Königliche Familie, die Preisträger und etwa 150 Mitglieder der verleihenden Komitees sitzen.

Unten im Auditorium ist der Sitz für jeden Gast entsprechend seiner Verbindung zu den Preisträgern oder seiner Arbeit für den Nobelpreis ausgewiesen. Es gibt eine klare Hierarchie, die man an der

Horace Engdahl begrüßt die Gäste im Festsaal der Börse (Foto: Gerhard Steidl)

Entfernung zum König abmessen kann. Mitglieder des schwedischen Parlaments sitzen immer in der ersten Reihe, haben also einen guten Blick, wenn der König Diplom und Medaille zusammen mit dem Scheck übergibt. Bei den Feiern war die Bühne für alle lebenden Laureaten reserviert, sonst sitzen dort die Mitglieder der preisverleihenden Akademien.

*

Schwedische Designer gestalten jedes Jahr die Urkunden individuell für den jeweiligen Preisträger. Identisch ist hier seit 1965 bei allen nur die Bindung.

Die goldenen Medaillen tragen auf ihrer Vorderseite das Konterfei des Stifters Alfred Nobel, und auf der Rückseite, mit Ausnahme des erst 1969 hinzugekommenen Preises für Wirtschaftswissenschaften, je nach Disziplin, eine Inschrift und eine Szenerie. Die Inschrift „Inventas vitam juvat excoluisse per artes" für Physik, Chemie, Medizin oder Physiologie und Literatur ist dem 6. Lied der „Aeneis" von

Eröffnung des festlichen Banketts mit Königin Silvia (Foto: FAZ, Barbara Klemm)

Vergil entnommen, Vers 663. Die Medaille für Literatur der Schwedischen Akademie zeigt einen jungen Mann, der unter einem Lorbeerbaum sitzt und erleuchtet einer Muse zuhört und ihr Lied niederschreibt. Unter den Figuren wird der Name des Preisträgers eingraviert, zusammen mit dem Kürzel der preisverleihenden Institution. Die Medaillen für Physik und Chemie sind identisch, sie zeigen die Natur in Form einer Gottheit, die an Isis erinnert. Sie steigt aus den Wolken auf, hält in ihren Händen eine Cornucopia. Den Schleier, der ihren Kopf bedeckt, lüftet ein Genie der Wissenschaft. Die Medaille für Medizin schließlich zeigt ein Genie der Medizin mit einem offenen Buch im Schoß. Es sammelt Wasser, das von einem Felsen herunterrinnt, um den Durst eines kranken Mädchens zu stillen. Diese drei Medaillen hat der schwedische Designer Erik Lindberg entworfen.

Die Medaille für den Friedensnobelpreis stammt von Gustav Vigeland, sie trägt auf ihrer Rückseite die Inschrift „Pro pace et fraternitate gentium" – Für den Frieden und die Freundschaft der Völker. Beim Friedensnobelpreis und dem Preis der Bank von Schweden (Wirtschaftswissenschaften) werden die Namen der Preisträger seitlich eingraviert. Dies führte, wie Birgitta Lemmel von der Nobelstiftung berichtet, 1975 zu einer Verwechslung. Der Russe Leonid Kantorovich und der Amerikaner Tjalling Koopmans erhielten die Medaillen des jeweils anderen, bemerkten es aber erst, als sie schon wieder in ihren Ländern weilten. Da dies zu Zeiten des Kalten Krieges passierte, dauerte es trotz diplomatischer Anstrengungen vier Jahre, ehe die Medaillen ausgetauscht werden konnten.

Diese Medaille, die seit 1902 im Design nicht verändert wurde, unterscheidet sich auch von allen anderen: ihre Rückseite ziert der Stern des Nordens, das Emblem der Königlich Schwedischen Akademie der Wissenschaften.

Die Goldmedaillen, die auch im Konferenzzimmer der Nobelstiftung am Sturegatan in Stockholm in einer Vitrine zu sehen sind, wiegen 200 Gramm und haben einen Durchmesser von 6,6 Zentimetern. Bis 1980 wurden sie aus 23-karätigem Gold hergestellt, danach aus 18-karätigem Gold, überzogen mit einer 24-Karat-Goldschicht. Die ersten Medaillen waren 1901 bei der Verleihung noch nicht fertig, so dass die Preisträger zunächst eine provisorische Plakette erhielten, die erst im September 1902 ausgetauscht wurde.

Der irische Dichter, Literatur-Nobelpreisträger von 1923, William Butler Yeats beschrieb seine Medaille 1925 einmal so: „Alles ist vorbei, und ich bin in der Lage, meine Medaille zu beurteilen, sie ist charmant, dekorativ, hat ein akademisches Design, in der Art französisch, ein Werk der Neunziger. Sie zeigt einen jungen Mann, der einer Muse lauscht, die jung und schön dasteht, mit einer Laute in der Hand. Und ich denke, wie ich es einschätze, war ich einmal gut aussehend wie dieser junge Mann, aber meine ungeübten Verse waren voller Schwäche, meine Muse damals alt. Jetzt bin ich alt und habe Rheuma, und völlig unansehnlich, aber meine Muse ist jung."

*

Die Preisträger singen natürlich kräftig mit, wenn am Ende der Zeremonie alle die schwedische Nationalhymne „Du gamla, du fria – du alte, du freie" schmettern. Danach tritt die Königliche Familie ab, die Familienmitglieder und die Freunde der Preisträger erobern die Bühne. Volksfeststimmung statt Noblesse. Draußen in der eisigen Stockholmer Nacht warten die Busse und Limousinen für die Fahrt zum Bankett.

In Oslo wird der Preis am gleichen Tag von 13 Uhr an im schönen Saal des Rathauses vom Vorsitzenden des Norwegischen Nobel-Komitees verliehen und nicht vom norwegischen König. Dies soll die Unabhängigkeit des Nobel-Komitees demonstrieren. Neben der Königlichen Familie sind Regierungs- und Parlamentsmitglieder des Storting und geladene Gäste anwesend. Bis 1946 fand die Zeremonie noch im Nobel-Institut selbst statt, danach bis 1990 in der Aula der Universität, im Angesicht von Edvard Munchs großem Gemälde „Die Sonne", das dort hängt. Erst dann zog man um ins Rathaus. In Olso findet im Grand-Hotel um 19 Uhr ein prächtiges Diner mit 250 Gästen statt, das weltweit übertragen wird. Ohne König, aber natürlich nicht ohne Glanz.

*

Wozu diese ganze Pracht, deren Kosten die Nobelstiftung in Stockholm übrigens nicht preisgeben will? Bis zur Preisverleihung scheint die Nobelpreis-Idee kopierbar, in Zeiten der Globalisierung könnte ein Weltkonzern das Preisgeld in Form einer Stiftung leicht einbringen. Es gibt ja eine Reihe hoch dotierter Preise. Sogar Privatpersonen könnten locker eine Milliarde stiften. Doch die Kopie müsste immer noch gegen das Original bestehen – und das bleibt zwangsläufig authentischer.

Wie schwer es wäre, das Original zu kopieren, sieht man am Abend beim Bankett im Blauen Saal des Stadthauses. Nach der Preisverleihung sind die meisten in Limousinen, manche auch zu Fuß herüber gekommen ins Stadthaus am Mälarsee. Das Stadthaus ist mit Fackeln beleuchtet, ein gewisser königlicher Gestus hält Einzug, Gäste werden begrüßt mit Handküssen, Verbeugungen und Knicksen. Ein wenig fühlt man sich wohl dabei, als sei man im falschen Jahrhundert gelandet, wie ein Schweizer Berichterstatter einmal anmerkte. Die nicht-königlichen Gäste warten im Foyer außerhalb der Blauen Halle, um 18.30 Uhr erst dürfen sie Platz nehmen im Saal an den gedeckten Tischen. Oben in der Prinzengalerie werden derweil die Nobelpreisträger von der Königlichen Familie begrüßt, die als einzige einen eigenen Seiteneingang des Stadthauses benutzen.

Dann der erste Höhepunkt: Die Uhr über der Tür neben den steinernen Fischen oben am Ende der großen Galerie aus Granit zeigt 19 Uhr, die große dunkle Tür öffnet sich. Fünfzig Schritte sind es nun noch entlang der Balustrade mit den Doppelsäulen bis zur marmornen Treppe, die hinabführt in die Blaue Halle. Fanfaren ertönen, die Orgel unter dem Dach der Halle, eine der größten Skandinaviens, erklingt. König Carl Gustav schreitet voran, begleitet von einer weiblichen Nobelpreisträgerin, falls denn eine Frau ausgezeichnet wurde. Er führt die Prozession an, und die Kameras der Fernsehstationen zeigen der Welt in diesem Moment eigentlich ein Symbol: Die nobelsten Herren und Damen steigen aus dem Olymp hinab, um zu feiern, mit ihren Freunden, mit der Jugend, repräsentiert von Studenten, mit anderen herausragenden Menschen. Es ist der Triumph des Wissens.

Es ist erstaunlich, welche Veränderung dieser Raum durchmacht, von einem eigenwillig schönen Raum im Stockholmer Stadthaus in einen prachtvollen. Denn jetzt ist tatsächlich ein Glänzen in der Blauen Halle, in diesem Gebäude am Rand des Mälarsees mit dem wuchtigen Turm und dessen goldener, kugelähnlicher Spitze mit den drei goldenen Kronen obenauf, das der schwedische Architekt Ragnar Östberg 1923 erbaute. Es dient noch heute als Rathaus von Stockholm, täglich arbeiten hier mehrere hundert Stadtbeamte. Den Turm, so heißt es, habe er noch einen Meter höher bauen lassen als einen damals gleichzeitig geplanten in Kopenhagen, 106 Meter. Wunderbare Räume gibt es hier, den Goldenen Saal mit seinen zehn Millionen Mosaiksteinchen und all den historischen und weltumspannenden Szenerien, die Prinzengalerie mit Gemälden von Prinz Eugen, der den See gemalt hat, auf den man hinausblickt, und eigenartigen Begegnungsszenen von Männern und Frauen als Relief. Und eben die Blaue Halle, die gar nicht blau ist.

Rötlich schimmern ihre Wände, wegen der Backsteine in verschiedenen Rottönen. Ragnar Östberg wollte diese Halle blau haben, aber als er die warmen Töne sah, entschied er sich um, wie so oft beim Bau dieses Rathauses. Die Führerin erzählt solche Geschichten täglich beim Rundgang. Das Rathaus ist um zwei Innenhöfe herum gebaut, einer öffnet sich hinunter zum Mälarsee, zwischen Säulen blickt man hinüber nach Södermalm, der größten der Stockholmer Inseln. Der zweite, 1525 Quadratmeter groß, sollte wie eine südländische Piazza unter einem Dach sein. Blau sollten nicht nur die Wände werden, auch der Himmel. Italienisch, venezianisch eben. In den Wänden sind überall Fenster und sogar einen Balkon gibt es, wie bei Romeo und Julia. Den Saal umgibt ein Säulengang, und auch das flache Dach ruht auf feinen Säulen über den Backsteinfassaden. Tagsüber strömt von dort oben Tageslicht herein. An den Säulen sind kleine Ornamente eingemeißelt, ein geflügeltes Pferd, Bauern bei der Ernte, mythologische Figuren mit königlichen Insignien, ein Huhn wird da von einem kleinen Kind gefüttert, ein riesiger Neptun versetzt die Akropolis nach Istanbul.

Professor Robert A. Mundell, Nobelpreisträger für Ökonomie, bei der Entgegennahme des Preises, Stockholm 1999 (Foto: FAZ, Barbara Klemm)

Es lohnt, an diesem Abend auch die kleinsten Details aufzunehmen. Denn selbst das Gedeck erzählt eine Geschichte. Das derzeit verwendete Nobel-Service wurde aus Anlass des 90-jährigen Jubiläums der Verleihung der Nobelpreise 1991 entwickelt. Der damalige Vorsitzende der Nobelstiftung Stig Ramel hatte dem Kunsthistoriker Åke Livstedt den Auftrag gegeben, der Architekt Magnus Silverhjelm unterstützte ihn dabei. Vier schwedische Firmen liefern Gedeck und Untersetzer aus Damast. „Das Nobel-Service basiert auf dem Zusammenspiel symbolischer Elemente mit der Zahl Vier", heißt es in einer Broschüre über das Nobel-Service, das man im Stockholmer Stadthaus kaufen kann. „Das Grundthema ist die geometrische Grundform. Die ursprünglichen vier Nobelpreise: Physik, Chemie, Medizin und Literatur verschmelzen dabei zu einer Einheit. Mit Gerichten, Farben, Blumen und Musik." Ein bisschen viel Zahlenmystik. Zwei Farben dominieren, Gold natürlich und ein kräftiges Grün, das den Frühling symbolisieren soll. Dazu der Grundton Weiß beim Porzellan. Vier Gläser aus bleifreiem Material mit vergoldetem Stiel, sechs Besteckteile. Macht 5152 vergoldete Gläser und 7728 Gabeln, Messer und Löffel.

Verschiedene Traditionen fließen hier ein, Rokoko-Elemente finden sich in der Karaffe und den großen Schalen. Das teilweise vergoldete Besteck, zu dem das Fischmesser mit dem verspielten grünen Auge gehört, ist skurril. Kerzenleuchter und goldbeschichtete Bronze-Etagères mit Obst stehen auf der Haupttafel, dazwischen die Blumen aus San Remo, wo Nobel die letzten Jahre seines Lebens verbrachte. Die Zusammensetzung des Menüs wird wie ein Staatsgeheimnis gehütet, das einzige, was vorher bekannt ist, ist die Nachspeise. Das Nobel-Eis.

✡

Die 210 Kellner warten derweil schon auf die Nobelpreisträger und die anderen Ehrengäste, die sich ein Stockwerk höher in der Prinzengalerie mit Blick auf den Mälarsee versammeln. Die erste Amtshandlung der Kellner wird sein, Champagner in die 1288 Gläser zu schenken, damit alle zunächst einmal auf das Wohl des Alfred Nobel trinken können. Und auf das seiner Preisträger natürlich. Es folgt Prozession auf Prozession, Fahnenträger und Wein-Aufmärsche, Silbertabletts in Formation und Kellner, die dezent wieder abräumen.

Währenddessen hetzen sich oben in der Küche die Köche unter Führung des altgedienten Lars-Göran Andersson ab, dem Chef des privaten Restaurants im Stadthaus. Ragnar Östberg hat die Küche aus einem nicht näher bekannten Grund in den sechsten Stock verbannt. 140 Kellner sind für Speisen zuständig, 50 für Wein, 10 für besondere Wünsche, 10 als Reserve. Über zwei schmale Zugänge kommen die Speisen in den Goldenen Saal mit den üppigen Mosaiken. Dort werden die Speisen auf langen Tafeln angerichtet, ehe sie noch mal ein Stockwerk tiefer in den Blauen Saal gebracht werden.

*

Das erste Nobel-Bankett für die 150 Gäste wurde noch im Grand-Hotel Stockholm im Spiegelsaal serviert, dort also, wo heute die Nobelpreisträger ihre Suiten haben, mit Blick auf das Wasser und das Königsschloss gegenüber. 1901 gab es ausschließlich männliche Gäste. Der Nobelpreis wurde (bis 1925) in der Musikakademie verliehen. Alte Bilder zeigen die Gäste mit Schärpen, Orden und Medaillen dekoriert. Von 1930 an fand das Bankett in der Blauen Halle statt.

Spätestens im Oktober findet ein Testessen statt, mit einer sechsköpfigen Auswahlkommission der Nobelstiftung. Vier Menüvorschläge werden in mehreren Stunden getestet, eines ausgewählt. Dann schweigt man, auch das ist typisch für Schweden. Sicher ist neben dem erwähnten Nobel-Eis, dass alle Vegetarier und Allergiker ein eigenes Essen bekommen. Ohne Fleisch, gluten-frei. Auch koscher, falls es ein streng gläubiger jüdischer Gast wünscht.

Das Nobel-Bankett ist eine Mischung aus königlichem Diner, Familientreffen und Studentenfest. Auch hier bleibt die Frage, wer wo sitzt? Und weshalb? Alle Gäste sind eingeteilt in Kategorien, versehen mit Kürzeln. BOA 4 etwa steht für Mitglied Nummer 4 des „Board of Directors", des Vorstands der Nobelstiftung. Als Gast darf man auf einem Formular Wünsche äußern, wo man gern sitzen würde: neben dem König, nahe bei den Kollegen oder möglichst ganz weit

Bankettsaal Nobelpreis, Stockholm 1999 (Foto: FAZ, Barbara Klemm)

weg von diesen. Manche schreiben dann einfach „so schön wie möglich" oder „mit Augenkontakt zur Königin". Ein Preisträger soll einmal seine Ex-Frau und seine derzeitige Frau eingeladen haben. Die Instruktion war klar: kein Blickkontakt.

Fast vier Stunden dauert das Bankett, vor dem Dessert gibt es eine 20-minütige musikalische Aufführung. Als Bühne fungiert die große Treppe, meist beleuchtet in Blau. Wie Lena de Champs beschreibt, war die Mini-Oper von 1996 mit Musik aus dem späten 19. Jahrhundert die eindrucksvollste, oder auch die Tanzperformance der schwedischen Tänzerin Anja Birnbaum von der „Pyramids dance group". Diese Shows gibt es erst seit etwa zehn Jahren, davor dominierte in den 70er und 80er Jahren Chormusik.

Dem Diner folgen die Reden, in denen sich die Laureaten meist sehr bescheiden bedanken. Es soll sogar vorgekommen sein, dass jemand ein Lied singt dort oben am Pult.

*

„Kurz nach dem Ende des Banketts erheben sich die Nobel-Laureaten, die königlichen Gäste, die Professoren, Studenten und alle anderen Gäste von ihren Sitzen und gehen die Treppen hoch zum Goldenen Saal, wo das Tanzorchester schon begonnen hat, einen Wiener Walzer zu spielen." So erinnert sich Lena de Champs. „Das Königliche Paar begibt sich in die Prinzen-Galerie, wo sie noch die Gelegenheit haben, ihre Gespräche mit den Laureaten abzurunden, ehe diese hinausgehen in die Winternacht." Ja, ein Märchen spielt sich da ab im hohen Norden, mit ganz wunderlichen Geschichten und allerlei glitzerndem Gold. Fortsetzung folgt natürlich, denn es ist ein modernes Märchen. Vielleicht bricht da auch in modernen, auf das Individuelle ausgerichteten Menschen die Sehnsucht durch, an einem gemeinsamen Ritual, an etwas Größerem teilzunehmen.

Für die Laureaten, so de Champs, ist der Abend natürlich noch nicht zu Ende. Sie sind auf einer der vielen Feiern der Stockholmer Studentenverbindungen eingeladen. Und da es sich um ein Märchen handelt, muss man schließen: Wenn sie nicht gestorben sind, feiern sie dort noch heute.

Literatur-Nobelpreisträger Günter Grass mit Tochter, Stockholm 1999
(Foto: FAZ, Barbara Klemm)

DIE DEUTSCHEN

„Der Preis hat mich weder dümmer noch klüger gemacht."
(Heinrich Böll, Literatur-Nobelpreisträger 1972)

„Vor zehn Tagen kam der Nobelpreis über uns.
Seitdem keine Minute am Stehpult. Berge freundlicher,
zustimmender Post. Das Telefon blockiert.
Und doch versuchen Ute und ich, unser Leben zu führen;
aneinandergelehnt ... Es ist gut, dass ich erst jetzt,
altersgewitzt, den Preis bekomme; als Vierzig- oder Fünfzigjähriger
wäre er mir zur Last geworden."
(Günter Grass, Literatur-Nobelpreisträger 1999,
aus dem „Sudelbuch")

MAN MUSS SICH den Nobelpreisträger für Literatur des Jahres 1999 als einen glücklichen Menschen vorstellen. Ähnlich wie Albert Camus' Sisyphos, der die Mühen des Steinewälzens positiv als Lebenswerk aufgefasst hat, ist ja auch Günter Grass zeitlebens damit beschäftigt gewesen, sich Brocken für Brocken durch die deutsche Nachkriegsgeschichte zu arbeiten – für jedes Jahrzehnt ein großes Romanpanorama, angefangen mit der Danziger Trilogie – „Die Blechtrommel", „Katz und Maus", „Hundejahre" – über den „Butt", „Die Rättin" bis hin zum Deutschland-Roman „Ein weites Feld", bei dem Günter Grass eine deutsche Literaturkritik zu spüren bekam, die den Großschriftsteller offenbar als zu groß empfand und somit alles daransetzte, Günter Grass, den Horst Krüger einmal so treffend „das Wappentier der Republik" genannt hat, um einige Zentimeter zu kürzen.

Als Grass endlich 1999 den Nobelpreis für Literatur erhielt, bewirkte die Nachricht zweierlei. Einmal war die nun schon jährlich stattfindende und damit bereits peinliche Frage „Kriegt er ihn diesmal oder wieder nicht?" endlich beantwortet. Denn Günter Grass war ja wie kaum ein anderer europäischer Schriftsteller so sehr der ewige Kandidat. Als Grass' Freund Heinrich Böll den Preis siebenundzwan-

Rudolf Eucken (Literatur), 1908

Gerhart Hauptmann (Literatur), 1912

Albert Einstein (Physik), 1921

Gustav Stresemann (Frieden), 1926

Thomas Mann (Literatur), 1929

Carl von Ossietzky (Frieden), 1935

Georges Köhler (Medizin), 1984
(Foto: Universität Freiburg)

Christiane Nüsslein-Volhard (Medizin), 1995
(Foto: Peter Badge)

zig Jahre zuvor erhalten hatte, soll dieser in seiner – übrigens auch immer ironisch zu verstehenden – Bescheidenheit gefragt haben, warum er und nicht Günter Grass den Preis erhalten habe. Denn Grass erfüllte ja, ebenso wie Böll, die Anforderungen an einen Volksschriftsteller, also: internationale Bekanntheit, Bestseller-Auflagen und die Rolle als öffentliche Figur der Bundesrepublik. Zwar hatte Grass sein legendäres Werk, die „Blechtrommel", bereits geschrieben, aber es waren immerhin noch große Arbeiten von dem damals 45-Jährigen zu erwarten.

Dem Laureaten von 1999 wollten das einige offensichtlich nicht mehr zubilligen. Und so mischte sich in den ohnehin etwas verklemmten Stolz auf den zweiten deutschen Nobel-Literaten nach dem Krieg eine ordentliche Portion Häme, insbesondere von Seiten der konservativen Presse. Deren Argumente waren übrigens erstaunlich und gingen ungefähr in diese Richtung: Dass man einen ewigen Querulanten ehre, der im übrigen das unantastbare Geschenk der deutschen Wiedervereinigung nicht als solches annahm, sondern für eine Staatenkonföderation plädiert hatte, könne man ja noch zähneknirschend verzeihen. Dass aber mit dem Nobelpreis nun ein Schriftsteller geehrt werde, dessen literarische Erfolge ja nun vierzig Jahre zurücklägen, sei kaum nachvollziehbar.

Im Klartext heißt das: Alles, was Günter Grass nach dem Erfolg der „Blechtrommel" geschrieben hat, ist nicht preiswürdig. Einige andere, wie Marcel Reich Ranicki, argumentierten, dass die Vergabe an Günter Grass immerhin das kleinere Übel gewesen sei. Für den Großkritiker Reich-Ranicki wäre es schlimmer gekommen, hätte „der dümmliche Peter Handke" den Preis bekommen. Gegen diese Unbehaglichkeit der deutschen Literaturkritik stellte der Preisträger selbst seine uneingeschränkte Freude über die Ehrung. Grass sagte später, die Entgegennahme des Literatur-Nobelpreises 1999 habe ihm Vergnügen vor allem deshalb bereitet, weil er mit seinen Söhnen im maßgeschneiderten Frack in Stockholm auftreten konnte. Man betrachte nur einmal die gelösten Bilder in Grass' Band „Stockholm": Grass mit Familie, das Grand-Hotel am Wasser, der Tanz im Goldenen Saal. Es ist ein Triumph.

Mit einer Fröhlichkeit, die für den in den Jahren davor immer grimmiger und resignierter erscheinenden Grass ungewöhnlich war, wischte er die zum Teil hanebüchene Häme zur Seite und schlug den Miesepetern vor, sich lieber mit ihm über seinen Preis zu freuen. Er sei ja auch als ein Preis für die deutsche Literatur der Nachkriegs- und Nachwendejahre zu verstehen. Grass gab Pressekonferenzen und fütterte die bunten Seiten der Gazetten. Ja sogar die Regenbogenpresse entdeckte den sperrigen deutschen Dichter plötzlich als Gala-kompatiblen Prominenten, der eine hübsche Tochter und entzückende Enkelkinder vorweisen kann.

In sein „Sudelbuch", sein privates Tagebuch, schrieb Günter Grass damals: „Vor zehn Tagen kam der Nobelpreis über uns. Seitdem keine Minute am Stehpult. Berge freundlicher, zustimmender Post. Das Telefon blockiert. Und doch versuchen Ute und ich, unser Leben zu führen; aneinandergelehnt (...) Es ist gut, dass ich erst jetzt, altersgewitzt, den Preis bekomme; als Vierzig- oder Fünfzigjähriger wäre er mir zur Last geworden."

Sehr souverän ließ sich Günter Grass bei den Feierlichkeiten in Stockholm ins Bild setzen. Besonders seine alte Liebe zu wilden Tänzen pflegte er mit einer Vitalität, die viele Tanzpartnerinnen überforderte – so etwa die Schleswig-Holsteinische Ministerpräsidentin Heide Simonis, die Grass bei einem von der Landesregierung veranstalteten Ehrenfest wiederholt aus dem Schritt wirbelte. „Welch ein Vergnügen sollte es werden, die Söhne und mich so einmalig und streng nach schwedischem Protokoll verkleidet zu sehen."

Wenn Günter Grass, etwa in der Rede zur Verleihung des Nobelpreises, von Vergnügen spricht, meint er das Vergnügen des Pikaro, also des scheiternden Helden, der Grass' literarische Grundfigur ist: „Sein Witz pinkelt an die Säulen der Macht, sägt an deren Gestühl, weiß aber zugleich, dass er weder den Tempel zum Einsturz noch den Thron zum Kippen bringen wird."

Seinem Freund Heinrich Böll hat Günter Grass vor vielen Jahren einmal die Frage gestellt, ob seine Moral jemals die Milch der Reaktionäre gesäuert habe. Ende 1999 erinnert Grass an Heinrich Bölls Bedauern, den Humor ignoriert zu haben.

Böll erreichte die Nachricht, dass er der Träger des Nobelpreises 1972 sei, während einer Lesereise in Griechenland. Er fühlte sich geehrt, aber keineswegs über Gebühr, wie sein Biograf Heinrich Vormweg schreibt. Und er sagte, der Preis habe ihn weder dümmer noch klüger gemacht. Im Ausland war Böll der bedeutendste Schriftsteller der Bundesrepublik, tadellos in seiner demokratischen Gesinnung und außerdem ein Autor überaus lesbarer Bücher, die aufschlussreich waren für diejenigen, die etwas über das Deutschland nach 1945 erfahren wollten.

In seinem Heimatland dagegen war Böll schon seit längerem eine Persona non grata. Er galt als Staatsfeind, jedenfalls versuchten einflussreiche Abgeordnete der CDU/CSU-Fraktion, ihn dazu zu machen. Diese offene und immer brutaler werdende Anfeindung des Nobelpreisträgers irritierte auch im Ausland. Im Jahr 1972 begann in Deutschland der militante Terrorismus der Baader-Meinhof-Gruppe mit dem Anschlag auf ein Berliner Kaufhaus. Heinrich Böll hatte kurz zuvor einen Aufsatz veröffentlicht mit dem Titel „Will Ulrike Meinhof Gnade oder freies Geleit?“ Er hatte sich für verfolgte Autoren aus der Sowjetunion eingesetzt, den Wahlkampf für Willy Brandt unterstützt und immer wieder auf demokratische Lücken der noch verhältnismäßig jungen Bundesrepublik hingewiesen. In seiner Stockholmer Rede „Vernunft und Poesie“ empfahl sich Heinrich Böll ausdrücklich als ein Schriftsteller seines Volkes und dankte „für die Ehre, die wohl nicht nur mir gilt, auch der Sprache, in der ich mich ausdrücke, und dem Land, dessen Bürger ich bin“.

Es muss wohl gerade die Berufung auf die Bürgerpflicht gewesen sein, die vielen Konservativen in der Bundesrepublik diesen äußerlich so wenig glanzvoll daherkommenden, immer ein bisschen zerfahren wirkenden, kettenrauchenden Böll so unerträglich werden ließ. Links und katholisch, sanftmütig und dabei furchtbar radikal in seiner „Ästhetik des Humanen“.

Böll und Grass waren – Grass im übrigen schon lange Jahre vor der Verleihung des Nobelpreises – Markenzeichen der deutschen Literatur auch im Ausland. Auch Böll ist manchen ein bisschen zu groß geworden für die deutsche Literaturkritik, und ähnlich wie später bei

Günter Grass' Roman „Ein weites Feld" hagelte es 1979 Verrisse für Bölls vorletzten Roman „Haus ohne Hüter".

Der Nobelpreis gab ihm noch zusätzlich Autorität, und Heinrich Böll nutzte sie dazu, sein öffentliches Wirken zu verstärken. Und ziemlich bald, so berichtet Heinrich Vormweg, hat es so etwas wie ein Joint Venture in der öffentlichen Beurteilung dieses Schriftstellers gegeben. Man schlug vor, Heinrich Bölls Bedeutung auf diese Formel zu bringen: ein mittelmäßiger Schriftsteller, dessen wichtigste Werke übrigens auch schon lange publiziert seien, und dafür ein großer Humanist, das Gewissen der Nation – ein Begriff, auf den Heinrich Böll einmal gekontert hat, eine Nation, die ein personifiziertes Gewissen benötige, habe offenbar keines. „Ich will nicht Deutschlands Heinrich sein", hat Böll einmal gesagt, aber da war er es schon längst.

Die Formel ist natürlich billig, und sie ist auch nicht richtig. Heinrich Böll hat den Nobelpreis nicht – wie Günter Grass oder Thomas Mann – für ein lange zurückliegendes Werk erhalten, sondern – und diese Vermutung äußert nicht nur Heinrich Vormweg – für den in den späten 60er Jahren entstandenen und veröffentlichten Roman „Gruppenbild mit Dame". Das Ausland hat ihn mit Interesse als einen Zeitgenossen wahrgenommen, der kritisch auf sein Land blickt. Seine Kritiker – und das waren nicht seine deutschen und internationalen Leser, die ihm weiterhin Millionenauflagen bescherten – wollten ihn auf seine Kurzgeschichten der Nachkriegsjahre reduzieren. Heinrich Böll war am Ende der deutsche Literatur-Nobelpreisträger, bei dem einem erst in zweiter Linie einfiel, dass er den Preis aufgrund seines literarischen Wirkens und weniger für seine Fernsehinterviews bekommen hatte.

Das Phänomen bei Böll war also die immer größer werdende Entfernung zwischen dem Schriftsteller und der politisch gesellschaftlichen Prominenz des Mannes in der deutschen und schließlich auch internationalen Öffentlichkeit. Ein solches Schicksal hätte auch Thomas Mann drohen können, der ja nach dem Krieg, als der Katzenjammer über die fortgejagten deutschen Geistesgrößen laut wurde, die damals dringend benötigte Stelle eines Gewissens der Nation hätte ausfüllen sollen. Thomas Mann lehnte es ab, wieder in das Land zurückzukehren, als deren Bürger er 1929 den Nobelpreis für Literatur entgegengenommen hatte. Dennoch – Thomas Mann geriet in das Schussfeld damals noch namhafter Autoren, die während der NS-Zeit in Deutschland geblieben waren, sich als Helden stilisierten und Thomas Mann bezichtigten, „auf den Parkettplätzen der Emigration" dem deutschen Elend zugeschaut zu haben.

Es war die restaurative Literatur, die sich berechtigt fühlte, moralische Debatten dieser Art anzustoßen – heute zu Recht der Vergessenheit anheim gefallene Schriftsteller wie Frank Thieß und Walter von Molo. Thomas Mann hat bewusst darauf verzichtet, seine Autorität als Nobelpreisträger in einer solchen Kultur des Restaurativen wirken zu lassen. Er ging in die Schweiz, besuchte Deutschland nur zu besonderen Feierlichkeiten und verzichtete sogar auf ein Grab in der Lübecker Familiengruft.

Die *Deutsche Staatszeitung* in New York veröffentlichte ein paar Monate nach der Verleihung eine kleine Thomas-Mann-Anekdote unter der Überschrift „Nobelpreis und Höflichkeit". Danach hat das schwedische Akademiemitglied Frederik Böök, der auch Mitglied des entscheidenden Nobel-Komitees war, Thomas Mann auf der öffentlichen Nobel-Feier in Stockholm auf eine Begegnung angesprochen, bei welcher er den Zauberer wenig zauberhaft erlebt habe. Ein Jahr zuvor sei Böök in München Thomas Mann in der Nähe seines Hauses begegnet: „Der sonst so höfliche Thomas Mann, etwas überarbeitet und von jungen Dichtern und Literaturwanzen allzu überlaufen, bat den ihn ansprechenden alten Herrn ziemlich unwirsch, man möge ihn doch in Ruhe lassen, noch bevor der schwedische Gelehrte sich vorstellen konnte."

Thomas Mann, so die kleine Zeitungsmeldung, habe sich beschämt gezeigt und gesagt: „Jede Unhöflichkeit rächt sich. Sie aber, verehrter Herr Professor, haben sich auf einzigartige Weise gerächt."

Diese heiter daherkommende Zeitungsmeldung ist deshalb interessant, weil besagter Professor Böök bei Katia Mann, der Gattin des Dichters, keine Gnade fand. In ihren „Ungeschriebenen Memoiren" erinnert sie sich, dass Böök ein Gegner des „Zauberberg" gewesen sei, weil das Buch seiner Ansicht nach in keine andere Sprache außer der deutschen übertragbar sei. Katia Mann beharrt darauf, dass es ebenjener Großroman ihres Mannes gewesen sei, der ihm 1929 den Literatur-Nobelpreis eingebracht habe. Nun hat aber Böök stets behauptet – und die Nobel-Urkunde weist ausdrücklich darauf hin, dass Thomas Mann den Preis für seinen 1901 erschienenen Erstling „Buddenbrooks" erhalten habe. „Also hätten sie ihm den Preis schon fünfundzwanzig Jahre vorher geben können", folgert Katia Mann, ohne sich offenbar bewusst zu sein, dass die Schwedische Akademie ihren gerade erst ausgelobten Preis wohl kaum einem sechsundzwanzigjährigen Debütanten verliehen hätte.

Es ist im Übrigen amüsant, mit welcher Strenge Katia Mann die Feier für ihren Gatten protokolliert und bewertet hat. Die flapsige Bemerkung des französischen Physik-Nobelpreisträgers Duc de Broglie, er wisse keinen speziellen Grund, warum er den Preis erhalten habe, fühle sich aber trotzdem geehrt, nennt sie „frech und dumm". Dass König Gustav diesem bei der Preisübergabe ein paar Schritte entgegengeht, verzeichnet sie als Protokollfehler: „Das fand ich falsch." Und beim Diner muss Frau Mann ertragen, dass ihr laudierter Gatte neben „zwei Morcheln" von Prinzessinnen sitzt.

Dass Thomas Mann den Nobelpreis für seinen Roman „Buddenbrooks" erhalten habe, wie es ausdrücklich in der Urkunde steht, ist in der Tat unwahrscheinlich. Und auch Mann selbst war sich sicher, dass seine Reputation letztlich auf seiner bis dahin wohl bedeutendsten Romanleistung „Der Zauberberg" beruht. In einem Brief an André Gide schreibt Thomas Mann am am 20. Januar 1930: „Buddenbrooks allein hätten mir niemals die Geltung verschafft, welche es der Akademie ermöglicht und sie bestimmt hätte, mir den Preis zu verleihen. Diese Stellung in der Welt ist tatsächlich erst durch den verpönten Roman geschaffen worden, dessen rein narrative Eigenschaften (...) doch seinen analytischen soweit die Waage halten, um das Ganze als Komposition (...) haltbar zu machen." Vielleicht sollte man der Klarheit halber unterstreichen, dass es wohl letztlich Manns Überzeugung war, dass er aufgrund seiner Wandlung zum politischen Schriftsteller, der er seit den „Betrachtungen eines Unpolitischen" von 1918 war, den Nobelpreis bekommen habe. Und dass sicher auch

Manns Novelle „Mario und der Zauberer", die den italienischen Faschismus analysiert, zu dieser Reputation beigetragen hat.

Es kommt wohl der Wahrheit sehr nahe, wenn man annimmt, der „Zauberberg" habe zum Weltruhm und damit auch zum Nobelpreis beigetragen, dass Thomas Mann aber diesen Preis niemals für den „Zauberberg" hätte bekommen können, weil eben Professor Frederik Böök, und vielleicht nicht nur er, das Gesellschaftsporträt „Buddenbrooks" für vermittelbarer hielt als den verschlungeneren, weniger massentauglichen Bildungsroman „Zauberberg". Böök hielt damals im Dezember 1929 übrigens die Laudatio auf Mann. Den „Zauberberg" erwähnt er erst am Ende der Rede: „Seine späteren Werke, besonders der Roman ‚Der Zauberberg' (1924), bestätigten den Kampf der Ideen, den seine dialektische Natur bis zum Ende austrug und der dem Ausdruck seiner Haltungen vorausging."

Thomas Mann, Heinrich Böll und Günter Grass sind jene deutschen Literatur-Nobelpreisträger, die uns vermutlich noch einige Jahrzehnte im Gedächtnis bleiben werden. Während Namen wie Rudolf Eucken, Theodor Mommsen oder gar Paul von Heyse schon heute bei vielen nichts als Schulterzucken auslösen. Hermann Hesse, der den Preis 1946 als Zeichen der Versöhnung nach dem Zweiten Weltkrieg und der Hitlerdiktatur erhielt, war längst Schweizer Staatsbürger. Nelly Sachs, die Preisträgerin des Jahres 1966, nahm die Auszeichnung für Schweden entgegen, wo sie seit 1940 im Exil lebte.

Mann, Grass und Böll sind allesamt ausgesprochen politische Autoren, einwandfreie Demokraten und – jeder in einem anderen Sinne – Volksschriftsteller, deren Werke bis heute zum Bildungskanon gehören, falls es einen solchen noch gibt.

Alle drei waren öffentliche Figuren, bevor sie den Preis erhalten haben. Und sie wurden institutionalisierte Intellektuelle nach der Ehrung. Sie werden um Auskunft gebeten und geben freiwillig Auskunft. Günter Grass hat dabei das Feld der politischen Einmischung längst überschritten und redet sogar schon mit Fußballgrößen Tacheles. „Dumm-stolz" nannte er etwa Stefan Effenbergs kreischende Freude angesichts des Champions-League-Sieges des FC Bayern München in Mailand.

Der Beruf des Schriftstellers bringt es vermutlich mit sich, dass sich die Literatur-Nobelpreisträger zumeist vereinzelt zu Wort melden und nie in Gruppen auftreten. Bei den Geehrten anderer Disziplinen, den Naturwissenschaftlern und Medizinern zum Beispiel, ist das völlig anders.

*

Scheiden sich an den Schriftstellern, die immer auch das Gewissen des Landes darstellen, die Geister, sind die Forscher unbestritten der Stolz. Es ist dieses „Made in Germany"-Gefühl, das sie tragen, fördern und formen. Sicher sind dafür mehr noch die Ingenieure zuständig, die Maschinen- und Autobauer, und neuerdings muss natürlich die Computerbranche im Rennen um die Zukunft dabei sein. Doch natürlich will dieses Land, gerade Deutschland, auch etwas vom Ruhm der Nobel-Ehre für sich abzweigen. Das taugt auch eher zum medienträchtigen Maßstab als irgendeine Studie, die den deutschen Schüler gerade in den Naturwissenschaften und Mathematik im Ländervergleich ziemlich bescheidene Werte gibt. Also Nobelpreis. Also die Frage, wenn die Namen verkündet werden, noch ehe man nach dem Wofür fragt: Aus welchem Land stammen die Preisträger denn? Und hier: Sind Deutsche dabei? (Mit dem stummen Zusatz: wie bis zum Zweiten Weltkrieg, als vor allem deutsche Physiker und Chemiker ziemlich abräumten.) Als ob die Verleihung auch ein Schaulaufen der Nationen wäre. Dieser Preis ist sicher auch ein Spiegel, aber einer, dessen Bild man lesen muss. Man könnte sich auch die Europäer anschauen und ihr Wirken, ihre Interessen etwa mit dem der Amerikaner aus den USA vergleichen, die ja die Spitzenposition von den Europäern spätestens nach dem Zweiten Weltkrieg übernommen haben. Doch exemplarischer für Deutschland sind die anderen Fragen: Wie das Land mit seinen Preisträgern umgeht, was sich geändert hat durch die beiden Weltkriege, weshalb deutsche Forscher und deutsche Wissenschaftler nach dem Zeiten Weltkrieg andere Wege gehen mussten? All das ist mit Sicherheit ein Spiegel dieses lange geteilten Landes. Und man darf auch die Frage stellen, weshalb kein Forscher oder Schriftsteller der DDR zeit ihres Bestehens den Nobelpreis bekommen hat.

Ein Blick auf die Preisträger der Naturwissenschaften in den letzten Jahren verschafft den lange gebeutelten Deutschen wieder eine Verschnaufpause: drei Nobelpreisträger in drei Jahren, der Physiker Helmut Störmer 1998, der Mediziner Günter Blobel 1999 („Nobel-Blobel" dichteten manche euphorisch) und im Jahr 2000 wieder ein Physiker mit Herbert Kroemer. Der Freude folgte regelmäßig ein kleiner Stich: Der Laureat forscht ja gar nicht in Deutschland. Er lebt seit mehr als zwanzig Jahren in den USA, forschungsmäßig praktisch Feindgebiet. Wenn das drei Jahre hintereinander passiert, kann es zum Komplex führen oder dazu, dass die Politik allmählich nervös wird und deutsche Forscher aus ihrem Exil zurückholen möchte. (Da war die deutsche Öffentlichkeit vielleicht doch auch kurz froh, dass wenigstens Günter Grass in Deutschland lebt und schreibt, in Lübeck.)

Wollen wir uns kurz die drei Nadelstiche anschauen. Herbert Kroemer, geboren 1928 in Weimar, ist emeritierter Professor an der University of California in Santa Barbara, wo er von 1977 an lehrte. Er promovierte 1952 in Göttingen und wanderte vor vierzig Jahren in die USA aus, weil es damals in Deutschland keine Forschung auf dem Gebiet der Halbleiter gab. Kroemer hatte Anfang der 60er Jahre einen schnellen Transistor entwickelt, und damit zusammen mit Jack Kilby und Zhores Alferov „die Basis für die moderne Informationstechnologie" geschaffen.

Ohne die Halbleitertechnologie gäbe es heute weder Computer noch Handy, CD-Spieler oder moderne Satellitensysteme. Gefragt, ob er die Bemühungen der deutschen Regierung sinnvoll fände, ins Ausland abgewanderte Forscher wieder zurückzuholen, antwortet Kroemer: „Für Leute meines Alters natürlich nicht mehr, ich bin 72 Jahre alt. Wenn man die Bedingungen in Deutschland wieder attraktiver macht, werden einige mehr zurückkehren als heute. Es kommt darauf an, dass junge Forscher schneller zum Zug kommen müssen, das ist derzeit eine Katastrophe. Es dauert viel zu lange, bis sie selbst unabhängig arbeiten können. Das ist eine Hierarchiefrage. Das Schwierige dabei ist, dass man sich über lang gewachsene Strukturen hinwegsetzen muss. Wenn man nicht gewillt ist, dies zu tun, geht es eben nicht.

Die Kritik, die ich am deutschen System habe, betrifft nicht die Forschungssituation selbst, sondern die Möglichkeiten der jungen Leute, schneller interessante Projekte machen zu dürfen. Essentiell ist es, sich gute Leute auszusuchen und sie dann in Ruhe zu lassen. In Ruhe lassen bedeutet auch, lass sie nicht von älteren Leuten bevormunden. Lass sie ihre eigenen Fehler machen." Ein deutsches Problem? „Ja."

Horst Störmer verließ Deutschland vor 24 Jahren, nach seiner Promotion in Stuttgart. Den Nobelpreis erhielt er für den fraktionierten Quanten-Hall-Effekt, einen „Tanz der Elektronen in der Quantenflüssigkeit", wie die Königliche Akademie der Wissenschaften die Entdeckung prosaisch darstellte. Er beschreibt seinen Arbeitsplatz an den Bell-Laboratorien (Lucent Technologies) als Ort, an dem die „Wissenschaftler ihre Arbeit selbst bestimmen können und nicht Verwaltungstypen". Zudem unterrichtet er an der Columbia-Universität in New York.

Günter Blobel, der 1999 den Nobelpreis für Medizin erhielt für seine Theorie der Eiweißadressen, die diese durch die Zelle navigierten. Nach dem Studium an verschiedenen deutschen Universitäten ging Blobel bereits in den 60er Jahren an die Rockefeller-Universität nach New York ans zellbiologische Labor des späteren Nobelpreisträgers George Palade (Medizin, 1974). Er ist heute amerikanischer Staatsbürger.

Das Problem besteht offensichtlich nicht darin, dass in Deutschland keine gute Forschung gemacht wird, sondern dass es an vielen Instituten und Labors nicht attraktiv für ausländische Forscher ist. Bürokratie spielt dabei eine große Rolle, kreatives Klima entsteht durch Offenheit und direkte Wege ohne Hierarchien. Interessant dabei ist, dass die schleichende Misere erst nach dem Zweiten Weltkrieg einsetzte. Anfangs mag das an den Folgen des Krieges gelegen haben mit anderen Problemen. Doch auch die Struktur der Universitäten hat sich gewandelt. In den 20er Jahren waren die Hochschulen Eliteeinrichtungen. Jetzt haben die Universitäten das Hauptziel, eine wesentlich breitere Bildungsbasis für die Allgemeinheit zu schaffen. Deshalb funktionieren auch die Modelle nicht, das alte Elitesystem auf die neue Universitätslandschaft zu übertragen.

Ein weiteres Problem sind die langen Ausbildungszeiten. Langen Studienzeiten folgen meist mehrjährige Doktorarbeiten, oft bei sehr bescheidener Bezahlung. Herbert Kroemer erzählt, in den 20er Jahren sei es möglich gewesen, Doktorarbeiten in ein bis zwei Jahren zu machen. Er habe das „Riesenglück" gehabt, dass sein Doktorvater Sauter, ein Schüler von Arnold Sommerfeld in München, in dieser Tradition groß geworden war. Das ersparte ihm wertvolle Jahre. Wenn man an dieser Stelle noch an die Statistik erinnert, wonach Nobelpreisträger ihre relevanten Entdeckungen in den Jahren zwischen 30 und 40 machen, wiegt dies umso schwerer. „Eine Doktorarbeit war für Sauter eine Bestätigung: Der kann unabhängig arbeiten, der braucht keine Überwachung mehr. So wie er dieses Ziel erreicht hat: Raus!" Kroemer lacht.

Nach der Doktorarbeit folgt in Deutschland die Habilitation, die oft zur lustlosen Pflichterfüllung gerate, wie Kroemer meint.

Bei all der Kritik soll auch auf deutsche Gesellschaften hingewiesen werden, die im internationalen Betrieb mitmischen. Die Max-Planck-Gesellschaft folgt dem Prinzip, sich gute Leute zu suchen, mittlerweile vor allem aus Asien, insbesondere Indien. Einige Nobelpreisträger landen auf dem Posten eines Institutsleiters, was mit Ansehen, einer guten Ausstattung und vor allem Unabhängigkeit verbunden ist. Und vor allem nicht mit dem Zwang, anwendungsorientiert zu forschen, ein Traum für Grundlagenforscher. Nobelpreisträger Klaus von Klitzing betonte auf der Nobelpreisträger-Tagung 2001 in Lindau, nur ein Prozent des Etats von 2 Milliarden Mark der Max-Planck-Gesellschaft mit ihren 80 Instituten stamme aus Patentgewinnen, also direkten Einnahmen der Forschung. Doch mittlerweile gebe es 27 Start-up-Unternehmen, allein in den vergangenen Jahren. Sein Kollege, der amerikanische Nobelpreisträger Ivar Giaever meinte sogar, in Amerika gäbe es solche Einrichtungen nicht: „In Deutschland wird ein Nobelpreisträger Max-Planck-Direktor." Gute Aussichten für die Zeit nach dem Nobelpreis.

Viel ist zu lesen vom Exodus, von der Flucht der deutschen Forscher in die USA, vom Wunsch der deutschen Politik, die geistige Elite im Land zu halten oder neuerdings wieder ins Land zurückzuholen. Dahinter steckt ein Denken, dass das Wissen der Rohstoff der Zukunft ist, wie einst Kohle oder Öl. Wer sich das Wissen nicht sichert, fällt zurück, zunächst wissenschaftlich, dann wirtschaftlich. So locken seit Jahren amerikanische Universitäten begabte ausländische Forscher ins Land. Daher ist es nicht verwunderlich, wenn in den vergangenen 25 Jahren Forscher amerikanischer Universitäten etwa zwei Drittel aller Nobelpreise erhielten. 21 Prozent des wissenschaftlichen Personals an amerikanischen Hochschulen stammen aus anderen Ländern. Jeder zweite Naturwissenschaftler, der nach der Promotion dort in einem Labor arbeitet, kommt nicht aus den USA. „Hierzulande ist ein nichtdeutscher Professor noch seltener als eine Frau auf einem Lehrstuhl", merkte die *Zeit* kürzlich an.

Drei von vier deutschen Nobelpreisträgern arbeiten und forschen in den USA. Sie sind meist fest integriert in die Universitäts-Strukturen, unterrichten an den Instituten, sind Mitglieder amerikanischer Forschungsgemeinschaften wie der AAAS. Wenn das Niveau an deutschen Universitäten auch aufgrund der seit Jahren sinkenden Studentenzahlen nicht gehalten werden kann, muss man junge ausländische Naturwissenschaftler für die Forschung in Deutschland begeistern. Eine einfache Idee, eine amerikanische Idee.

Die Zahl der Studenten in Physik und Chemie, auch in den Ingenieurwissenschaften ist in Deutschland in den vergangenen Jahren deutlich zurückgegangen, mit Auswirkungen auf die Forschung und die Zahl der Doktoranden. Einst mussten aufgrund der hohen Anforderungen etwa 50 Prozent der Studenten das Studium abbrechen. Das kann sich heute keine Einrichtung mehr leisten, das Niveau sinkt. Der Frankfurter Chemie-Nobelpreisträger Hartmut Michel beklagt diese Tendenz: „Die Qualität der Doktoranden hat nachgelassen. Wir bemühen uns, dies durch ausländische Studenten auszugleichen. Bei mir stammen mehr als die Hälfte der Doktoranden nicht aus Deutschland. Viele kommen aus Italien, Osteuropa, Indien und China."

So geht es der Wissenschaft in vielen westlichen Ländern. Die Nobelstiftung als Anwalt der Wissenschaft bemüht sich darum, junge Leute für die Naturwissenschaften zu begeistern. Es ist die Zeit, in der weltweit große Wissenschaftsausstellungen stattfinden, nicht nur die Nobelpreis-Jubiläums-Ausstellung in Stockholm, auch eine große Schau des Smithsonian Institute in Washington in Zusammenarbeit mit dem Deutschen Museum Bonn und München. Beide Veranstaltungen werben in Zeiten, in denen Profit regiert, vor allem um junge Leute, die „kreativen Köpfe".

Über dieses Abwandern aus den Naturwissenschaften beklagen sich nicht nur deutsche Professoren und Nobelpreisträger wie Hartmut Michel (Nobelpreis für Chemie 1988). Michel hatte ebenfalls 20 Anfragen aus den USA, konkrete Angebote aus Harvard, Chicago, Princeton. „Man hat mir ein hohes Gehalt geboten, dazu 600 Quadratmeter Laborfläche und eine Halbtagssekretärin. Meine Mitarbeiter hätte ich über Forschungsanträge bei der NRH oder der National Science Foundation beantragen müssen. Das war problematisch, weil meine Forschung riskant und langfristig angelegt ist. Ich kann nicht garantieren, dass man in drei bis fünf Jahren das Ergebnis hat, für das man arbeitet. Das Risiko war zu groß. Auf meinem Gebiet, dem Feld der Membranproteine, können uns die Amerikaner nicht das Wasser reichen, weil die aufgrund des Risikos und der kurzfristigen Finanzierung diese Forschungsgebiete nicht aufgreifen. Bei der Max-Planck-Gesellschaft ist die Förderung dagegen großzügig und sehr langfristig."

Ein Ausweg für das deutsche Dilemma? Wohl nur bedingt, denn das größte Problem ist struktureller Art. Es gibt zu wenige Stellen in der Altersgruppe zwischen 35 und 40 Jahren. Deutsche Absolventen promovieren im Alter zwischen 28 und 32, danach folgt in den USA der Post-Doc, danach kann man Assistenz-Professor werden. In Deutschland gibt es nichts Vergleichbares, es existiert nur der wissenschaftliche Mitarbeiter eines Professors, eine Stelle, die meist auf fünf Jahre befristet ist aufgrund der Hochschulgesetze. Ein deutscher Hochschulprofessor hat im Mittel drei bis fünf solcher Mitarbeiter, die sich innerhalb dieser Zeit habilitieren sollen. Michel führt hier ein Beispiel an: „Wenn jemand mit 40 Jahren Professor wird, hat er bis zu 25 solcher möglichen Nachfolger. Solange das Forschungsgebiet also nicht expandiert, kann nur einer sein Nachfolger werden." Diese

Stellenpolitik ist völlig verkehrt. „Wir haben in Deutschland eine Pyramide mit einer unheimlich breiten Basis, die nach oben sehr flach verläuft", sagt Michel. Es gibt mittlerweile Programme, die Wissenschaftler nach Deutschland zurückholen sollen wie das „Futur"-Programm der DFG und Nachwuchsprogramme der Max-Planck-Gesellschaft. Diese Programme ersetzen den Assistenzprofessor im Ausland. Das Problem danach bleibt. Es ist ein Strukturproblem in der Hierarchie. Teilweise werden aufgrund des öffentlichen Sparzwangs an Universitäten Stellen nicht besetzt, emeritierte Professoren bleiben dafür länger. Keine gute Entwicklung. Das Gute am amerikanischen System ist, dass junge Forscher bessere Möglichkeiten haben, etwas zu tun.

*

Auch das jährliche Treffen der Nobelpreisträger in Lindau, das seit 1951 in den Disziplinen Physik, Chemie und Medizin stattfindet, wendet sich immer mehr an die Jugend. Dass sich die lebenden Nobelpreisträger für Literatur zu einem Komitee gegen Landminen zusammentun, einen gemeinsamen Kampf gegen Wettrüsten und Verelendung der Dritten Welt fechten, wird man wohl nicht erleben.

Stattdessen der Kampf mit kleinen Ehrungen, die zwangsläufig der großen Ehrung folgen, Beantworten von Bittschriften, Geldwünschen und ähnlichem mehr. Da kann es einem Nobelpreisträger schon so gehen wie Günter Grass, der sich in den Monaten nach Stockholm einem „satten Ruhm- und Schreibekel" ausgesetzt sah, welcher ihn seiner Frau unausstehlich gemacht habe. Aber Grass, der vielseitig Begabte, flüchtete sich in sein alternatives Metier und begann, Skulpturen herzustellen aus Terrakotta, dem „seit Menschengedenken gottähnlichen Handwerk". Köpfe wie Vasen hohl aufgebaut aus rotbrennendem Ton.

Das Familientreffen

„Wenn Ihre Großmutter nicht versteht, was Sie machen, verstehen Sie es auch nicht."
(Günter Blobel, Nobelpreis für Medizin 1999)

DER SAAL der Halle hat einen Boden aus Holzparkett und ein Podium, wie man es aus vielen deutschen Kleinstädten kennt. Die Wände sind holzgetäfelt, die Stühle dezent-grün bezogen, die Lampen an den Decken haben die Form von Doppelpyramiden, an jedem Endpunkt hängt eine Glaskugel. Die Inselhalle in Lindau ist nicht unbedingt ein familiärer Ort. Dennoch ist jedesmal von Anfang an klar, wenn die Nobelpreisträger sich Ende Juni einfinden, dass hier eine Familienfeier stattfinden soll.

Die Kinder auf dieser Feier sind die Wissenschaftler. Zumindest sind sich die sechs Herren, die im Sommer 2001 in der Halle auf dem Podium sitzen, darin einig. Anders Bárány, der Herr in der Mitte, nebenberuflich Sekretär des Nobel-Komitees für Physik im fernen Stockholm, ist im weißen Sommeranzug gekommen. Fast könnte er dem amerikanischen Schriftsteller Tom Wolfe Konkurrenz machen. Er erzählt in seiner charmanten Art von seiner Forscher-Familie: Er sei seit 13 Jahren Sekretär in Stockholm, einige seiner „Kinder" seit dieser Zeit säßen auf dem Podium. Manche seien erst ein paar Jahre alt, zwei von ihnen gar Zwillinge und noch Babys. Denn gerade neun Monate sind bis zur Lindauer Nobelpreisträger-Tagung 2001 vergangen, seit der in den USA lebende deutsche Physiker Herbert Kroemer und der aus St. Petersburg eingeflogene russische Physiker Zhores Alferov zu Nobelpreisträgern gekürt wurden. Die Namen der nächsten Preisträger, die im Oktober verkündet werden, die Ungeborenen also, um im Bild zu bleiben, stehen inoffiziell schon fest. Die entscheidenden Sitzungen des Physik-Komitees fanden bereits statt, bestätigt Bárány, nicht ohne hinzuzufügen: „Noch können sich die Namen ändern, schauen Sie sich die Geschichte an."

Dass man bei der Nobelpreisträger-Tagung in der Inselhalle in

Lindau gern über Familie spricht, ist kein Zufall. Obwohl es um andere Dinge geht, um harte Wissenschaft, um etablierte Spitzenforschung. Schließlich kommen jedes Jahr in der letzten Woche im Juni die Nobelpreisträger der Physik, Chemie oder Medizin hierher, im Wechsel, im Jahr 2001 bei der 51. Tagung sind es die Physiker. „Wenn Ihre Großmutter nicht versteht, was Sie machen, verstehen Sie es auch nicht", sagte Günter Blobel. „Am liebsten gehe ich in Kindergärten und rede mit den Kleinen, die sind neugierig, wollen alles wissen", sagte William Phillips aus Gaithersburg, USA, der mit seiner Frau Jane nach Lindau gekommen ist. „Schütte ich flüssiges Helium im Kindergarten auf den Boden, sind alle neugierig und wollen wissen, wieso das so dampft. Mache ich das gleiche in einer Highschool, heben alle die Füße hoch aus Angst, sie könnten sich verletzen." Gelächter im Saal. „Bleibt Kinder!" ruft der Physik-Nobelpreisträger des Jahres 1997 den fast 700 Teilnehmern zu. Die 600 Studenten stammen aus der ganzen Welt, in Deutschland gibt es an den einzelnen Universitäten Professoren, die die Studenten auswählen, in den USA etwa übernimmt dies das Department of Energy, in Indien das Wissenschaftsministerium, aus Schweden kommen Stipendiaten der Nobelstiftung.

Was sind die Zutaten von Lindau? Wissenschaftliche Vorträge, Diskussionen, gesellschaftliche Ereignisse wie der „Ice-breaking-evening" (Anders Bárány) am Eröffnungstag, zwanglose Begegnungen zwischen den 600 eingeladenen Studenten und den Nobelpreisträgern, die Schifffahrt zur Insel Mainau als landschaftliches Erlebnis. Und ein wenig Erholung. „Sehr schnell hat mein Mann Graf Lennart gespürt, dass die Preisträger, die nach Lindau kamen, sich eigentlich gar nicht kannten. Sie hatten sich unter Umständen in Stockholm bei der Preisverleihung getroffen, wussten voneinander natürlich aus der Literatur, möglicherweise aus der Korrespondenz, aber sie hatten sich nie besser kennen gelernt", erzählt Gräfin Sonja Bernadotte, die Frau von Graf Lennart und die Präsidentin des ehrenamtlich arbeitenden Kuratoriums, das die Tagung ausrichtet. „Ich glaube, Otto Hahn hat einmal gesagt, dies hier sei ein Familientreffen der Nobelpreisträger, und wir genießen es einfach, uns auszutauschen."

Also blättern wir im Familienalbum. Alle wiederholen gebetsmühlenhaft, wie wunderbar es sei für die Nobelpreisträger, die Jugend zu treffen. Und für die Jugend, endlich mal Nobelpreisträger von nah zu erleben, das seien ganz normale Menschen. „Die Studenten sehen, dass auch wir Naturwissenschaftler nicht verstaubt, sondern ganz normale Menschen sind", sagt Klaus von Klitzing, Nobelpreisträger für Physik 1985. Doch stimmt diese Legende Lindau, dass alle Nobelpreisträger „wie du und ich" seien? Schleppend sind da manche Kontakte, wenn etwa Herbert Kroemer am Festabend unten am kleinen See steht mit seiner Frau, umringt von einer Handvoll Studenten in ehrfurchtsvollem Abstand, und dann immer wieder mit Pausen dazwischen etwas unbeholfen Fragen der Studenten kommen: „Hat die Stringtheorie eine Zukunft?" „Da kenne ich mich jetzt nicht so gut aus, aber Kollegen sagen ..." „Gibt es in der Plasmaphysik noch etwas zu entdecken?" „Wissen Sie ..." Fragen und keine Antwort. Aber vielleicht ist das die Antwort: dass nämlich die meisten Menschen keine Ahnung haben von der Ahnungslosigkeit der Forscher. Dass die Nobelpreisträger ganz normale Menschen sind, die tanzen, Bier trinken, auf Fragen keine Antwort wissen. Das ist die Normalität von Lindau – und der große Verdienst dieser Tagung.

*

Dabei ähnelt das Zusammentreffen von Studenten und Nobelpreisträgern in manchen Momenten der Eröffnungspolonaise am ersten Abend. Da stehen links von der Bühne die Frauen und rechts die Männer, in der Mitte treffen sie sich, die Männer haben eine Nelke bekommen, die sie an die Frauen weitergeben, gemeinsam gehen sie mit einer Nelke in der Hand die Treppe hinunter in den Saal in Zweierreihen. Man will zusammenbringen, was zusammengehören soll. „Unser vielleicht wichtigstes Kriterium dieser ganzen Tagung überhaupt ist, im vorgegebenen Rahmen alles dem Zufall zu überlassen", sagt Gräfin Sonja.

Von 1951 leitete 38 Jahre lang Graf Bernadotte das Kuratorium, heute ist er Ehrenpräsident. 1987 übernahm seine Frau Gräfin Sonja Bernadotte das Amt, seit 1974 ist sie im Kuratorium, zwei ihrer fünf

Kinder werden ebenfalls eingebunden. Familienunternehmen Mainau. Das Kuratorium bereitet die Tagung inhaltlich vor, entwickelt das Tagungskonzept weiter und kümmert sich um Kontakte zu internationalen Universitäten und wissenschaftlichen Einrichtungen. Im Kuratorium sitzen etwa der Nobelpreisträger Werner Arber oder Hubert Markl, Präsident der Max-Planck-Gesellschaft. Die Tagung wird von zahlreichen Stiftungen unterstützt. Im Jubiläumsjahr wurde zudem die „Stiftung Lindauer Nobelpreisträgertreffen am Bodensee“ gegründet, mit dem Ziel, die Finanzierung besser abzusichern. Vor allem braucht man Geld für den geplanten Internetauftritt, „dieses Portal hinaus in die Welt“, wie die Gräfin sagt. „Wir wollen uns öffnen und erreichbar sein für Universitäten der ganzen Welt, die sich einschalten können. Wir wollen ein Fenster sein – im Sinne Alfred Nobels. Nobel hat versucht, mit seiner Stiftung die Wissenschaft für eine breitere Schicht verständlich zu machen, Vorbilder aufzuzeigen. Das sind herausragende Persönlichkeiten. Hört ihnen zu, erlebt sie!“

So sind im Zentrum des Interesses die Nobelpreisträger, ständig werden sie umringt von Studenten und Journalisten, Lindauer Bürger sind kaum darunter. „Was bringen die Preisträger für Vorträge mit, wie treffen sie sich mit den Studenten, welche Diskussionen gibt es, welche Symbiosen entstehen daraus? Vielleicht ist das wirklich Spezielle bei dieser Familie, dass wir vollkommen zwanglos alles an neuen Impulsen, neuen Verknüpfungen geschehen lassen“, sagt Gräfin Sonja. Immer wieder fällt neben dem Wort „Familie“ der Begriff vom „Wohlfühlen“.

*

Das ist auch in Stockholm während der Nobel-Woche im Dezember so. Man soll sich wohl fühlen, die Tage genießen, unter Gleichgesinnten, Wohlmeinenden ausspannen. Das ist die Belohnung für die harte Arbeit. Die Lindauer Tagung kann zwar nicht auf die Tradition der Nobelstiftung und der Preisverleihungen zurückblicken, doch gehört man inzwischen zu den etablierten Veranstaltungen. Mittlerweile wird die Tagung von offiziellen Nobel-Vertretern aus Stockholm gewürdigt. Drei Mitglieder sitzen im Lindauer Kuratorium. Wer die Zurückhaltung bei derlei Bekundungen kennt, weiß um die kleine Sensation, die dahinter steckt. Offenbar fühlt sich besonders Anders Bárány wohl, er demonstriert mit einer gewissen Eleganz das System Nobel: Als nämlich auf einer Podiumsdiskussion, zu der das Publikum schriftlich Fragen stellen kann, sich jemand nach dem Feld in der Physik erkundigt, in dem der Nobelpreis verliehen werden soll, sagt er: „Hier nehme ich die Rolle des Zensors ein. Das soll hier nicht diskutiert werden." Betont streng zerreißt er den Zettel. Der Onkel aus Stockholm hat gesprochen. Der Rest ist Schweigen. Zumindest bis zum Oktober.

*

Zwei Lindauer Ärzte hatten 1951 die Idee, den internationalen wissenschaftlichen Austausch mit Nobelpreisträgern auf einer Tagung zu fördern. Gustav Parade und Franz Karl Hein konnten Graf Lennart Bernadotte von der nahen Insel Mainau im Bodensee für die Idee begeistern. Am 25. Januar 1950 hatten sie ihm ihre Vorstellung geschildert: „Der Zweck dieses drei bis vier Tage dauernden Kongresses besteht darin, der europäischen Wissenschaft durch den Mund ihrer berufensten Vertreter Kenntnis vom heutigen Stand der Wissenschaft zu geben, die Ereignisse der medizinischen und naturwissenschaftlichen Arbeit zum Wohle der Menschheit weiten Kreisen bekannt zu machen und schließlich die hervorragendsten Vertreter der Wissenschaft mit Forschern, Naturwissenschaftlern und Ärzten zu gemeinsamer Aussprache und persönlicher Fühlungnahme zu vereinen." Parade und Hein wollten ein lockeres Kennenlernen ermöglichen und zugleich auch neueste Forschungsberichte von Nobelpreisträgern hören, in verträglicher Dosis, nicht länger als 90 Minuten.

Sieht man die Korrespondenz Heins mit Parade an, merkt man, wie schwer es gewesen sein muss, im Nachkriegsdeutschland den Boden für eine derartige, international ausgerichtete Konferenz zu bereiten. Parade schreibt an Hein Anfang April vor der ersten Tagung: „Manchmal wird mir etwas angst, ich mache mir schwere Sorgen, ob die Tagung wirklich zum Erfolg führt und ob genügend Teilnehmer kommen werden. Ich wäre froh, wenn ich von Ihnen das Gegenteil hören könnte. Sonst würde ich raten, noch jetzt abzublasen."

Die Initiatoren wollten anfangs auch die Friedens- und Literatur-Nobelpreisträger einladen. Bald ließ man diese Pläne fallen, wohl aufgrund der befürchteten Politisierung der Veranstaltung. Graf Bernadotte begründete in seinen Memoiren den Verzicht auf die Einladung der Literaten und Friedenslaureaten zu den naturwissenschaftlich orientierten Tagungen damit, dass man die relative Homogenität der Tagungsteilnehmer nicht unnötig auflösen wollte. Die Organisatoren wollten die Tagung frei von politischen und ideologischen Auseinandersetzungen halten. Heute sagt Gräfin Sonja dazu: „Wir haben oft über die Ausweitung auf alle Nobelpreis-Disziplinen gesprochen, und wir haben gesagt, das ist uns zu umfassend. Wir konzentrieren uns mit unserer jetzigen Tagung auf etwas für die Menschheit eminent Wichtiges, auf die naturwissenschaftlichen Disziplinen."

Aber manchmal wurden die Nobelpreisträger doch politisch.

Das berühmteste Beispiel ist sicher die Mainauer Erklärung vom 15. Juli 1955, die in Zeiten des Kalten Krieges auf die Gefahr eines Atomkrieges hinwies. Sie fand in der Presse große Beachtung, die *FAZ* und die *Süddeutsche Zeitung* berichteten ausführlich darüber, auch auf der Titelseite von *BILD* wurde die politische Bedeutung gewürdigt. In der Erklärung stand: „Wir, die Unterzeichneten, sind Naturforscher aus verschiedenen Ländern, verschiedener Rasse, verschiedenen Glaubens, verschiedener politischer Überzeugung. (...) Wir sehen mit Entsetzen, dass eben diese Wissenschaft der Menschheit Mittel in die Hand gibt, sich selbst zu zerstören. (...) Wenn ein Krieg zwischen den Großmächten entstünde, wer könnte garantieren, dass er sich nicht zu einem solchen tödlichen Kampf entwickelte? So ruft eine Nation, die sich auf einen totalen Krieg einlässt, ihren eigenen Untergang herbei und gefährdet die ganze Welt. Wir leugnen nicht, dass vielleicht heute der Friede gerade durch die Furcht vor diesen tödlichen Waffen aufrechterhalten wird. Trotzdem halten wir es für eine Selbsttäuschung, wenn Regierungen glauben sollten, sie könnten auf lange Zeit gerade durch die Angst vor diesen Waffen den Krieg vermeiden. (...) Alle Nationen müssen zu der Entscheidung kommen, freiwillig auf die Gewalt als letztes Mittel der Politik zu verzichten. Sind sie dazu nicht bereit, so werden sie aufhören, zu existieren." Unterzeichnet ist die Erklärung von 18 Nobelpreisträgern.

*

Ganz am Anfang war das Treffen als Fachtagung für Mediziner geplant, auf die erste Tagung zwischen dem 10. und 14. Juni machte man mittels Postwurfsendung an 30 000 Ärzte im deutschsprachigen Raum aufmerksam. „An alle Ärzte", stand darauf: „Europa-Tagung der Nobelpreisträger". Die erste Tagung mit sieben Nobelpreisträgern und 400 Kongressteilnehmern insgesamt wurde ein Erfolg. Schon in den ersten Jahren wurde die akademische Jugend hinzugezogen. Es etablierte sich eine Begegnung zwischen Laureaten, jungen Wissenschaftlern und Studenten auch der Bereiche Physik und Chemie.

*

Damals nahm eine skurrile Tradition ihren Anfang, die „Maikäfer-Rede", initiiert von Graf Bernadotte, um die Atmosphäre ein wenig aufzulockern. Man dürfe jeden Unsinn reden, der einem einfalle, so könne man auch über die Unsterblichkeit des Maikäfers sprechen. Die letzte Maikäferrede wurde 1999 gehalten. „Ich habe wirklich nicht vermutet, dass die Maikäferrede so viel Diskussionen auslöst, aber irgendwie ist es rührend, denn keiner weiß mehr, was diese Rede eigentlich bewirken sollte. Ursprünglich war diese Maikäferrede dazu gedacht, dass wenn sich alle Nobelpreisträger für ein Foto bereitstellen, dass einer was sagt, alle lachen müssen und ein nettes Foto daraus wird", erzählt Gräfin Sonja. Die Maikäferrede war Teil des ebenfalls familiär-traditionellen bayerischen Frühstücks, einem Treffen zwischen Presse und Laureaten. Meist saß dort jeder für sich, keine Kommunikation sei zustande gekommen. Die Fotos zeigten Laureaten mit kauenden Backen, die sich mitten im heißen Sommer am Nachmittag Weißwurst mit Sauerkraut und Kartoffelbrei und Kassler hineinzwingen.

Man kann Verständnis dafür äußern, dass man diesen Programmteil nicht fortführt. Doch über die neu geplante „Rede an die Jugend", die die antiquierte Maikäferrede ablösen soll, spricht man in Lindau bisher nur intern. „Wir werden sie jetzt testen. Ein Nobelpreisträger könnte auf der Mainau eine Art Zusammenfassung geben, einen Rückblick, der an die Jugend gehen würde. Es könnte ein Aufruf zur Tat sein, es könnte eine Zukunftsperspektive sein, als Erkenntnis aus der Tagung", sagt Gräfin Sonja.

*

Wichtig war dem Lindauer Kuratorium schon immer die enge Anbindung an Schweden, an die Nobelstiftung. Es fiel Graf Bernadotte leicht, als Förderer aufzutreten, denn sein Urgroßvater war der schwedische König Oscar II., der wiederum den ersten Nobelpreis 1901 verliehen hatte. Damit hatte er als Onkel des amtierenden schwedischen Königs über Familienbande eine wichtige, vielleicht entscheidende Verbindung geschaffen, die nach Stockholm. Wenn Gräfin Bernadotte im Geleitwort zum Jubiläumsband „Wissenschaft aus erster Hand" von „wohlwollender Hilfe und ermutigender Begleitung" von Mitgliedern der Nobelstiftung schreibt, ist dies keine Selbstverständlichkeit.

Der damalige geschäftsführende Direktor der Nobelstiftung Nils Ståhle machte bei einem Treffen mit Graf Bernadotte in Stockholm klar, dass die Stiftung keinerlei Interesse an der Lindauer Tagung habe und dieser indifferent gegenüberstehe. Dabei wollte Lindau nicht als Konkurrent auftreten. Gräfin Sonja Bernadotte erzählt, ihr Mann sei sehr enttäuscht und sehr verärgert gewesen: „Er hat sich sicherlich gesagt, jetzt erst recht." Die ersten Impulse zur Annäherung an die Nobelstiftung gab der schwedische Botschafter. Er lud auf Anregung von Graf Bernadotte alle deutschen Nobelpreisträger ein zu einem zwanglosen Abendessen, wo man dem schwedischen Botschafter die Unnahbarkeit der Nobelpreisstiftung schilderte. Der Botschafter kannte offensichtlich den schwedischen Nobelpreisträger Ulf von Euler sehr gut. Euler kam nach Lindau zunächst nur als Nobelpreisträger, er hatte aber auch eine Funktion in der Nobelstiftung. Doch in Lindau erkannte man schnell, dass man möglicherweise über Ulf von Euler die wichtigen Kontakte verbessern könnte. Man begann, ihn zu bearbeiten. Früchte trug dies, als Stig Ramel in Stockholm 1972 Direktor der Stiftung wurde. Schnell war dieser überzeugt, dass man doch gut zusammenarbeiten könnte.

*

Lindau schließt heute eine Lücke im System Nobel. Die Nobelstiftung darf ihr Geld nur für die Verleihung der Preise und unmittelbar damit in Zusammenhang stehende Kosten ausgeben. „Unsere Veranstaltung würde vom Testament her schon Schwierigkeiten machen", sagt die Gräfin. Die Akzeptanz aus Stockholm, die sich inzwischen zu einer aktiven Unterstützung ausgeweitet hat, erscheint angesichts des sonst sehr ablehnenden Verhaltens aus Stockholm bezüglich fremder Veranstaltungen mit dem Label „Nobel" wie ein Wunder. Man denke nur an die Konferenz von Nobelpreisträgern im Jahr 1988 in Paris zu drängenden Problemen der Menschheit, die Elie Wiesel zusammen mit dem französischen Staatspräsidenten François Mitterrand organisiert hatte. Die Konferenz im Élysée-Palast fand große Beachtung in der Öffentlichkeit. Als einige Jahre später ein Folgetreffen am gleichen Ort geplant war, intervenierte der damalige Direktor der Nobelstiftung Stig Ramel. Ein solch großes Treffen sollte unter der Aufsicht der Nobelstiftung stattfinden, außerdem waren damals schon die Treffen zum 90-jährigen Jubiläum der ersten Preisverleihung 1991 in Stockholm und Oslo geplant. Wiesel organisierte stattdessen eine kleinere Tagung zu Friedensfragen in Oslo. „Dank Mitterrand sahen wir die Gefahr, die Initiative anderen zu überlassen", schrieb Stig Ramel.

Als Besucher der Tagung spürt man schnell, warum die offizielle Haltung seitens der Nobelstiftung sich geändert hat: Lindau transportiert das System von Stockholm, es ist wie das Sommerhaus auf dem Land, in dem man sich entspannt erholen kann. Bei der Nobelstiftung spricht man davon, der Nobelpreis sei ein Aushängeschild für Schweden, in Lindau spricht man vom „Wahrzeichen Nobelpreisträger-Tagung". Aus Stockholm und Lindau ist in letzter Zeit unisono sehr viel über die „Jugend" zu hören, die man begeistern müsse für die Wissenschaft, sie sei das Potential für die Zukunft.

Geplant in Lindau ist eine Ausweitung der Tagung Richtung Wirtschaftswissenschaften. Die Zustimmung der Nobelstiftung liege bereits vor. Dass die mögliche Erweiterung durchaus auch positive Auswirkungen auf die Finanzierung haben könne, gibt man gern zu. Hier könnte der neue Stiftungsvorstand Wolfgang Schürer seine Kontakte zur Wirtschaft einbringen. Empfohlen hatte ihn Ex-Bundespräsident Roman Herzog, der der Tagung gegenüber positiv eingestellt ist: „Die Lindauer Tagung ist ein Juwel für Deutschland." Man plane Plattformen nach außen, ein eigenes Symposium. „Fenster zur Welt", redet sich Schürer in Stimmung. Als ob er eine Werbeveranstaltung für einen Großkonzern leiten würde. Der Trend geht in Richtung Wirtschaft. Auch in Lindau. Aus der Wissenschaft kommen da andere Töne. Die Mittel für die Grundlagenforschung werden gekürzt. Das ist umso weniger verständlich, als mittlerweile die Zeit zwischen Grundlagenforschung und ihrer Anwendung immer kürzer wird.

*

Anders Bárány hat für die Teilnehmer der Podiumsdiskussion von der Tagung im Sommer 2001 runde, blaue Holzkreisel mitgebracht, die er den sechs Nobelpreisträgern schenkt. Wenn man sie auf den Boden wirft, rotieren sie zuerst mit dem Holzstab nach oben, dann kippt das ganze, der Kreisel stellt sich auf die Spitze des Stabs, dreht sich, bis er an Schwung verliert und erneut kippt und dann abstoppt. Verstanden? Wie das funktioniert, das solle man die Nobelpreisträger fragen, sagt Bárány. Wenn man die Preisträger in den nächsten Tagen hin und wieder mit dem Kreisel sieht, wie den Amerikaner Douglas Osheroff, dann haben sie tatsächlich wieder etwas von Kindern. Was sind das für Menschen, die man sich ehrfürchtig wie Helden vorstellt, von denen man denkt, sie könnten plötzlich alles erklären, die aber doch vielleicht heimlich lieber mit Kreiseln spielen würden?

Lindauer Treffen der Nobelpreisträger, 1955 (Foto: Bilderdienst Süddeutscher Verlag):
Von links nach rechts: Richard Kuhn, Heidelberg, Otto Hahn, Göttingen, W. M. Stanley, Berkeley, Adolf Butenandt, Tübingen, N. Heisenberg, Göttingen, H. S. Staudinger, Freiburg i. Br., Kurt Alder, Köln, Hans von Euler Chelpin, Stockholm.
Hintere Reihe, von links nach rechts: George von Hevesy, Stockholm, Fritz Lippmann, Boston, Frederick Sody, Brighton, Gerhard Domagk, Wuppertal, Paul Müller, Basel, Max Born, Göttingen und Ruzicka, Zürich

Die ungewöhnlichen Fälle

„Was man als Forscher braucht, ist das, was Napoleon ‚fortune' genannt hat. Nicht Glück, sondern das Auge für den richtigen Moment."
(Manfred Eigen, Nobelpreis für Chemie 1967)

In den 100 Jahren haben sich Episoden ereignet, die aus dem Alltag der Nobelpreise herausfallen. Dieses Kapitel greift ein paar Fälle auf, die gerade, weil sie ungewöhnlich sind, viel erzählen über Mythos und Wirklichkeit der berühmtesten Auszeichnung der Welt. Darunter sind kuriose Dinge, aber die Rede ist auch von außergewöhnlichen Forscherkarrieren. Etwa der von Enrico Fermi. Er ist der einzige Kandidat, dem vor der offiziellen Ernennung mitgeteilt wurde, er würde den Preis erhalten. Der italienische Physiker wollte sein faschistisches Heimatland verlassen, hatte aber kein Geld, so dass ihm Niels Bohr 1938 den Nobelpreis zusicherte.

Es ist derselbe Bohr, der seit 1933 in seinem Institut für Theoretische Physik in Kopenhagen jüdisch-deutschen Physikern vor den Nazis Zuflucht bot. Die deutschen Physik-Nobelpreisträger Max von Laue und James Franck hatten ihre Medaillen bei Bohr hinterlegt. Im April 1940 besetzten die Deutschen Dänemark. Bohr dachte als erstes an die Medaillen, wusste er doch, dass es in Deutschland ein Staatsverbrechen war, Gold außer Landes zu bringen – und in die Nobelmedaillen waren die Namen der Laureaten eingeprägt. Bohrs jüdischer Mitarbeiter berichtete später davon: „Ich riet, die Medaillen zu vergraben, aber Bohr mochte die Idee nicht. Ich beschloss, sie aufzulösen. Während die Invasionstruppen in die Straßen von Kopenhagen einmarschierten, war ich noch heftig dabei, Laues und auch James Francks Medaille aufzulösen." Die Nazis besetzten Bohrs Institut, fanden aber nichts. Die Medaillen überdauerten den Krieg aufgelöst in einer Lösung Aqua regia. Niels Bohrs eigenes Exemplar war schon zusammen mit dem des dänischen Medizinpreisträgers August Krogh auf einer Auktion am 12. März 1940 verkauft worden, um einen finnischen Befreiungsfonds zu unterstützen. Beide Exemplare sind heute im Dänischen Historischen Museum zu sehen. Es war übrigens schwierig, Francks und Laues Medaillen aus ihrer Lösung zu bekommen. Deshalb bekam Franck am 31. Januar 1952 eine neue, quasi seine zweite Nobel-Medaille.

*

Es gibt sie wirklich, die Super-Nobelpreisträger, insgesamt vier haben zwei Nobelpreise bekommen. Marie Curie und Linus Pauling haben das in zwei verschiedenen Disziplinen geschafft, Curie als erste 1903 und 1911, in Physik und Chemie, Pauling 1954 und 1962 in Chemie und Frieden. Dazu kommen die doppelten Preisträger einer Sparte, der Physiker John Bardeen und der Chemiker Frederick Sanger.

Linus Pauling war einer der herausragenden wissenschaftlichen Denker des 20. Jahrhunderts und gleichzeitig einer der engagiertesten Atomwaffengegner. 1954 bekam er den Chemie-Nobelpreis für seine Forschung über die Natur chemischer Bindung, 1962 den Friedensnobelpreis für seine Anstrengungen, Kernwaffentests zu beenden. Der Friedensnobelpreis wurde ihm nachträglich im Jahre 1963 zuerkannt, nachdem das Moskauer Abkommen über ein Verbot der Kernwaffenversuche in der Atmosphäre, im Weltraum und unter Wasser unterzeichnet wurde.

Pauling stammte aus einer deutschen Einwandererfamilie und wurde 1901 als Sohn eines deutschen Apothekers in Portland im US-Staat Oregon geboren. Bereits mit 16 Jahren nahm er in den USA sein Studium der Mathematik, Physik und Chemie auf und setzte es später in Europa fort, studierte mit Arnold Sommerfeld in München, Erwin Schrödinger in Zürich und Niels Bohr in Kopenhagen, also mit drei großen Physikern dieser Zeit. Pauling lehrte in Pasadena am California Institute of Technology, war Professor für Chemie an der Universität von Kalifornien und von 1969 an der Stanford University. Er starb 1994 auf seiner kalifornischen Ranch im Alter von 93 Jahren. Dieser begnadete Naturwissenschaftler beteiligte sich an gesellschaftspolitischen Diskussionen zur Atombombe, lieferte Berechnungen zur möglichen Bedrohung durch radioaktiven Fallout bei Einsatz von Atombomben in der Atmosphäre. Sein Leben spiegelt die Geschichte der Friedensbewegung in Amerika wider. In einem Interview mit Harry Kreisler in Berkeley sagte er: „1945 begann ich mich für den Weltfrieden zu interessieren.“

Man kann sich an ihm exemplarisch anschauen, wie und weshalb ein Wissenschaftler auch in der Gesellschaft aktiv werden muss. Die Geschichte gerade der Naturwissenschaften im 20. und sicher auch im 21. Jahrhundert zeigt, dass technische Errungenschaften Kontrolle brauchen, eine begleitende Diskussion, die über Risiken und Macht spricht, über Ethik und Menschenrechte, über Verantwortung und Nutzen. Auch über die Wahl der Mittel. Hier ist der Wissenschaftler als Bürger gefragt, als Teil einer Gesellschaft. Pauling hat hier durchaus Vorbildfunktion gerade zu Beginn des 21. Jahrhunderts. Was nicht bedeutet, dass wir hier einen unfehlbaren Menschen vor uns haben, weder persönlich noch auf wissenschaftlichem Gebiet. Man denke nur an Paulings Theorien über Vitamin C, als er behauptete, es wirke nicht nur gegen Erkältungskrankheiten, sondern auch vorbeugend gegen Krebs.

Wie Albert Einstein, der kurz nach den Atombombenabwürfen von Hiroshima und Nagasaki gefordert hatte, dass die Menschheit Kriege beenden müsse, da es keine rationalen Gründe mehr gebe, internationale Probleme mit Krieg zu lösen, war Linus Pauling seit 1946 aktiver Atomwaffengegner. Er setzte sich ein gegen Atomwaffentests, gegen die Verbreitung der Atomwaffen, gegen ihren Gebrauch, aber noch mehr gegen jegliche Art von Kriegführung, mit dem Ziel, internationale Konflikte zu lösen. 1946 bildeten Albert Einstein, Linus Pauling und sieben weitere Wissenschaftler das „Emergency Committee of Atomic Scientists“, dessen wichtigste Aufgabe darin bestand, die Bevölkerung darauf aufmerksam zu machen, wie dramatisch sich die Welt verändert hat seit der ersten Atomspaltung und der Atombombe. Gunnar Jahn zitierte damals bei der Preisverleihungsrede zu Ehren von Linus Pauling den Autor Robert Jungk: „Es war der Kreuzzug von Männern, die in politischen Angelegenheiten noch Kinder waren.“

Die Welt befand sich damals in einem Zustand der Hoffnung, dass nach dem Zweiten Weltkrieg ein Zeitalter von Frieden und

Abrüstung einsetzen würde. Das Gegenteil trat ein. Der Kalte Krieg begann, die Kluft zwischen dem Westen und dem Osten wurde immer größer. Es regierten Angst und Misstrauen. Damals begann man, vom Gleichgewicht des Schreckens zu sprechen, Aufrüstung war die Folge. Im August 1949 hatte schließlich auch die Sowjetunion ihre erste Atombombe. In diesen Zeiten von Abrüstung zu sprechen, war nicht einfach. Schnell geriet man unter Verdacht, die Gegenseite zu unterstützen.

Respekt, Arbeiten für den Fortschritt der Menschheit, Menschlichkeit: Immer wieder tauchen diese Begriffe in Paulings Reden auf. Und immer wieder warnte er vor einem Nuklearkrieg, vor der Wasserstoff-Bombe, an der Edward Teller mitarbeitete. Pauling sprach 1947 vom Potential dieser Bombe: „Diese Bombe hat eine hundertmal, tausendmal, nein zehntausendmal zerstörerische Wirkung als die Bomben von Hiroshima und Nagasaki. Es gibt kein theoretisches Limit für die Größe dieser Waffe.“ Pauling geriet in den Verdacht, Kommunist zu sein, sein Ausweis wurde des öfteren einbehalten, als er ausreisen wollte.

Albert Schweitzer unterstützte ihn in einer Radioansprache am 23. April 1957 in Oslo. Gegner waren Edward Teller und W. F. Libby, von der amerikanischen Atomenergie-Kommission. Im Januar 1958 übergaben Pauling und seine Frau Ava einen Appell mit Unterschriften von 13 000 Wissenschaftlern aus 48 Ländern an den Generalsekretär der Vereinten Nationen Dag Hammarskjöld, einen späteren Friedensnobelpreisträger. Nach seiner viel beachteten Kampagne wurde Pauling 1960 zweimal zu Anhörungen vorgeladen. Auf sein Drängen hin waren die Anhörungen öffentlich. Man wollte wissen, wie er denn die vielen Unterschriften gesammelt habe, ob gar mit Unterstützung der Kommunisten. Mit seiner Weigerung, die Namen seiner Helfer zu nennen, riskierte er sogar eine Gefängnisstrafe. Die Anfeindungen, auch die kritische Berichterstattung in der nationalen Presse, machten Pauling jedoch international noch bekannter. Seine grundsätzliche Haltung drückte er in einem Artikel in *Harper's Bazar* 1963 aus: „Ich hatte gesagt, dass meine ethischen Prinzipien mich zu dem Schluss gebracht haben, dass der Schrecken des Krieges abgeschafft werden muss; meine Schlussfolgerung jedoch, dass Kriege abgeschafft werden müssen, wenn die Menschheit überleben will, basiert nicht auf ethischen Überlegungen, sondern auf meiner tiefen und sorgfältigen Analyse, im Verhältnis zu internationalen Angelegenheiten, von Fakten über die Veränderungen, die in der Welt in den vergangenen Jahren stattfanden, speziell das Wesen des Kriegs betreffend."

*

Anfang des 20. Jahrhunderts, als die Wissenschaftsgemeinde überschaubarer war als heute, gab es noch Phänomene wie die Forscherbrüder Wright oder Vater William Henry und Sohn William Lawrence Bragg (der jüngste Nobelpreisträger aller Zeiten mit 25 Jahren), die 1915 den Physik-Nobelpreis erhielten, oder das Ehepaar Carl und Gerty Cori (Medizin-Nobelpreis 1947). Doch die berühmteste Familie ist die von Marie und Pierre Curie. Marie Curie bekam 1903 zusammen mit Pierre Curie und Antoine Henri Becquerel den Physik-Nobelpreis, 1911 in Chemie. Ihre Tochter Irène erhielt zusammen mit ihrem Mann Frédéric Joliot 1935 den Nobelpreis für Chemie. 1926 heirateten beide, Joliot arbeitete damals im Labor der Curies mit, beide erhielten den Chemie-Nobelpreis 1935. Später wurde Irène Curie Leiterin des Pariser Radium-Instituts und war am Bau der ersten französischen Atombombe beteiligt, sie war zudem Mitglied des „Comité National de l'Union des Femmes Françaises" und des Weltfriedensbüros. Dies ist übrigens eines der bemerkenswerten Dinge im Zusammenhang mit Nobelpreisträgerinnen: Fast alle engagierten sich politisch.

Zweimal den Physik-Nobelpreis erhielt John Bardeen: 1956 für seine Beiträge zur Halbleiterphysik und die daraus resultierende Entdeckung des Transistoreffekts, und 1972 für seine Theorie des supraleitenden Zustands in Metallen. In der Chemie schaffte es der Brite Frederick Sanger zweimal, ein Forscher, der am liebsten im Labor arbeitete und nach seinem ersten Nobelpreis 1958 für seine Arbeit über die Molekülstruktur von Proteinen die Ruhe in Cambridge Angeboten aus den USA vorzog. Dort hatte er kaum Lehrverpflichtungen und keine Verwaltungsaufgaben. 1980 ging der Chemie-Nobelpreis für seine Beiträge der Bestimmung der Basensequenzen in

Nukleinsäuren an ihn. „Abgesehen von meiner Arbeit sind meine Hauptinteressen die Gartenarbeit und etwas, was man am besten als Herumhängen in Booten bezeichnen könnte", sagte der 1918 in Gloucestershire geborene Biochemiker einmal.

*

Die Verleihung des Nobelpreises für Chemie im Jahr 1945 an Otto Hahn gehört zu den umstrittensten Entscheidungen des zuständigen Komitees. Lise Meitner und Hahns Mitarbeiter Fritz Straßmann hätten ebenfalls ausgezeichnet werden müssen. Lise Meitner war Leiterin der Abteilung für Physik am Kaiser-Wilhelm-Institut in Berlin, dessen Direktor der Chemiker Otto Hahn war. Hahn machte vorwiegend Experimente auf dem Gebiet der Radiochemie, Meitner war zusammen mit ihrem Kollegen Otto Frisch mit der theoretischen Seite befasst. Im Herbst 1939 musste sie das Institut verlassen, weil sie Jüdin war, und emigrierte nach Skandinavien. Hahn experimentierte vor allem mit Uran. Er beschoss das Material mit Neutronen, ein Experiment, das der Physiker und Nobelpreisträger Frédéric Joliot (zusammen mit Irène Joliot-Curie, der Tochter von Marie und Pierre Curie) zuvor gemacht hatte. Joliot dachte, er würde eine Substanz namens Radium erhalten. Hahn und Straßmann jedoch erkannten, dass stattdessen Barium entstanden war. In der Konsequenz hieß das, der Kern des Urans müsse sich geteilt haben, er müsse „zerplatzt" sein. Hahn informierte daraufhin Meitner, die diese experimentelle Entdeckung des dann als „Kernspaltung" bekannten Phänomens theoretisch als möglich bezeichnete.

Laut Elisabeth Crawford geht aus den Archivunterlagen hervor, dass das Chemiekomitee unter Theodor Svedberg die Bedeutung der Veröffentlichung von Lise Meitner und Otto Frisch falsch beurteilt hätten, hier von der interdisziplinären Arbeit schlicht überfordert waren. Zudem war man damals während des Zweiten Weltkrieges – Schweden war politisch isoliert – wenig sensibel mit der jüdischen Frage umgegangen. Doch auch Otto Hahn musste noch ein paar Jahre warten, wusste man doch in Stockholm, dass in Amerika das Manhattan Project lief. Man hatte Angst, dort wichtige Entdeckungen auf dem Gebiet der Kernspaltung zu übersehen. Enttäuschend ist auch, dass Lise Meitner auch später nicht mehr für ihre Arbeiten geehrt wurde. Man hätte zugeben müssen, dass da ein Fehler unterlaufen war.

*

Ein anders gelagerter Fall ist der des Chemie-Nobelpreisträgers des Jahres 1939 Adolf Butenandt. Der ehemalige Präsident der Max-Planck-Gesellschaft hat alles dafür getan, Verstrickungen in das NS-Vernichtungssystem im Dritten Reich zu verschleiern, meint Benno Müller-Hill, emeritierter Professor für Genetik der Universität Köln. Er hat Briefwechsel Butenandts analysiert. Es geht um Kenntnis eines Forschungsprojekts von Otmar von Verschuer am Kaiser-Wilhelm-Institut für Anthropologie, menschliche Erblehre und Eugenik, das im August 1943 begann. Verschuer war seit 1942 Direktor des Instituts, zudem Doktorvater des KZ-Arztes von Auschwitz Josef Mengele. Seit 1944 war auch Butenandts Mitarbeiter Günter Hillmann in das Projekt eingebunden, das die molekularen Grundlagen für die nicht bewiesene Beobachtung finden sollte, dass aschkenasische Juden weniger empfindlich seien gegenüber Tuberkulose-Injektionen als Nichtjuden. Hillmann untersuchte sehr wahrscheinlich Blutproben jüdischer KZ-Häftlinge, die Verschuer von Mengele erhielt.

Wusste Butenandt, der damals Direktor des Kaiser-Wilhelm-Instituts für Biochemie in Berlin war, vom verbrecherischen Hintergrund dieser Kooperation seines Mitarbeiters oder, anders formuliert, woher das Probenmaterial der Untersuchungen kam? Müller-Hill merkt hier zu Recht an: „Jeder interessierte Wissenschaftler würde fragen: Woher kommt das Material? Wenn Butenandt ein wirklich guter Wissenschaftler war, muss er gewusst haben, was dort gemacht wurde." In jedem Fall ließ Butenandt Briefe an Verschuer verschwinden und ordnete an, Akten mit der Aufschrift „Geheime Reichssache" zu vernichten. Bei der kritischen Durchsicht des Briefwechsels offenbarten sich „Formen der Verdrängung, die von der Ausblendung des politischen Umfelds und der konsequenten Nicht-Wahrnehmung des Unrechts über die verdinglichende Wortwahl und die Sorgfalt des Nicht-Aussprechens bis hin zur rechtzeitigen und gezielten Vernichtung von Dokumenten reichen." Dieser Fall zeigt die Grenzen des Nobel-Systems auf. Butenandt galt lange als völlig integere Person, war auch oft in Lindau Gast der Nobelpreisträger-Tagungen, als Präsident der Max-Planck-Gesellschaft gleichermaßen angesehen wie einflussreich.

Natürlich konnte das Nobel-Komitee von diesen Vorgängen nichts wissen, hat doch auch die Max-Planck-Gesellschaft, in deren Archiven die Briefwechsel mehr als ein halbes Jahrzehnt lagerten, erst unter der Präsidentschaft von Hubert Markl begonnen, die Unterlagen auszuwerten. Doch ein Punkt in der Verleihungspraxis der Nobel-Komitees, vorwiegend der Naturwissenschaften, wird hier durchaus gestreift. Es zähle allein die wissenschaftliche Arbeit, nicht der Lebenswandel, nicht der Charakter der Ausgezeichneten, wenn man am Tisch sitze und über die Kandidaten berate. Wie die Arbeit denn zustande gekommen ist, steht nicht in den Berichten.

Es gibt andere Fälle, bei denen angenommene politische Hintergründe den Preis verhinderten wie bei Jorge Luis Borges, einem der besten lateinamerikanischen Schriftsteller. „Borges bekam als alter Mann einen Preis von Pinochet", zitiert der *New Yorker* das Akademiemitglied Knut Ahnlund, der anfügt: „Das genügte, um Lateinamerikas größtem Schriftsteller alle Chancen zu nehmen, jemals den Preis zu gewinnen. Natürlich spielt Politik eine Rolle. Schauen Sie sich die Liste an. Wenn Sie Stalin in Schweden gefeiert haben, war das in Ordnung – Sie konnten den Nobelpreis gewinnen. Aber Gott möge Ihnen helfen, wenn Sie als kleiner Junge in Naziuniformen vernarrt waren. Dann sind Sie nämlich für den Rest Ihres Lebens in Ungnade gefallen."

Man könnte noch weitere Fälle hier anführen, die sich mit Fragen abseits der fachlichen Qualifikation beschäftigen. Hierunter fällt der Fall von David Baltimore, der den Nobelpreis erhielt, obwohl einige Arbeiten von ihm als unsicher und unsauber galten. Der Vorwurf war, dass eine Haltung in der Wissenschaft unterstützt werde, die dem Zwang zur schnellen Veröffentlichung Rechnung trage. Baltimore ist in der Wissenschaftsgemeinde mittlerweile wieder sehr geschätzt, im Fachmagazin *Nature* durfte er die Entschlüsselung des menschlichen Genoms Anfang 2001 an prominenter Stelle kommentieren.

Die genannten Beispiele sollen an dieser Stelle genügen, denn bei all diesen Fällen setzt man sich immer mit den Preisträgern auseinander. Kritik in dieser Richtung führt höchstens bis zum Nachweis eines einzelnen Fehlers, sie hinterfragt nicht das System und den Mythos. Deshalb wollen wir uns einer speziellen Art von Persönlichkeiten widmen, die beachtet und zugleich kritisiert werden, weil sie eben anders sind.

✡

Bisweilen werden Leute ausgezeichnet, mit denen keiner gerechnet hat. Wie Dario Fo in der Literatur, der als Gaukler alles durcheinander wirbelte, wobei seine Ideen als alt gelten, aus den Agit-Prop-Zeiten der 68er. „Niemand nahm ihn ernst bis letztes Jahr", sagte Jurymitglied Lars Forssell 1998. Dass es wesentlich interessantere, weil aktuellere Dramatiker gibt, scheint niemanden im Komitee bekümmert zu haben. Seine Wahl hatte nicht zum Ziel, einen bestimmten Bereich der Literatur zu stärken, eben das Drama, es war auch nicht als Hommage an die Commedia dell'Arte gedacht oder an das Straßentheater. Die Entscheidung für Dario Fo steht für den Spaß an der Überraschung und erfüllt damit einen Selbstzweck. In einer Art Schocktherapie für die literarische Welt wird vor allem eines demonstriert: Wir Akademiemitglieder, oft beschimpft als renitente Rentner, wir sind jung, wir können auch Unsinn machen. Wenn man es positiv wenden möchte, ist es eine Hommage an die Irrationalität im menschlichen Handeln, die sich eine Jury von Weltruf selbst zugesteht. In diesem Zusammenhang ein durchaus interessantes Signal.

Im Wissenschaftsbereich ist etwas Analoges natürlich schwieriger. Hier müsste man mit Traditionen brechen, in der Medizin etwa einen Vertreter der ayurvedischen Medizin auszeichnen. Hier bleiben die Querdenker in der eigenen Sparte. Hier sind es höchstens Leute, die nicht den Massentrends hinterherlaufen, wie Günter Blobel, der in Zeiten, in denen alle sich für das „Massendings DNA" interessieren, lieber die Funktionen eines einzelnen Proteins untersucht. Anfangs war er beschimpft worden. Seine Experimente galten als Laborfehler. Günter Blobel beschäftigte sich damit, wie die Milliarden Eiweißmoleküle, die eine Zelle produziert, ihren jeweiligen Einsatzort im Organismus finden. Die Antwort: Jedes Eiweiß trägt eine Art Aufkleber bei sich in Form einer Signalfrequenz. Eine einfache, schöne Idee, die 25 Jahre brauchte, um bewiesen zu werden. „Günter Blobel gilt in Kollegenkreisen als einer, der sich in Ideen verbeißt", schrieb *Die Zeit* nach der Nobelpreisverleihung 1999. Blobel selbst sagte: „Als wir die Daten veröffentlichten, haben plötzlich alle, die unsere Idee in *Nature* und *Science* bekämpft hatten, den Kanal akzeptiert. Es wurden plötzlich überall Kanäle entdeckt. Plötzlich durfte auch ich wieder in *Nature* und *Science* publizieren. Die Leute malten in ihre Publikationen rote und blaue Kanäle, grüne, gelbe. Und alles war ganz neu, obwohl wir die Idee mehr als zehn Jahre vorher vorgestellt hatten. Das ganze Forschungsfeld änderte sich über Nacht." Blobel sagte nach der Preisverleihung, er wolle einen großen Teil des Preisgeldes von 1,8 Millionen Mark für den Wiederaufbau der Dresdner Frauenkirche spenden, die er als Achtjähriger auf der Flucht aus Schlesien noch gesehen hat. „Das hat sich mir unvergesslich eingeprägt", sagte er. Auch das ist deutsche Aufbauhilfe.

Es gibt wohl im Leben der meisten Menschen diese einschneidenden Erlebnisse. Gute Wissenschaftler und Literaten zeichnen sich aber dadurch aus, dass sie, obwohl sie im Falle der Wissenschaftler in größeren Verbänden arbeiten, im Inneren doch eine Vision verfolgen, eine sehr persönliche, die sehr viel mit Beharrlichkeit zu tun hat. Der russische Nobelpreisträger Zhores Alferov erzählt dazu folgende Geschichte: „Als kleiner Junge von zehn Jahren las ich ein wunderbares Buch von V. Kaverin mit dem Titel ‚Two Captains'. Im Wesentlichen habe ich mich in meinem Leben an das Prinzip gehalten, das der Hauptfigur in dieser Novelle zu eigen war: Man muss sich bemühen und weiter suchen. Und wenn man erreicht hat, was immer der Zweck sein mag, muss man sich erneut bemühen. Von größter Wichtigkeit ist hierbei, dass man weiß, wofür man kämpft." Da ist er wieder, der Mythos vom Einzelkämpfer, vom einsamen Forscher, der tapfer sucht und kämpft. Am Rande der Nobelpreisträger-Tagung in Lindau hat Alferov, ein lustiger Russe, sein Institut, das Joffe-Institut in St. Petersburg, vorgestellt. Der Neubau, nicht gerade eben bescheiden, beherbergt auch ein eigenes Schwimmbad. Auch Forscher müssen einmal Pause machen und mit anderen am Pool sitzen. Dort werden sie dann mit anderen, hart vor sich hin arbeitenden Forschern zusammensitzen und über, sagen wir mal, Halbleiter-Heterostrukturen diskutieren. Ganz kreativ in Badehose. Aber das ist eine andere Geschichte.

*

Zum Schluss dieses Kapitels über die ungewöhnlichen Fälle des Systems Nobel noch ein paar skurrile Geschichten. Besonders eine davon bewog die Nobelstiftung, ihre Statuten 1974 zu ändern. Früher konnte eine Person ausgezeichnet werden nach dem Ableben, falls er/sie schon nominiert war (vor dem 1. Februar des gleichen Jahres also). Dieser Fall trat zweimal auf, bei Erik Axel Karlfeldt (Literatur-Nobelpreis 1931) und bei dem Friedensnobelpreisträger von 1961 Dag Hammarskjöld. Er war schon diskutiert worden bei Mahatma Gandhi, der kurz vor seiner Nominierung 1948 ermordet wurde.

Von 1974 an konnten verstorbene Personen nur dann noch ausgezeichnet werden, wenn ihre Ernennung bereits bekannt gegeben war. Diesen Fall gab es einmal bei William Vickrey, dem Preisträger 1996 in Wirtschaftswissenschaften, er starb nach der Bekanntgabe im Oktober. 1945 stand Paul Valéry schon als Kandidat fest. Als er aber im Juli starb, wurde die chilenische Schriftstellerin Gabriela Mistral ausgewählt, die sich bei der Preisverleihung so bedankte: „Es hätte dem kosmopolitischen Geist Alfred Nobels gefallen, dass der Bereich seines Protektorats der Zivilisation durch Einbeziehung der südlichen Hemisphäre des amerikanischen Kontinents ausgedehnt wird."

*

Das höchste Durchschnittsalter zum Zeitpunkt der Preisverleihung haben die Schriftsteller. Gabriel García Márquez hat ausgerechnet, dass die meisten Autoren innerhalb von sieben Jahren nach der Auszeichnung sterben. Der jüngste Laureat ist Albert Camus mit 43 Jahren, gefolgt von Sinclair Lewis mit 45 und Pearl S. Buck mit 46 Jahren. Der älteste Preisträger ist Theodor Mommsen mit 85 Jahren, danach folgt Jaroslav Seifert mit 83. Noch älter waren nur drei Laureaten aus anderen Disziplinen: Joseph Rotblat, Payton Rous und Karl von Frisch mit 87. Zwischen ihnen und dem jüngsten Preisträger liegen somit 25 Jahre. Der mit 35 Jahren jüngste Chemie-Nobelpreisträger war Frédéric Joliot, gefolgt von Adolf Butenandt mit 36 und Ernest Rutherford mit 37 Jahren. Die beiden ältesten Laureaten waren Georg Wittig, 82, und Charles Pederson, 83. In der Medizin waren die jüngsten Laureaten Frederick Banting (31), Joshua Lederberg (33) und David Watson (34). Die ältesten Preisträger sind Payton Rous und Karl von Frisch mit 87 Jahren. Dazu kommt noch der Friedensnobelpreisträger Joseph Rotblat mit ebenfalls 87 Jahren bei der Auszeichnung. Die jüngsten Preisträger in der Sparte Frieden sind Rigoberta Menchú Tum und Mairead Corrigan mit 32 Jahren, gefolgt von Betty Williams mit 33 und Martin Luther King mit 34 Jahren.

In der Physik sind die Preisträger generell im Schnitt ein paar Jahre jünger. In der Physik folgen nach William Lawrence Bragg vier Preisträger mit 31 Jahren: Werner Heisenberg, Carl Anderson, Paul Dirac und Tsung-Dao Lee. Der älteste Preisträger war der Russe Pyotr Kapitsa mit 84 Jahren.

Alfred Nobel, der seine wichtigsten Erfindungen Anfang 30 machte, hatte sicher nicht gedacht, dass vor allem alte, erfahrene Männer prämiert werden und nicht die jungen Forscher. Sie sind eindeutig in der Minderheit.

Die Übergangenen

„Übermorgen ist der Tag, an dem die Nobelpreisträger bekannt gegeben werden; auf der ganzen Welt hocken Physiker, Chemiker, Biologen und Schriftsteller heute und morgen zu Hause und starren mit einem halben Auge auf den schweigenden Apparat, während sie sich alle Mühe geben, entspannt die Zeitung zu lesen. Bei den favorisierten Schriftstellern stehen vermutlich bereits Kamerateams vor der Tür, um sich, wenn bekannt wird, wer diesmal an der Reihe war, sofort auf den Auserwählten zu stürzen – oder um seufzend die Sachen wieder einzupacken und zu verschwinden, wenn das Radio meldet, dass jemand anders den Jackpot geknackt hat, und den armen Kandidaten als jemanden zurücklassen, der zum soundsovielten Mal den Nobelpreis nicht bekommen hat. Der kann sich mit dem Gedanken trösten, dass er sich immer noch in ausgewählter Gesellschaft befindet, von Tolstoi, Proust und Valéry bis hin zu Joyce und Borges."
(Harry Mulisch, Die Prozedur)

„... er hat, obwohl völlig unbewandert in der Bibelkritik, in willkürlicher Weise das Neue Testament in halb rationalistischem, halb mythischem Geist umredigiert."
(Aus dem Gutachten des Nobel-Komitees über Tolstoi 1902)

An einem Donnerstagmorgen im Oktober hängte José Saramago das Telefon aus, in seinem Haus auf der Insel Lanzarote. Das könnte der erste Satz eines Romans sein. Tatsächlich ist es der Beginn einer Prozedur, die jährlich immer um 13 Uhr endet, im fernen Stockholm, wo vermutlich Nebelschwaden über dem Mälarsee liegen. Der Welt wird der neue Nobelpreisträger in Literatur verkündet.

Es ist etwas Eigenwilliges, zu warten auf eine Auszeichnung, die man innerlich verdient zu haben glaubt, was man nach außen aber eher nicht zugeben würde. Denn wer will zugestehen, dass er eine Auszeichnung braucht. Zu oft sei er von Freunden in den Jahren zuvor angerufen worden, die ihm das Gerücht zutrugen, das sich immer wieder als falsch erwies, sagte Saramago. Wer sich Jahr für Jahr Hoffnungen auf den Nobelpreis mache, müsse irgendwann einmal verzweifeln oder gar verrückt werden. 1998 erreichte ihn die gute Nachricht auf dem Weg zum Flughafen. Sein Landsmann António Lobo Antunes sollte später mit den Worten zitiert werden, resigniert, wie es heißt, dass er nun endlich wieder ruhig schlafen könne. Er war aus dem Rennen.

Meist gibt es Jahre zuvor erste Anzeichen, wenn man auf der kurzen Liste unter den Namen auftaucht, über die die Komitees in den entscheidenden Sitzungen beraten. Für den Bereich Literatur finden sich darauf in der Regel fünf Schriftsteller. Ende September beginnen meist die Spekulationen in Stockholm, Namen kursieren wie 1995 der von Hugo Claus, dem, so berichtete der *New Yorker*, versehentlich gesagt worden war, er würde der erste in Flämisch schreibende Autor sein, der den Nobelpreis gewinne. Die Enttäuschung war sicher enorm, wie auch beim estnischen Autor Jaan Kross, der 1996 eine „Warnung im fortgeschrittenen Stadium" erhalten haben soll, er möge doch zu Hause am Telefon bleiben. Nichts passierte, das Telefon klingelte anderswo.

Dabei ist es keine Schande, Kandidat zu sein. Immerhin geht es nicht um irgendeinen Preis. Zudem wäre man als Kandidat in guter Gesellschaft. Nehmen wir die Literaten. Kafka. Joyce. Auch Bertolt Brecht gehörte dazu. Nimmt man diese Namen, könnte man sagen: es ist das Schlechteste nicht, Kandidat zu sein. Das Schlimme für einen Kandidaten ist das zehrende Warten, ob nicht doch fünf Herren in einem Komitee oben im Norden Europas der Welt verkünden, man sei der Auserwählte, endlich. In den vergangenen Jahren erhielten die Europäer eher den Vorzug, vielleicht also warten die Amerikaner etwas mehr: Philip Roth, Louis Begley oder John Updike. Vermutlich denken sich die Europäer, vielleicht doch wieder einmal einer von uns, also weshalb nicht Milan Kundera, Cees Nooteboom oder Harry Mulisch natürlich, der eigentlich keinen Hehl daraus macht im persönlichen Gespräch, dass er sich für begnadet hält. Man könnte auch spekulieren, dass ein Schwede im Jubiläumsjahr auserwählt werden könne, zumal der Lyriker Tomas Tranströmer gerade 70 Jahre alt geworden ist. Der sagt zwar immer, er wolle das gar nicht, aber wenn nicht er, dann vielleicht Olof Enquist oder Lars Gustafsson. Oder wieder ein Afrikaner, vielleicht Ben Okri oder der Kenianer Wa Thiong'o Ngugi.

Die meisten dieser Kandidaten – und es gäbe noch viel mehr Namen allein in dieser einen Sparte – werden sich irgendwann nach ihrem Tod in den Club der Übergangenen einreihen. Sicher erschiene manche Entscheidung im Rückblick klarer. James Joyce wurde 1948 bei der Preisverleihung als geistiger Vater von T. S. Eliot erwähnt. Thomas Bernhard oder Rainer Maria Rilke, Leo Tolstoi, Ezra Pound oder Marcel Proust, Robert Musil oder James Joyce, Max Frisch oder Friedrich Dürrenmatt, Gottfried Benn, García Lorca, Virginia Woolf, Simone de Beauvoir, Graham Greene (den ein Akademiemitglied aus persönlicher Abneigung blockierte) oder Thomas Hardy: Man darf an dieser Stelle nicht verschweigen, dass manche der genannten Autoren erst sehr spät bekannt wurden. Kafkas Werk zu Lebzeiten richtig einzuordnen hätte für die Jury eine gewaltige Leistung bedeutet, denn wie soll man von Autoren erfahren, die vielleicht nicht einmal in ihrem Land als Dichter wahrgenommen werden. Oder die wie Fernando Pessoa für die Schublade schrieben.

Wie hätten sie in Schweden wahrgenommen werden können?

*

In den Naturwissenschaften ist die Gefahr der öffentlichen Nichtbeachtung größer als bei den Schriftstellern, die unabhängig vom Nobelpreis ihr publikumswirksames Medium haben, in dem sie sich äußern. Dichter schreiben nicht für die Nobel-Ehren, sondern für sich und ihre Leser. Natürlich arbeitet ein Wissenschaftler auch nicht gezielt Richtung Nobelpreis, doch die Auszeichnung ist fest im Wissenschaftssystem integriert, er ist das Maximum an Anerkennung auf einer Skala von Ruhm und Ehre. Doch gilt dies wirklich für die gesamte Wissenschaft? Sicher nicht, denn Theoretiker haben es schwer, wenn es um den größten praktischen Nutzen geht. Trotzdem Aufmerksamkeit zu erreichen, ist zwar nicht unmöglich, wie Max Planck und Albert Einstein bewiesen haben. Doch sie mussten lange warten, sie waren zudem als Physiker Vertreter einer klassischen Disziplin.

Ein aktuelles Beispiel: Wie geht man mit der Entschlüsselung des menschlichen Genoms um? Das Wettrennen zweier Forscherteams erfuhr in den Feuilletons der Zeitungen eine Resonanz, wie es sie seit den 60er Jahren nicht mehr gab, als die Menschheit hinaus ins All strebte. Wie verfährt man mit David Botstein, der 1980 zusammen mit Ronald Davies die wissenschaftlichen Grundlagen für die Sequenzierung entwickelt hat. Bei solchen Überlegungen wird klar, dass schon der Begriff „Medizin und Physiologie“ veraltet ist. Längst sind Grenzen zwischen den verschiedenen Disziplinen gefallen, längst spricht man von den „Life sciences“. Man würde sich wünschen, dass vermehrt Preise an die modernen Entwicklungen in den Naturwissenschaften gehen, auch vermehrt an Teams, die gerade in den Life sciences die Einzelforscher verdrängt haben. In einem ähnlichen Maß darf man hoffen, dass diese sogenannten modernen Wissenschaften wie die Molekularbiologie ihr immer noch eher mechanistisches Denken ausweiteten. Dort scheinen etwa die radikalen Konsequenzen der modernen Physik, vor allem der Quantentheorie nicht angekommen zu sein.

✡

Wissenschaft beinhaltet die Suche nach Erkenntnis auf allen nur denkbaren Gebieten. Der Nobelpreis berücksichtigt nicht alle Sparten einer Disziplin gleichermaßen. So steht die Fachrichtung Psychiatrie vor verschlossenen Nobel-Türen. Dabei gehören die Ideen Sigmund Freuds zu den zentralen wissenschaftlichen Erkenntnismodellen. Man darf auch die – von Nobel sicher geliebten – Erfinder in diesem Zusammenhang dazunehmen, die Gebrüder Wright oder Thomas Edison. Thomas Alva Edison hat 1877 den Phonographen erfunden, 1878 die elektrische Glühbirne, er führte einen der ersten Kinematographen ein und verbesserte Bells Telefon mit einem Carbon-Transmitter. Ein wahrer Erfinder also – ohne Nobelpreis verstarb er 1931. Auch die Erfinder des Impfstoffes gegen Kinderlähmung, Jonas Salk und Albert Sabin, gingen leer aus.

✡

Manchmal stehen sich auch die Kandidaten selbst im Weg. Wie beispielsweise passiert bei den Virusforschern Luc Montagnier und Robert Gallo. Jahrelang beschimpften sich die beiden, Gallo machte die Arbeit seines Kollegen mies, Montagnier warf dem Kollegen vor, seine Resultate geklaut zu haben. Erst die damaligen Präsidenten der Länder, François Mitterrand und Ronald Reagan, konnten den Konflikt schlichten. Dabei geht unter, dass Montagnier das Virus gar nicht als erster isoliert hatte, sondern seine Mitarbeiter Françoise Barr-Sinoussi und Jean-Claude Chermann. Es gibt da dieses berühmte rote Notizbuch, in dem die Daten festgehalten sind. Müsste das Nobel-Komitee nun entscheiden, wem es den Preis geben würde, müsste mindestens einer draußen bleiben, denn der Nobelpreis darf nur an maximal drei Personen vergeben werden. Wer also bliebe in diesem Fall außen vor: Chermann oder Barr-Sinoussi? Sicher nicht Gallo oder Montagnier.

Gallos Geschichte ist die eines typischen ambitionierten Forschers. Erstmals fanden seine Arbeiten große Anerkennung, als er Interleukin-2 entdeckte, das die In-vitro-Kultivierung von humanen T-Lymphozyten ermöglichte. Dies führte zu der Entdeckung humaner T-Zell-Leukämie-Viren (HTLV-I und -II). Sie verursachen bestimmte Leukämieformen und waren die ersten isolierten exogenen Retroviren des Menschen. Diese grundlegenden Arbeiten ermöglichten es, dass Gallo als einer der Entdecker des menschlichen Immunschwächevirus HIV, des Erregers von AIDS, in die Geschichte einging. 1984 entwickelte er als erster einen Test, mit dem im Blut von Patienten Antikörper gegen das HI-Virus festgestellt werden konnten. Dieser einfache indirekte Nachweis von HIV-Infektionen hat ganz praktische Konsequenzen insbesondere für das Blutspendewesen, da er die Übertragung von HIV-infiziertem Spenderblut verhindert. In jüngster Zeit konnten Gallo und seine Forschergruppe Chemokine nachweisen, die zelluläre Ko-Rezeptoren blockieren und damit HIV-Infektionen verhindern.

*

Geschichten dieser Art gibt es viele. Sie sind ein Spiegel des Wissenschaftsbetriebs, in dem es üblich ist, dass wie in der Politik die lauten

Töne eher gehört werden. Ein Professor wird auf Veröffentlichungen eines Doktoranden immer erscheinen, oft an erster Stelle, obwohl die Arbeit im Kern nicht von ihm stammt. Auch das Prinzip der Gutachter ist eines der Macht. Eine einzige negative Stellungnahme kann den Ausschlag geben, dass ein Kandidat niemals in Frage kommt. Umgekehrt ist der Schlüssel in Stockholm der, laut schreien zu lassen und selbst möglichst gelassen zu wirken. Kein Wissenschaftler wird den Preis lauthals einfordern. Auch wenn er hinter den Kulissen umso intensiver Lobbyarbeit für sich macht, wie es etwa bei Stanley Prusiner der Fall war, der eine eigene Pressesprecherin beschäftigte und in der *Süddeutschen Zeitung* einmal als „Mischung aus einem amerikanischen Präsidentschaftskandidaten und einem Staubsaugervertreter" bezeichnet wurde. „Er ist das Paradebeispiel dafür, dass es in der Forschung schon lange nicht mehr nur auf solide Ergebnisse, sondern auch auf deren geschickte Vermarktung in der scientific community ankommt", war dort zu lesen. Ausgezeichnet wurde er für eine noch nicht bewiesene Hypothese, ungewöhnlich in der Nobelpreisgeschichte.

*

Die Soziologin und Historikerin Elisabeth Crawford war die erste Wissenschaftshistorikerin, die nach Öffnung der Nobel-Archive 1974 die bis dahin geheimen Berichte systematisch untersuchte. Im Fachmagazin *Science* beschrieb sie die Tatsache, dass die Aufmerksamkeit geschickt auf die Gewinner gelenkt werde und niemals auf die Kandidaten, als einen wichtigen Grund für den außergewöhnlichen Erfolg des Preises. „Mit dem Scheinwerferlicht auf die Preisträger wird leicht vergessen, dass sie aus einem Pool Hunderter von Kandidaten ausgewählt werden." Um mit Bertolt Brecht zu sprechen: „Und man siehet die im Lichte / die im Dunkeln sieht man nicht."

Meist ist man vom Glanz der Nobelpreise viel zu geblendet, als dass man Lust hätte, genauer hinzusehen. Doch genau das sollte man. Um zum Beispiel zu sehen, welche Vorteile Nobelpreisträger haben: Sie werden gehört, gelesen, zitiert, sie bekommen leichter Forschungsgelder. Das ist auch in Ordnung für sie, sie tragen ja gleichzeitig die

Last der Auszeichnung, müssen repräsentieren, werden öffentliche Personen. Aber die ebenso begabten und würdigen Forscher, die genauso exakt und inspiriert schreibenden Dichter, die nicht weniger engagierten und unermüdlichen Friedenskämpfer, stehen wie vor einer Tür, an der steht: geschlossene Gesellschaft. Es gleicht einem ausbalancierten System, bei dem man die Gewichte verschiebt. Indem das System Nobel bestimmte Menschen stärkt, schwächt es andere. Stillschweigend.

Im Buch „The Nobel Population", herausgegeben von Elisabeth Crawford, John Heilbron und Rebecca Ullrich, autorisiert von der Akademie der Wissenschaften, ist eine Aufzählung von Nominierenden und Nominierten der Preise für Physik und Chemie verzeichnet. Es ist ein bemerkenswertes Buch, enthüllt es doch in einer Schlichtheit der Zahlen und Namen ein wenig das verborgene Nobel-Prinzip. Die 92 Nobelpreisgewinner in den Bereichen Physik und Chemie von 1901 bis 1945 wurden aus etwa 500 Kandidaten gewählt. Die Tatsache der insgesamt 4000 Nominierungen zeigt, dass im Mittel ein Kandidat, egal ob er gewinnt oder verliert, achtmal nominiert wird. Diese Zahl verdecke, so die Autoren, die noch viel höhere Zahl von Nominierungen bei einzelnen Super-Verlierern: Arnold Sommerfeld, begnadeter Physiker und Lehrer vieler späterer Nobelpreisträger, kam auf 72 Nominierungen, Vilhelm Bjerkness, der Vater der modernen Meteorologie, auf 54, Friedrich Paschen auf 45 und der Chemiker Gilbert Newton Lewis auf 42.

☆

Dieses Kapitel ist denen gewidmet, die eigentlich würdig genug sind, in diesen illustren Club der Kandidaten aufgenommen zu werden. Man muss hierbei natürlich zwischen den Lebenden und den Toten unterscheiden. Die Toten können nach den Statuten nicht mehr ausgezeichnet werden, etwas, worüber man durchaus auch nachdenken könnte, wie es Carl Djerassi in seinem Theaterstück „Oxygen" zusammen mit Roald Hoffmann (Nobelpreisträger Chemie 1981) tat.

☆

Bei Kandidaten wie dem Chemiker Carl Djerassi oder dem Physiker Stephen Hawking kann man durchaus fragen, ob sie vielleicht zu populär und damit zu unbequem sind. Selten werden öffentlich allzu wirksame und präsente Forscher ausgezeichnet. Der englische Mediziner Robert Steptoe gehört ebenfalls zu diesem Forschertyp. Er ist für die erste künstliche Befruchtung einer Eizelle im Reagenzglas verantwortlich – und damit für die Geburt von Louise Brown. Kaum ein Ereignis hat 1978 mehr Schlagzeilen gemacht.

Man kann nicht in die Hirne der Komitee-Mitglieder hineinschauen, doch klar scheint bei diesem sensiblen System am Ende der „human touch" den Ausschlag zu geben. Manche sagen, darin stecke die Dynamik des Systems. „Wir sind alle nur Menschen. Als das Nobel-System entstand, wollte man diese Maschinerie so effektiv wie möglich machen. Aber es ist kein Computer, es ist eine Zusammenarbeit menschlicher Wesen", sagt Bárány. Eine Runde von Menschen treffe verblüffende Entscheidungen, die ein Computer nicht treffen würde.

*

Es gibt nichts einzuwenden gegen diese positiven Überraschungen, wenn etwa eher unbekannte Autoren wie Wole Soyinka oder Derek Walcott einer breiten Masse vorgestellt werden. Doch es gibt Fälle von offensichtlicher Ungerechtigkeit. Als 1974 der Astrophysiker Antony Hewish aus Cambridge für die Entdeckung einer neuen Klasse von Sternen, den Pulsaren, den Nobelpreis erhielt, kritisierte Fred Hoyle, ebenfalls britischer Astrophysiker, diese Entscheidung, weil er wusste, dass Hewishs Mitarbeiterin Joycelyn Bell die Arbeit am neuen Radioteleskop geleistet und die regelmäßig alle eindreiviertel Sekunden eintreffenden unbekannten Signale analysiert hatte. Hewish war aber Institutsleiter und nach damaliger Politik der Preisverleiher auch derjenige, der als Verantwortlicher der Forschungsgruppe den Preis erhalten sollte. Dabei hatte Hewish Bells Erkenntnisse zunächst mit der skeptischen Vermutung kommentiert, sie seien irdischen Ursprungs und kämen wohl von einem Generator aus dem Nebengebäude.

Für Fred Hoyle, der in der Wissenschaftsgemeinde als zentrale Figur anerkannt wird bei der Erforschung von atomaren Kernsynthese-

Der fehlende Laureat:
Mahatma Gandhi. Er wurde am 30. 1. 1948 in New Delhi erschossen.
In diesem Jahr wurde kein Friedensnobelpreis verliehen

Prozessen, die in der Sonne oder anderen Sternen ablaufen, war diese Kritik fatal. Er wurde bei der Nominierung übergangen. Sein Kollege William Fowler gewann stattdessen den Preis. John Maddox, emeritierter Herausgeber des renommierten Wissenschaftsmagazins *Nature* kommentierte dies so: „Eines der Dinge, die das Nobel-Komitee nicht mag, sind Kontroversen, und Hoyle war als Hitzkopf bekannt."

Doch die Kritik hatte möglicherweise doch Konsequenzen: Bei der zweiten Auszeichnung, die die Forschung zu Radiopulsaren betraf, wurde 1993 der Doktorand Russell Hulse zusammen mit dem Projektleiter Joseph Taylor ausgezeichnet, eine eindeutige Wende in der Vergabepolitik des Komitees. Im Zweifelsfall bekommen faktisch immer die Ranghöheren die Preise und nicht die, die die Arbeit erledigen. Harold Kroto, der selbst jahrelang auf den Preis wartete, sagte nach der Verleihung des Nobelpreises 1996, er bedauere besonders, dass die Beiträge der beteiligten Studenten Jim Heath, Sean O'Brien und Yuan Liu solch unterschiedliche Beachtung im Vergleich zu ihm und seinen beiden prämierten Kollegen fänden. Ein Bedauern, das natürlich nichts an der Tatsache ändert, dass sie nur als Ehrengäste zur Preisverleihung kamen.

*

Man kann selbst einige der Preisträger zu den Übergangenen zählen. Ein Beispiel: 1995 erhielten die amerikanischen Physiker Martin Perl und Frederick Reines den Physik-Nobelpreis für „bahnbrechende experimentelle Leistungen im Bereich der Leptonenphysik". Leptonen nennt sich eine Familie von Elementarteilchen, zu der die Neutrinos, die Reines 1953 nachwies, ebenso gehören wie das Tauon, das Perl am Stanford-Beschleuniger Mitte der 70er Jahre entdeckte. Die entscheidende Arbeit hatte Reines zusammen mit seinem Kollegen Clyde Cowan 1953 in der Zeitschrift *Physical Review* veröffentlicht. 1956 bestätigten die Forscher ihr Experiment, legten 1960 noch eine Arbeit über Antineutrinos nach. Damit war der Beweis einer Theorie des deutschen Physikers Wolfgang Pauli erbracht, der diese Teilchen 1930 postuliert hatte. Neutrinos sind allgegenwärtige Teilchen, die Materie durchqueren, ohne dass man ihre Existenz spürt oder direkt nachweisen kann. Sie sind wichtig für das Verständnis der modernen Physik. Deshalb war es völlig unverständlich, weshalb das Physik-Komitee über 40 Jahre wartete, ehe es Reines auszeichnete. Clyde Cowan war zu diesem Zeitpunkt schon gestorben, der 1918 geborene Reines lag in einer Klinik, so dass er den Preis nicht selbst in Empfang nehmen konnte. Die Entscheidung ist umso unverständlicher, als 1988 bereits Jack Steinberger, Melvin Schwartz und Leon Lederman den Nobelpreis für die Entdeckung einer zweiten Neutrino-Art erhielten, obwohl die später als bei Reines geschah.

*

Am Ende kommen wir zu den unschuldigen Opfern: den Mathematikern. Ein Beispiel ist der britische Mathematiker Alan Mathison Turing, eine Hauptfigur bei der Entwicklung des Computers. Er starb 1954, ohne Preis, denn Computer gab es noch nicht. Ohne Mathematik gäbe es viele Erkenntnisse der modernen Physik, Chemie und auch der Medizin nicht. Die Mathematiker haben seit 1924 ihren eigenen Preis: die goldene Fields-Medaille, auf der Archimedes abgebildet ist, wird alle vier Jahre im Andenken an den kanadischen Mathematiker Joseph Fields am Rande des Internationalen Mathematikerkongresses verliehen. Sie ist mit 17 500 Mark dotiert.

Für alle anderen, die hineinpassen in dieses System Nobel, die die richtigen Gebiete bearbeiten, die noch lange genug leben, gibt es natürlich weiter Hoffnung. Das System Nobel braucht die Wartenden, die Sehnsuchtsvollen, die Unverstandenen. Nur ihnen kann man die Erlösung bringen. Die simple Botschaft der Übergangenen ist: Eine Geschichte der Helden kommt nicht ohne Antihelden aus.

Die Frauen

Jane Adams, Emily Green Balch, Pearl S. Buck, Mairead Corrigan, Gerty Theresa Cori, Marie Curie, Grazia Deledda, Irène Joliot-Curie, Aung San Suu Kyi, Nadine Gordimer, Dorothy Crowfoot Hodgkin, Selma Lagerlöf, Maria Goeppert-Mayer, Rita Levi-Montalcini, Barbara McClintock, Toni Morrison, Gabriela Mistral, Alva Myrdal, Christiane Nüsslein-Volhard, Nelly Sachs, Bertha von Suttner, Wislawa Szymborska, Mutter Teresa, Rigoberta Menchú Tum, Sigrid Undset, Betty Williams, Jody Williams, Rosalyn Yalow

Eigentlich dürfte es dieses Kapitel nicht geben. Es kommt einem Randgruppenkapitel gleich. 690 Männer haben den Nobelpreis in den ersten hundert Jahren bekommen – und 29 Frauen. Zwei in Physik, drei in Chemie, sechs in Medizin, neun in Literatur, zehn für ihren Friedenseinsatz. Insgesamt entspricht das einer Frauenquote von vier Prozent. Bezeichnenderweise passt in der bis zum Jahr 2004 laufenden Jubiläumsausstellung anläßlich des 100. Geburtstags der ersten Preisverleihung 1901 in Stockholm die Würdigung dieser Randgruppe in eine einzige Glasvitrine rechts neben dem Eingang.

Wie lassen sich nun diese bescheidenen vier Prozent erklären? An Universitäten ist die Frauenquote bei Professorenstellen oder vergleichbaren Positionen in Deutschland in dieser Größenordnung, sie liegt bei 5,5 Prozent für die höchstdotierten C4-Professoren, bei 10 Prozent für die C3-Professoren. Damit liegt Deutschland in Europa auf einem der letzten Plätze. Interessant sind folgende Zahlen: Mehr als die Hälfte der Studienanfänger sind Frauen, bei Diplomabschlüssen liegt ihr Anteil nur noch bei gut 40 Prozent, bei den Doktoranden sinkt er auf etwa ein Drittel. Im Vergleich zu den 80er Jahren wagen sich heute viel mehr Frauen an die Habilitation. Doch je länger die Wissenschaftskarriere dauert und je einflussreicher die erreichte Position ist, desto mehr nimmt der Frauenanteil ab. Nur 15 Prozent der eingereichten Habilitationen stammen von Frauen. Den negativen

Spitzenreiter im „System Wissenschaft“ bildet der Nobelpreis mit seinen vier Prozent. Trennt man nach Sparten, unterbietet die Physik alle anderen deutlich: Hinter dem Frauenanteil von 1,3 Prozent verbergen sich zwei Namen: Marie Curie und Maria Goeppert-Mayer. Der Vater von Maria Goeppert-Mayer hatte seine Tochter als Schulkind gewarnt: „Werde nie eine Frau, wenn du groß bist.“

*

Was sind das für Frauen, die sich zäh durchkämpfen in dieser männerdominierten Welt? In jedem Fall haben sie gelernt, sich durchzusetzen, ihren Platz zu behaupten, auch unter schwierigen äußeren Bedingungen. Marie Curie etwa arbeitete lange in einem zugigen Schuppen – ein deutscher Chemiker bezeichnete das Labor einmal als „Kreuzung zwischen Stall und Kartoffelkeller“. Erst nach dem Tod ihres Mannes Pierre, mit dem sie zusammen mit Henri Becquerel den Nobelpreis für Physik bekommen hatte, wurde sie Professorin an der Sorbonne. Im Jahr ihres zweiten Nobelpreises 1911 wurden Gerüchte gestreut, sie habe ein Verhältnis mit ihrem Physikerkollegen Paul Langevin. Die Presse startete eine Kampagne, die derart hasserfüllt war, dass die Schwedische Akademie der Wissenschaft sie aufforderte, den ihr bereits zugesprochenen Nobelpreis für Chemie nicht anzunehmen. Was sie natürlich trotzdem tat.

Beide Frauen verbindet die enorme Anerkennung ihrer Leistungen außerhalb ihres Mutterlandes. Die in Polen geborene, später in Frankreich lebende Marie Curie und die in Deutschland geborene, in den USA lebende und 1972 dort verstorbene Maria Goeppert-Mayer hatten ihre großen Erfolge in den USA, wo offenbar ein guter Nährboden für Erfolgsgeschichten vorhanden ist. Helden, große Persönlichkeiten werden dort ohne Neid anerkannt, ohne Ansehen des Geschlechts.

Auffallend bei fast allen Nobelpreisträgerinnen ist deren große öffentliche Wirkung. Eine Wirkung, die verpflichtet. Christiane Nüsslein-Volhard soll einen Fluch ausgestoßen haben, als sie vom Nobelpreis erfuhr. Warum, wurde sie gefragt. Jeder wolle nun etwas von ihr. „Ich soll das Frauenstudium unterstützen, in Talk-Shows über Klonen sprechen, Ämter und Ehren übernehmen. Eigentlich hätte ich den Preis zehn Jahre später bekommen sollen." Sie war 1995 die erste deutsche Medizin-Nobelpreisträgerin, deshalb wohl war der Rummel um ihre Person noch größer. „Herrin der Fliegen" wird sie leicht spöttisch genannt, weil sie herausfand, dass nur wenige Gene in der Erbmasse der Fruchtfliege (Drosophila) darüber entscheiden, welche Gliedmaßen gebildet und wo sie am Körper angeordnet werden.

Nüsslein-Volhard war schon vor Verleihung des Nobelpreises 1995 renommierte Wissenschaftlerin. „Es ist anstrengend, eine Ausnahme, die erste und einzige zu sein", schrieb sie schon Jahre vor der Preisverleihung, bezogen auf ihre Stellung. Diese exponierte Position hat offenbar nicht verhindert, dass sie zur ersten Jahresversammlung der Max-Planck-Gesellschaft das Damenprogramm zugeschickt bekam. Sie war gerade Direktorin des Max-Planck-Instituts für Entwicklungsbiologie in Tübingen geworden (übrigens als eine von vier Frauen unter 200 Männern). Man muss hier nicht Methode unterstellen. Frauen treffen lediglich auf ein in sich geschlossenes System, ein Netzwerk von Männern, die bestimmte Riten haben, die man übernehmen oder zumindest kennen muss.

Die Physikerin Lise Meitner ist eindeutig ein Opfer dieser Riten eines geschlossenen Systems. Dabei hatte sie es durchaus geschafft, die Aufmerksamkeit großer Wissenschaftler wie Max Planck (der übrigens Frauen in der Forschung gegenüber kritisch eingestellt war) und Otto Hahn zu erlangen. Dies verhinderte jedoch nicht, dass Hahn ihre Mitarbeit zwar akzeptierte, Meitner aber im Keller forschen musste, weil die offiziellen Labors für die Männer gedacht waren.

*

Man könnte nun meinen, das alles sei lange her, die Situation habe sich geändert. Eine Studie des Massachusetts Institute of Technology (MIT) im amerikanischen Boston stellte fest, dass jede Generation von jungen Forscherinnen ihre Wissenschaftskarriere im Bewusstsein starte, die Diskriminierung von Frauen sei überwunden. Erst in höheren Positionen bemerkten die Forscherinnen, dass sie benachteiligt werden bei der Verteilung von Räumen, Geldern, Lehraufträgen und Gehalt.

Was sind die Gründe dafür? Eine weitere Studie der EU aus dem Jahr 1999 spricht von „weicher Diskriminierung" von Frauen. Sie sei den Betroffenen oft nicht bewusst. Der Durchschnitt des weiblichen Anteils an der Professorenschaft in der Europäischen Union nimmt um ein halbes bis ein Prozent jährlich zu, nicht gerade rasant. Die meisten Frauen an der akademischen Spitze arbeiten in der Türkei mit 21,5 Prozent, gefolgt von Finnland mit 18, Frankreich mit 13,8 und Spanien mit 13,2 Prozent.

Der Grund für den statistischen Karriereknick nach der Doktorarbeit liegt nach dieser Untersuchung vor allem in der Forschungsförderung. Hier zählen die Anzahl der Dienstjahre und Veröffentlichungen. Frauen sind benachteiligt, weil sie aus familiären Gründen öfter ihre Arbeit unterbrechen müssen. Besonders kritisiert werden „altmodische Praktiken" bei der Besetzung von Stellen an Universitäten und Forschungseinrichtungen: Protektion, Seilschaften und auf Wunschkandidaten zugeschnittene Stellenausschreibungen.

Eine schwedische Studie hatte in den 90er Jahren das Gutachtersystem kritisiert. Das in Schweden praktizierte Punktesystem bei der Beurteilung belegte Vorurteile der Gutachter gegenüber Frauen. Um im Durchschnitt gleich behandelt zu werden, mussten Frauen zwanzig Publikationen mehr auf der Liste haben als Männer.

Wissenschaftlerinnen scheitern also oft an den Strukturen der Hochschulen. Das zentrale Prinzip dort ist der Wettbewerb nach männlichen Verhaltensregeln. Dass Frauen einen anderen Forschungsstil haben, einfühlsamer, antihierarchischer arbeiten würden, darf man eher dem Bereich Märchen zuordnen. Doch die Soziologin Beate Krais spricht in ihrem Buch „Wissenschaftskultur und Geschlechterordnung" von den „Hahnenkämpfen" der Männer, die ihre Macht erhalten und Einfluss gewinnen wollen. Frauen schauten dem eher belustigt zu, was sie in die Rolle der Außenseiter drängt.

Der akademische Alltag bietet eine Reihe feinerer Verhaltensmuster: Männliche Kollegen halten die Referate auf den wichtigen Tagungen, Frauen werden oft nicht zitiert, manchmal sogar gar nicht genannt. Der *Spiegel* zitiert in diesem Zusammenhang Christiane Nüsslein-Volhard mit dem Bekenntnis, sie habe „häufig unter dem Gefühl, nicht ernst genommen zu werden, gelitten". Später sei sie zu dem Schluss gekommen: „Nichts ist so entscheidend für den Frauenanteil wie dieser selbst." Doch je mehr Frauen durchhalten, umso mehr Frauen haben später die Möglichkeit, den Pionierinnen nachzufolgen.

Hier scheint tatsächlich eher der Schlüssel zur Erklärung der vier Prozent zu liegen. Der Minderheitenstatus bedeutet, aus einer Gemeinschaft ausgeschlossen zu werden. Dieses Prinzip könnte auch beim Nobelpreis greifen. Kandidaten für den Nobelpreis brauchen eine breite Unterstützung außerhalb und einen Fürsprecher innerhalb der Komitees.

☆

Die meisten Nobelpreisträgerinnen waren übrigens verheiratet und hatten Kinder. Schriftstellerinnen arbeiteten häufig als Lehrerinnen, finanzierten so ihren Lebensunterhalt. Zehn Frauen haben den Friedensnobelpreis erhalten, angefangen mit Bertha von Suttner. Alfred Nobel hat sie einmal in einem Brief beschrieben als „mutige Amazone, die dem Krieg den Krieg erklärt hat". Berühmt wurde sie mit ihrem Antikriegsbuch „Die Waffen Nieder". Bertha von Suttner war das erste Mal 1903 auf die Shortlist gelangt. Doch dauerte es noch zwei Jahre, ehe sie ausgezeichnet wurde, ohne den Einsatz des Schriftstellers und Komiteemitglieds Bjørnstjerne Bjørnson wäre sie wohl nie ausgezeichnet worden. Erst 26 Jahre später bekam die zweite Frau, Jane Addams, den Preis, obwohl doch der Komiteevorsitzende Lövland noch den großen Einfluss der Frauen auf die Friedensbestrebungen bei Suttners Ehrung betont hatte. Sie war viermal auf der Shortlist, ehe sie ausgezeichnet wurde.

Viele Frauen engagierten und äußerten sich im 20. Jahrhundert politisch zu vielen Fragen, ob zur Rüstungspolitik, zur Judenverfolgung, zu Menschenrechtsfragen. Auch Mutter Teresa, diese Ikone der Barmherzigkeit, die 1949 in Kalkutta ihren Orden gründete, als Missionarin der Nächstenliebe arbeitete, pragmatisch, praktisch, dem Alltag verbunden, ist unter den Preisträgerinnen. 1979 erhielt sie den Friedensnobelpreis.

Geht man in die Anfänge der Preisvergabe zurück, brachte das erste Jahrzehnt im Durchschnitt mehr weibliche Preisträgerinnen als die späteren. Man muss zusätzlich bedenken, dass um die Jahrhundertwende zum 20. Jahrhundert Frauen an der Mehrzahl der europäischen Hochschulen nicht zugelassen waren. Viele von ihnen konnten ihr Abitur nur in privaten Kursen und Einrichtungen machen. Erst 1921 war es möglich, an einer deutschen Universität einen Professorentitel zu erwerben.

*

Es gibt, gerade was die Naturwissenschaften angeht, ein interessantes Detail. Viele späteren Nobel-Frauen besuchten reine Mädchenschulen. „Wir wurden dort ganz ernst genommen", sagt Nüsslein-Volhard. Die Frage, ob Mädchen und Jungen anders lernen, sei an dieser Stelle nicht vertieft. Klar scheint jedoch, dass Kinder in gemischten Klassen mehr mit geschlechtsspezifischen Rollenvorbildern zu tun haben. Vielleicht gilt dies aber nur für eine Übergangszeit, wo eben die entscheidende Unterstützung fehlt, die Bestärkung, das zu machen, was man machen will, die Erwartungen und Vorstellungen anderer einfach abzustreifen.

Es wurde schon darauf hingewiesen, dass die meisten Nobelpreisträger ihre Auszeichnung für Arbeiten erhalten, die sie im Alter zwischen 30 und 40 gemacht haben. Die kreativsten Jahre sind also gleichzeitig die, in denen berufstätige Frauen ihre Kinder bekommen. Wer in der Wissenschaftshierarchie aufsteigen will, hat aber in westlichen Gesellschaften keinen geregelten Acht-Stunden-Tag. Wer dabei eine Familie, Kinder haben möchte, braucht Unterstützung. Männliche Kollegen haben oft eine Frau, die ihnen die Doppelbelastung abnimmt. Sicher lassen sich Haushalt und Kindererziehung mittlerweile auch bei Frauen organisieren, die Akzeptanz dafür ist in den letzten Jahrzehnten gewachsen. Frauen rücken deshalb langsam auch in Führungspositionen vor, auffälligerweise in der Wirtschaft häufiger als in der Wissenschaft. Ein Anstieg in der Frauenquote war in den letzten Jahren jedoch noch nicht zu verzeichnen.

Vielleicht ist das auch ein einseitiger Blick. Männer machen Karriere, Frauen bringen Opfer. Es besteht ohne Zweifel ein eklatantes, nicht zu rechtfertigendes Missverhältnis. Ist das ungerecht? Natürlich. Eine andere Frage schließt sich an: Ist Spitzenforschung beziehungs- und familienfeindlich? Viele Nobelpreisträger sind getrennt oder geschieden. Zudem bleibt vor allem für Frauen das grundlegende Problem: Wann kann es sich eine ambitionierte Forscherin leisten, ein Kind zu bekommen? Die Verbindung von Familie und Beruf sei auch bei jüngeren Kolleginnen ein gordischer Knoten, sagt Christiane Nüsslein-Volhard. Sie setzt sich für Betriebskindergärten in der Max-Planck-Gesellschaft ein. Charlotte Kerner, Herausgeberin des Buches „Nicht nur Madame Curie ...", das 13 Nobel-Frauen porträtiert, zitiert die amerikanische Physikerin Rosalyn Yalow, zweifache Mutter und 1977 als zweite Frau in der Geschichte Medizin-Nobelpreisträgerin: „Wir können nicht erwarten, dass Frauen in absehbarer Zeit in der Medizinforschung die Stellung erreichen, die ihnen ihrer Zahl nach eigentlich zustehen müsste. Diejenigen von uns, die das Glück gehabt haben, nach oben zu kommen, müssen Vorbild und Ratgeberin sein, um denen, die nach uns kommen, den Weg zu ebnen. Wir sollten darauf bestehen, die gleichen Möglichkeiten zu haben, so dass diejenigen von uns, die es wollen, nach den Sternen greifen können."

Die Politik und der Frieden

„Ich würde gern einen Teil meines Vermögens einer Stiftung zur Schaffung von Preisen vermachen, die alle fünf Jahre zur Verteilung kommen sollen (sagen wir sechsmal hintereinander, denn wenn es innerhalb von dreißig Jahren nicht geglückt ist, unsere Gesellschaft, so wie sie sich heute zeigt, zu reformieren, werden wir unrettbar in Barbarei versinken) und zwar an eine Person, männlich oder weiblich, die den besten Beitrag zur Verwirklichung des Friedens in Europa geleistet hat. Ich spreche absichtlich nicht von Abrüstung, da wir dieses Traumbild nur langsam und vorsichtig erreichen können, und auch nicht von einem zwangsweise eingesetzten Schiedsgericht. Aber wir können und müssen bald endlich so weit kommen, dass alle Staaten sich gegenseitig verpflichten, gegen einen eventuellen Friedensbrecher vorzugehen."
(Alfred Nobel, 1893)

„Der Frieden muss gestiftet werden."
(Immanuel Kant)

Weshalb hat niemand an Mohandas Karamchand Gandhi gedacht? An diesen ausgezehrten Mann mit der runden Brille, der Gewaltfreiheit predigte, der sich auflehnte kraft seines Wortes, den alle dann „Mahatma" nannten: Große Seele. Nun, vielleicht hatte Gandhi keine Lobby, die ihn unterstützte. Immerhin wurde er fünfmal nominiert: 1937, 1938, 1939, 1947 und noch wenige Tage vor seiner Ermordung im Januar 1948. Dreimal war der Führer der indischen Unabhängigkeitsbewegung sogar in der engeren Wahl. Das Nobel-Komitee wollte den Preis 1948 an Gandhi verleihen. Als er ermordet wurde, zeichnete man in diesem Jahr niemanden aus. Formal hätte Gandhi der Friedensnobelpreis noch nach seinem Tod zugesprochen werden können, wie es 1961 auch mit dem UN-Generalsekretär Dag Hammarskjöld geschah, denn erst danach wurden die Statuten geändert.

Doch für die Auszeichnung Gandhis reichte es nicht. Das norwegische Nobel-Komitee bedauerte seine Entscheidung später öffentlich. War Engstirnigkeit daran schuld, war der Kampf um Freiheit in Indien dem europäischen Denken zu entlegen? Oder hatte man Angst vor politischen Konsequenzen? In einem Interview mit der Wochenzeitung *Die Zeit* im Jahr 2001 bezeichnete der Vorsitzende des norwegischen Nobel-Instituts Geir Lundestad es als Fehlentscheidung, dass Gandhi den Preis nie bekommen hat. „Damals waren wir wohl zu sehr von Großbritannien beeinflusst", sagte er. Als der Dalai Lama 1989 den Friedensnobelpreis erhielt, merkte Lundestad an, dies sei „auch teilweise als Tribut an das Andenken von Mahatma Gandhi" gedacht.

*

Für den Friedensnobelpreis ist damit eine wichtige Ikone verloren gegangen, eine der berühmtesten Figuren des 20. Jahrhunderts, gewürdigt in zahlreichen Büchern und Filmen. Auch innerhalb des Systems Nobel ist das eher unverständlich, folgt doch eine große Linie in der hundertjährigen Geschichte des Nobelpreises dem Gedanken, solch herausragende, einflussreiche Menschen zu finden, die vor allem für die Einhaltung von Bürger- und Menschenrechten kämpfen. Martin Luther King ist wie Nelson Mandela ein Symbol für den Traum von der Gleichheit der Menschen. Entscheidend ist dabei deren persönliche Ausstrahlung. Charismatische Figuren wie auch der Dalai Lama, wie Mutter Teresa stehen nicht nur für sich, ihr Glanz färbt auch auf die Preisverleiher ab. Wenn Martin Luther King 1963 am Lincoln Memorial in Washington sein „I have a dream" sagt und im Jahr darauf für seinen Einsatz für die Rechte der Schwarzen ausgezeichnet wird, geht sein Gedanke unmittelbar ins Gemeingut der Nobelstiftung über. Sofort nämlich werden von der Allgemeinheit die positiv besetzten Bilder aus dem Gemeingut der Menschheit abgerufen, man sieht ihn seine Rede halten vor den 250 000 Menschen in Washington, man sieht die Entschlossenheit, die Zuversicht, die Größe. Hier personalisiert sich der Gedanke von der Friedensarbeit. Dabei reduziert sich auch der Mensch hinter der Auszeichnung zu einem Botschafter seiner Idee. Denn wer könnte besser erklären, was Frieden – auch der innere Frieden – eigentlich bedeutet, wie man ihn erreichen kann, als diese Männer und Frauen. Allein sie zu zitieren, ruft mehr Emotionen hervor als jede Absichtserklärung eines Politikers. Es macht einen Unterschied, ob ein Nobelpreisträger folgende Worte sagt oder ein Führer irgendeiner Schwarzen-Bewegung: „Das Gefährliche am Kapitalismus ist, dass er die Menschheit dazu bringt, sich mehr um ihren Lebensunterhalt als um ihr Leben selbst Sorgen zu machen." Wichtig im Lauf der Geschichte ist, dass beide Seiten voneinander profitieren, also auch die Preismacher von ihren Preisträgern. So muss das Komitee zwangsläufig auch bemüht sein, Menschen auszuzeichnen, die ihre Autorität nicht aufgrund einer dahinter stehenden Institution oder Staatsmacht besitzen, sondern aufgrund einer großen inneren Stärke.

Geir Lundestad erwähnt immer wieder die birmanesische Oppositionspolitikerin Aung San Suu Kyi, so auch in seinem Aufsatz „Reflexionen über den Friedensnobelpreis" von 1999. Sie ist auch heute noch ein Symbol des Widerstandes. Aung San Suu Kyi kämpfte gegen das diktatorische Regierungssystem der Militärjunta, war von 1989 bis 1995 in Hausarrest, dann wieder von Ende 1996 an. Die 1945 geborene Politikerin harrte in ihrem Haus in Birma aus, auch noch, als sie längst hätte ausreisen können. Nicht einmal, als ihr krebskranker Mann in London im Sterben lag, verließ sie ihre Heimat, weil sie wusste, dass sie nicht würde wieder einreisen können. Damit hätte sie ihrer Meinung nach den Demokratiebestrebungen in ihrem Land geschadet.

*

Das norwegische Komitee bemüht sich traditionell, solch erfolgversprechenden persönlichen Einsatz für Frieden, Demokratie und Menschenrechte zu unterstützen – auch wenn der Ausgang oft zum Zeitpunkt der Preisverleihung unklar ist. Beispiele aus der Geschichte sind die Preise in den 20er Jahren für die deutsch-französische Annäherung nach dem Ersten Weltkrieg: Gustav Stresemann und Aristide Briand wurden im Jahr 1926 ausgezeichnet, Ferdinand Buisson und

Ludwig Quidde im Jahr darauf. Stresemann schlug als Außenminister der Weimarer Republik Anfang 1925 Frankreich einen Nichtangriffs- und Schlichtungsvertrag vor. In Zusammenarbeit mit Briand entstand daraus der „Locarno-Pakt", der auch die Verpflichtung enthielt, „in keinem Falle zu einem Angriff oder zu einem Einfall oder zum Kriege gegeneinander zu schreiten".

Diese Paare stehen für den Gedanken der Aussöhnung, der Wiedervereinigung, der Annäherung zweier ehemals verfeindeter Parteien. Triebfeder der Preisverleiher ist das Prinzip Hoffnung.

*

Weltweit gibt es etwa 300 Friedenspreise, keiner davon ist annähernd so berühmt wie der Nobelpreis, obwohl manche sogar höher dotiert sind. Wobei dem Nobelpreis sicher in seinem Renommee hilft, dass er zusammen mit den anderen vier Nobelpreisen eine starke Familie bildet. Der Friedensnobelpreis war und ist in erster Linie ein moralischer und politischer Preis, verliehen von einer Jury, die sich dem westlichen Wertesystem eng verbunden fühlt. In den ersten Jahrzehnten gingen die meisten Preise an Menschen in den USA und Europa. Immer wieder versuchte das Komitee – mit seinen in diesem Fall bescheidenen Mitteln – in der Weltpolitik mitzumischen. Manchmal war es sogar so mutig, sich in die brisantesten Verwerfungen der Menschheitsgeschichte vorzuwagen.

Ein Beispiel aus der deutschen Geschichte des 20. Jahrhunderts zeigt dies. Sie ist untrennbar mit den ersten globalen Zerstörungskriegen verbunden. Alle vier deutschen Friedensnobelpreisträger haben direkt oder indirekt mit den beiden Weltkriegen und ihren Folgen zu tun. Zwei der vier deutschen Friedensnobelpreise gingen an Carl von Ossietzky und Willy Brandt. Bei seiner Nobelpreisrede vom Dezember 1971 erinnerte Brandt an Ossietzky, an dessen Nobelpreiskampagne er vor allem in den Jahren 1935 und 1936 von seinem Osloer Exil aus stark mitgewirkt hatte. Die Ehrung Ossietzkys 35 Jahre zuvor sei ein Sieg über die Barbarei gewesen, sagte Brandt. Deshalb liege ihm daran, „dem Nobel-Komitee im Namen eines freien Deutschland dafür in aller Form einen späten Dank auszusprechen".

Willy Brandt erinnerte sich in einer Rede an der Universität Oldenburg anläßlich des 50. Todestages von Carl von Ossietzky im Mai 1988: „Von der Idee, Ossietzky für den Nobel-Friedenspreis vorzuschlagen, erfuhr ich zum erstenmal im Frühjahr 1934." Im Frühjahr 1934 wurde der Vorschlag im *Pariser Tageblatt* von Georg Bernhard lanciert. Die Kampagne begann. Aufgrund der Formalien konnte Ossietzky erst für 1935 nominiert werden. Am 23. November 1936 gab schließlich das norwegische Komitee den Beschluss bekannt, Ossietzky auszuzeichnen. Thomas Mann kommentierte dies von Zürich aus: „Endlich einmal eine gute Nachricht." Brandt schildert den Druck: „Wir ahnten ja oder wussten sogar, welchen Druck das NS-Regime auf die norwegische Regierung auszuüben suchte; auf welche Weise Göring bemüht war, den schwerkranken ‚Moorsoldaten', den man nach Berlin gebracht hatte, zum Verzicht auf den Preis zu zwingen, wurde auch bald bekannt."

Der ehemalige Bundeskanzler hatte die Nominierung Ossietzkys wiederholt als „Friedenspreiskampagne gegen Hitler" bezeichnet. Das bedeutet zweierlei: Erstens machte er damit klar, dass die Nominierung ein klares Ziel hatte, nämlich Hitler zu treffen und auf sein Naziregime, das sich lieber im Glanz der Olympischen Spiele von Berlin sonnen wollte, ein grelles Licht zu werfen, gleichzeitig war das nur möglich mit einer starken Persönlichkeit, die in Deutschland geblieben war. Ossietzky war ein Symbol des Widerstandes im eigenen Land. Zusammen mit Siegfried Jacobsohn, dem Herausgeber der *Weltbühne,* war er Deutschlands wichtigster Vertreter einer Generation politischer Publizisten, die sich gegen das Hitler-Regime stemmten – vielleicht sogar wichtiger als Kurt Tucholsky.

Der deutsche Politikwissenschaftler Martin Greiffenhagen hat ihn einmal „Dreyfus und Zola in einer Person" genannt, mit dem bitteren Zusatz, ein Nationalheld sei „unser Zola" nicht geworden. Damit spielt er auf die sogenannte „Dreyfus-Affäre" um den französischen Juden und Soldaten Alfred Dreyfus an, der wegen Landesverrat verurteilt worden war. Émile Zola verteidigte ihn 1898 in der von Antisemitismus geprägten Affäre mit seiner berühmt gewordenen Schrift „J'accuse – ich klage an", einem offenen Brief an den französischen Staatspräsidenten. Dreyfus wurde 1899 freigesprochen, die Beweise gegen ihn erwiesen sich als Fälschungen. Zola kam drei Jahre später unter mysteriösen Umständen ums Leben.

Heute fast in Vergessenheit geraten ist die breite internationale Unterstützung, in Schweden durch eine publizistische Kampagne. Albert Einstein, Karl Barth und Thomas Mann engagierten sich. Auch der Friedensnobelpreisträger von 1927 Ludwig Quidde setzte sich nach anfänglichem Zögern ein.

Ossietzky wurde nach der Erinnerung von Willy Brandt von mehreren Hundert Vorschlagsberechtigten nominiert, von den 69 Abgeordneten der Arbeiterpartei im norwegischen Storting, von 59 Sozialdemokraten im schwedischen Reichstag – neben vielen anderen, die sich in Schweden und auch in Dänemark ins Zeug legten. Aus der Schweiz kamen die Unterschriften von 125, aus Frankreich die von 120 Parlamentsmitgliedern. Aus dem Britischen Unterhaus meldeten sich – mit Clement Attlee und Herbert Morrison an der Spitze – 86 Abgeordnete, aus der Tschechoslowakei 60 Abgeordnete und Professoren. Hinzu kam die moralische Unterstützung vieler französischer und englischer Schriftsteller.

Neben Ossietzky war auch Tomáš Garrigue Masaryk, der Begründer und Staatspräsident der Tschechoslowakei, vorgeschlagen worden. Einige versuchten nun, Masaryk zum Verzicht zu überreden. Im November 1935 schrieben fünfzehn amerikanische Gelehrte an Masaryk. Ebenso Albert Einstein und Thomas Mann. Letzterer hatte eine besondere Verbindung zu Masaryk. Als Staatspräsident hatte dieser Thomas Mann und dessen Familie die tschechische Staatsangehörigkeit verliehen. Mann versuchte Masaryk und das Osloer Komitee in zwei Briefen zu überzeugen, wie wichtig Ossietzkys Wahl wäre.

Seine Oldenburger Rede schließt Willy Brandt so: „Ich meine, aus der Methodik der Ossietzky-Kampagne ließe sich auch mancher Nutzen für aktuelle Auseinandersetzungen ableiten, die das Ringen um Menschenrechte zum Gegenstand haben. Nicht auf lautstarke Selbstdarstellung kommt es dabei an, sondern auf gezielte, möglichst konkrete Hilfe – nicht auf gruppenegoistische Sonderinteressen, sondern auf breite, möglichst intelligente Bündnisse gegen die Herausforderer von elementarer Menschlichkeit und simplem Rechtsanspruch."

✡

Ossietzky wurde gewählt, und diese Wahl hinterließ ihre Spuren, nicht nur in Deutschland, sondern auch im Nobel-Komitee. Es wurde kurz vor der Entscheidung 1936 umbesetzt, der damalige sozialdemokratische Außenminister Koth verließ die Jury, um den Druck der Hitler-Regierung abzufangen, ebenso der liberale Parteivorsitzende und frühere Ministerpräsident Mowinckel. Neu ins Gremium kamen dafür ein Bankdirektor und der Journalist Martin Tranmäl.

Interessant in diesem Zusammenhang ist auch die Geschichte um Knut Hamsun. Er hatte am 22. November 1935 in den Osloer Zeitungen *Aftenposten* und *Tidens Tegn* gegen Ossietzky polemisiert. „Dieser eigentümliche Friedensfreund dient nun seiner Friedensidee dadurch, den Behörden seines Vaterlandes permanent unbequem zu sein", schrieb Hamsun. Er habe sich absichtlich einsperren lassen, um den Leuten im Ausland Agitationsstoff zu geben, er hätte ja fliehen können. Die norwegische Öffentlichkeit reagierte empört. Schriftsteller wie Sigrid Undset protestierten. Die Anfeindungen waren umso bitterer, als Ossietzky zu den Bewunderern Hamsuns zählte. Noch kurz vor seinem Tod 1938 hatte Ossietzky versucht, ihm trotz der Schmähungen einen Gruß zukommen zu lassen. In Briefen an die in Paris arbeitende Journalistin Hilde Walter äußert Willy Brandt den Verdacht, Knut Hamsun habe sich direkt von den Nazis missbrauchen lassen. „Ich glaube, dass es sich um einen bestellten Artikel handelt. Er wird darum wahrscheinlich auch in der Presse anderer Länder auftauchen. Hamsuns Artikel wirkte hier wie eine Bombe", schrieb Brandt am 25. November 1935.

Carl von Ossietzky starb 1938 an den Folgen seines Herzleidens und der schweren Tuberkulose, es gab Gerüchte, man habe ihm im Lager Sachsenhausen Tuberkulosebakterien injiziert und ihn so zum todkranken Mann gemacht.

✡

Breite Unterstützung aus Deutschland erfuhr in den 80er Jahren der Auschwitz-Überlebende Elie Wiesel. 83 Bundestagsabgeordnete von CDU/CSU und SPD schlugen den Vorsitzenden des amerikanischen Holocaust-Komitees vor, zudem eine Reihe internationaler Persönlichkeiten. Wiesel war 1985 als schärfster Kritiker von Ronald Reagans Besuch auf dem Soldatenfriedhof in Bitburg aufgetreten, hatte dies als „Affront gegen die Geschichte" bezeichnet. Mitbewerber um den Friedensnobelpreis waren damals Winnie und Nelson Mandela, der irische Popsänger Bob Geldof für die Organisation der Band-Aid-Konzerte zugunsten der Hungerhilfe in Afrika und der Nazi-Jäger Simon Wiesenthal. Es war wohl nicht ohne symbolische Bedeutung – 50 Jahre nach Ossietzky erhielt Elie Wiesel den Preis. In seiner Osloer Rede sprach der jüdisch-amerikanische Schriftsteller vor allem über die Folgen des Holocaust: „Wenn wir vergessen, sind wir mitschuldig und Mittäter." Was in dieser Preisverleihung klar zum Ausdruck kam, ist dies: Jenes Horror-Ereignis Judenvernichtung, in der Weltgeschichte eine einzigartige Zäsur, hat ein Vakuum hinterlassen, das alle Gedanken ansaugt und zurücklenkt.

*

In der Öffentlichkeit wird der Friedensnobelpreis seit der ersten Preisverleihung 1901 neben dem Literaturnobelpreis am stärksten beachtet. Anfangs des 20. Jahrhunderts, als Oslo noch Kristiania hieß und Norwegen sich in einer Union mit Schweden befand, gab es vor allem Attacken der schwedischen Konservativen, die einen Missbrauch der Entscheidungen durch den Storting fürchteten. Alfred Nobel wusste vermutlich um diese Probleme, zumindest waren ihm die Unabhängigkeitsbestrebungen der Norweger bekannt. Es kann durchaus sein, dass er sich für den Storting entschied, weil er den norwegischen Autor und Politiker Bjørnstjerne Bjørnson schätzte und honorieren wollte, dass der Storting als erstes nationales Parlament die internationalen Friedensbewegungen unterstützte, mit denen Nobel aufgrund seiner Gespräche mit Bertha von Suttner ebenfalls sympathisierte.

Dabei kann man davon ausgehen, dass Nobel den Friedenspreis nicht als Machtinstrument eingesetzt haben wollte. Wichtiger war ihm der internationale Ansatz. Dabei schien ihm ein kleines Land im Norden Europas, politisch unbedeutend im Spiel der Großmächte, auch besser geeignet als das mächtigere Schweden. Er versprach sich davon am ehesten, dass sein wohl im Rückblick revolutionärster Gedanke im Testament, nämlich die internationale Ausrichtung, in einer nationalen, ja nationalistischen Zeit umgesetzt werden könne. Auch im Vorschlagsrecht ist der internationale Gedanke erkennbar, nicht nur die Mitglieder der Norwegischen Nobel-Komitees und die nationaler Parlamente dürfen Namen und Organisationen vorschlagen, auch international tätige Organisationen wie der Internationale Gerichtshof in Den Haag oder das Institut des Internationalen Rechts in Gent.

*

Je größer die öffentliche Aufmerksamkeit, umso mehr greifen auch öffentliche Kampagnen. Es gab im Laufe der Jahre immer wieder heftige Proteste gegen die Entscheidungen der Jury. Die Preise für Anwar as Sadat und Menachem Begin im Jahr 1978 und für Yizchak Rabin, Schimon Peres und Yassir Arafat 1994 sollten Ausdruck der Hoffnung sein im Palästinenserkonflikt. Es scheint, als hätten die Preise nicht viel bewirkt. Die Ermordung Rabins hat den Friedensprozess im Nahen Osten weit zurückgeworfen, heute regieren dort wieder die Hardliner und mit ihnen die Gewalt. Es ist durchaus vorstellbar, dass das Komitee nochmals einen Preis nach Israel und Palästina vergibt, falls dieser Konflikt doch noch überwunden werden kann. Man kann dies kritisieren, doch gleichzeitig zeigt es eben auch, dass man sich gerade in Oslo an der globalen Politik beteiligen möchte, die eben auch von Rückschlägen und zähem Ringen begleitet ist.

In den 70er Jahren steckte der Friedensnobelpreis in einer Krise. Zu viele zweifelhafte Entscheidungen hatten dazu geführt, dass in Norwegen ein Volksfriedenspreis als Alternative verliehen wurde, aus Spenden der Öffentlichkeit. Der Stifter des Alternativen Nobelpreises, Jakob von Uexküll, erzählt, er habe damals im Flugzeug einmal einen israelischen Physikprofessor getroffen. Er war vorschlagsberechtigt für Physik in diesem Jahr. Begin war mit dem Friedensnobelpreis ausgezeichnet worden. Er sagte dem Komitee in Stockholm, er wolle Begin für den Physik-Nobelpreis vorschlagen. Sie waren entsetzt. Er antwortete: Wieso, den verdient er doch genauso wie den Friedensnobelpreis.

✡

Es ist schwer, bestimmte politische Linien hinter den Friedenspreisverleihungen auszumachen. Zu unterschiedlich sind die Preisträger und Organisationen. Zu viele Verwerfungen brachte das 20. Jahrhundert. Erkennbar sind das Prinzip Hoffnung und eine stark appellative, manchmal erzieherische Absicht.

Natürlich kann man historische Zäsuren ausmachen, das Ende der Belle Époque mit dem Ersten Weltkrieg, seinen Grausamkeiten auf den Schlachtfeldern. Es war der erste Krieg mit Massenvernichtungswaffen. Die Welt danach war eine andere, die optimistische Sicht verloren. Natürlich hatte auch der Versailler Vertrag seine Auswirkungen, Deutschland sollte im Zaum gehalten werden. Ein Versuch, der gründlich misslang, der zu einem noch schrecklicheren Krieg führte. Das Morden ganzer Völker begann, die systematische Vernichtung der Juden. Dazwischen schob sich mit den 20er Jahren eine kulturell spannende Zeit, vor allem in den großen Metropolen Berlin und Paris. Dem Zweiten Weltkrieg folgte der Kalte Krieg mit starken Ost-West-Spannungen, mit der Teilung Deutschlands als starkes Symbol. Diese Phase und damit die Nachkriegszeit endete eigentlich erst mit dem Fall der Berliner Mauer.

Mit Michail Gorbatschov ist dafür auch einer der zahlreichen Staatsmänner ausgezeichnet worden. Bisweilen sind derartige Entscheidungen auch ein Tribut an Machtverhältnisse im großen Weltgeschehen. Der erste ausgezeichnete Staatsmann war 1906 der amerikanische Präsident Theodore Roosevelt. Viele amerikanische Zeitungen fanden die Auszeichnung damals kurios, die *New York Times* kommentierte später, „ein breites Lächeln erhellte das Gesicht des Globus, als der Preis verliehen wurde … an den kriegsliebendsten Bürger der Vereinigten Staaten“.

Was aber nicht bedeutet, dass die großen Männer der europäischen Nachkriegspolitik ausgezeichnet wurden: nicht Adenauer, nicht Churchill, nicht Truman. Die Zeiten des Kalten Krieges waren auch in Oslo bemerkbar.

✡

Über den Friedensnobelpreis wird auch deshalb am stärksten diskutiert, weil die Vergabe sich am engsten an den politischen und international ausgerichteten Absichten Nobels ausrichtet. Ausgezeichnet werden meist aktuelle Ereignisse. Wer den Mut hat, hier einzugreifen, begibt sich automatisch in das Machtgefüge der Weltpolitik. Lundestad äußerte sich auch zu einer stark umstrittenen Entscheidung: „Der Preis 1973 an Henry Kissinger und den Vietnamesen Le Duc Tho war in meinen Augen zu kontrovers: Zwei der Mitglieder verließen das Vergabekomitee. Le Duc Tho hat die Auszeichnung abgelehnt, und Kissinger hat sie sich nicht persönlich abgeholt. Unsere Kriterien waren wahrscheinlich zu realistisch. Das Komitee hat immer pragmatisch und der Zeit angemessen entschieden. Das heißt mit einer besonderen Mischung aus Realismus und Idealismus. Das sind die Grundwerte norwegischer Außenpolitik."

Die Nobelstiftung ist dabei nicht für die Misserfolge bestimmter Friedensbemühungen zuständig. Als Fehler kann man anführen, dass man zu sehr auf bereits bekannte Personen, vor allem Staatsmänner, setzt, denen ein Nobelpreis keine zusätzliche Autorität mehr verleihen kann. Das legt die große Schwäche dieser Auszeichnung in den Fällen offen, wo sie auf die Vertreter der Mächtigen setzt. Diese sind immer Teil eines Systems, das nach eigenen Regeln funktioniert. Der Nobelpreis war immer dann von wirklich großer Bedeutung, wo es um Anerkennung unabhängiger Bewegungen oder Gedanken ging.

✡

Intensiv diskutiert wird in Oslo, ob man nicht endlich den Prozess der europäischen Integration würdigen sollte. Geir Lundestad hat sich in einigen Zeitungsartikeln dafür ausgesprochen, den Nobelpreis bald für Verdienste rund um die europäische Integration zu vergeben.

Dann käme wohl trotz der deutschen Parteispendenaffäre und anhaltender Spekulationen um Schmiergeldzahlungen auch Helmut Kohl in Frage – vermutlich zusammen mit einem anderen europäischen Politiker. Die Frage wäre nur: Wer? – Mitterrand als zweite zentrale Figur lebt nicht mehr. Kohl wäre der fünfte deutsche Friedenspreisträger nach Gustav Stresemann und Ludwig Quidde und Carl von Ossietzky und Willy Brandt.

In der jüngsten Zeit hat sich das Komitee in Oslo auch offen gezeigt gegenüber dem Thema Umweltschutz. Darauf soll, so Lundestad, in Zukunft verstärkt geachtet werden. In Oslo wappnet man sich offenbar gegen die Konkurrenz des Alternativen Nobelpreises, der die Schwerpunkte Umweltschutz und Menschenrechte hat. Noch etwas hat man sich 1994 einfallen lassen, was es in Stockholm zur Preisverleihung so noch nie gab: ein kostenloses, öffentliches Konzert mit Superstars wie Tina Turner, Phil Collins, Sting, Alanis Morissette, Mariah Carey und die norwegische Band *a-ha*. Dazu werden Künstler aus der ganzen Welt nach Oslo eingeladen. Das Konzert wird jedes Jahr in 100 Länder übertragen, ein Symbol für einen internationalen Preis in der modernen Mediengesellschaft: Wir sind eine Welt.

Jean-Paul Sartre lehnte 1964 den Nobelpreis für Literatur ab

Die Verweigerung

„Niemand macht die Geschichte, man sieht sie nicht, wie man das Gras wachsen sieht."
(Boris Pasternak, Doktor Schiwago)

„Wer emigriert, spricht hohl ins Land hinein."
(Carl von Ossietzky)

Die Szene in jenem Herbst hatte ihren eigenen Charme: Sartre saß mit Simone de Beauvoir gerade beim Mittagessen im Café de Flore nahe ihrer Pariser Wohnung, als ein Journalist vorbeikam und die Nachricht vom Nobelpreis überbrachte. Weil Sartre nicht wollte, dass die französische Presse seine Entscheidung als erste abdruckte, nahm er dazu zunächst nicht Stellung und gab später seine erste offizielle Erklärung einem schwedischen Journalisten gegenüber ab. Dieser leitete sie über einen Vertreter des Verlags Gallimard nach Stockholm weiter. Es ist der 22. Oktober 1964 – Sartre lehnte ab. In Frankreich erschien seine Entscheidung am 23. Oktober in *Le Monde* und im *Figaro*.

Der Skandal war da. Noch nie in der Geschichte des Literatur-Nobelpreises hatte jemand freiwillig die Annahme des Nobelpreises abgelehnt. Sartre betonte, seine Weigerung beruhe auf „persönlichen und objektiven Gründen".

Die Schwedische Akademie hatte Jean-Paul Sartre ausgewählt, da seine Arbeit – reich an Ideen und erfüllt vom Geist der Freiheit und der Frage nach der Wahrheit – einen weitreichenden Einfluss auf seine Zeit habe. Sein autobiografischer Essay „Les mots" (dt. „Die Wörter") hatten die internationale Literaturszene wieder auf den Schriftsteller und Philosophen aufmerksam gemacht. Im Oktober äußerte ein schwedischer Korrespondent in *Le Figaro Littéraire* die Vermutung, Sartre könnte der diesjährige Gewinner sein. Am 14. Oktober schickte Sartre folgenden Brief an die Schwedische Akademie, um sie von seiner Wahl abzuhalten: „J. P. Sartre, 222 Bd. Raspail,

Paris. Sehr geehrter Herr Sekretär, nach bestimmten Informationen, von denen ich heute Kenntnis erhalten habe, soll ich einige Chancen haben, dieses Jahr den Nobelpreis zu erhalten. Doch aus mir ganz persönlichen Gründen und aus anderen, objektiveren Gründen, die hier nicht darzulegen sind, wünsche ich nicht, auf der Liste der möglichen Preisträger zu erscheinen, und weder 1964 noch später kann ich diese ehrenvolle Auszeichnung annehmen."

Die Beweggründe beschreibt Ronald Hayman in seiner Sartre-Biografie „Writing against". Seine Haltung etwa zu den Guerillas aus Venezuela beträfe nur ihn, nicht die, die ihn auszeichneten, so Sartre. Jedenfalls könne er keinen Preis akzeptieren, den nur westliche Schriftsteller oder sowjetische Dissidenten angeboten bekämen. Sartre fand es bedauerlich, dass Pasternak den Preis vor Scholochow erhalte und dass das einzige sowjetische Werk, das einer Auszeichnung würdig sei, im Ausland veröffentlicht wurde, zu Hause aber verbannt sei.

Als Zeichen der Solidarität mit den sowjetischen Schriftstellern kann man werten, dass eine russische Übersetzung von „Les mots" im Oktober und November 1964 in der sowjetischen Zeitschrift *Nowij Mir* mit einem Vorwort von Sartre erschien, das am 10. Oktober abgedruckt wurde. *Le Monde* übernahm Auszüge daraus wenige Tage nach der Ablehnung Sartres.

*

Als die Wahl am 22. Oktober dennoch auf ihn fiel, verkroch sich Sartre in der Wohnung von Simone de Beauvoir. Schon in den Wochen zuvor hatte er mit ihr über den Preis diskutiert. Der italienische Philosoph Enzo Paci konfrontierte ihn als erster mit der Möglichkeit, er könne Nobelpreisträger werden, als er ihn arglos nach der Rede fragte, die er im Falle einer Preisverleihung halten würde. Es gab einige Leute, die ihn drängten, die Ehre anzunehmen. Doch Simone de Beauvoir war nach Gesprächen mit Freunden, etwa mit Nizans Tochter, der Frau von Olivier Todd, mit dem Sartre 1957 über die Arbeit an seiner Autobiografie gesprochen hatte, vom Gegenteil überzeugt. Vor allem beschäftigten Sartre die politischen Folgen seiner Entscheidung.

Der französische Philosoph hatte es immer abgelehnt, offizielle Ehrungen entgegenzunehmen. Er verweigerte die Mitgliedschaft in Ehrenlegion und Collège de France. Ein Schriftsteller, der eine solche Ehre annehme, würde seine persönlichen Belange mit denen der auszeichnenden Einrichtung verbinden, war Sartres Credo. Ein Autor sollte es nicht zulassen, in eine Institution verwandelt zu werden. Hatte er Angst, er würde vereinnahmt von der antikommunistischen „rechten" Seite, nachdem er 1956 aus der Kommunistischen Partei ausgetreten war?

Unter den „objektiven Gründen" gab Sartre seine Überzeugung an, dass der Austausch zwischen Ost und West, zwischen Menschen und Kulturen, ohne Einfluss von Institutionen stattfinden müsse. Zudem seien bislang Schriftsteller aller Ideologien und Nationen nicht gleichermaßen berücksichtigt worden, so dass seine Annahme ungerecht interpretiert werden könnte.

Ein Blick auf die Statistik bestätigt das. Allein in die USA, nach Großbritannien, Deutschland und Frankreich zusammen waren mehr Preise gegangen als in alle anderen Länder. So war der Preis zwar Pasternak verliehen worden, aber keinem Sowjetautoren, der nicht auch Dissident war, er ging an Camus, aber an keinen westlichen Kommunisten. Pasternaks „Doktor Schiwago" war bis zur Auszeichnung in Russland nicht erschienen, der Roman kam dort erst 1988 offiziell heraus.

Das Echo auf Sartres Verweigerung war monatelang hörbar. Der französische Philosoph Gabriel Marcel nannte Sartre in den *Nouvelles Littéraires* einen Mann „mit der Lizenz zur Korruption", André Breton meinte, eine perfekte politische Aktion zu erkennen, eine „Propagandaoperation zur Unterstützung des Ostblocks". Der Marxist Kostas Axelos wiederum schrieb, Sartre hätte genauso gut unter Hitler wie unter Stalin leben können.

Das unterschwellige Thema hinter der Verweigerung ist klar: Wie geht man mit seiner eigenen politischen Gesinnung um? Der Nobelpreis ist, nimmt man ihn ernst, auch eine politische Äußerung. Kaum jemand hat das so klar werden lassen wie Jean-Paul Sartre. Zu Lebzeiten schon ein gefeierter Star unter den Intellektuellen und zwischendurch in der Versenkung verschwunden, war dieser große Schriftsteller und engagierte Aktivist auch so etwas wie das Gewissen der Welt geworden. Gespaltenheit und Schärfe im Denken: Sartre verkörpert beides. Die Verweigerung als Mittel hatte er oft eingesetzt. Vor allem aber war er unberechenbar. Sein Ruhm in der Weltöffentlichkeit nahm durch die Verweigerung eher zu. In seinen autobiografischen Erinnerungen „Les mots" schrieb er: „Das Zauberkunststück glückte: ich begrub den Tod im Leichentuch des Ruhms."

✲

Das einzige, was Sartre an der Resonanz nervte, waren die ständigen Anfragen der Leute, er sollte ihnen doch das Geld schicken.

Beinahe wäre Samuel Beckett 1969 Sartres Beispiel gefolgt, und hätte die Auszeichnung abgelehnt. Beckett floh heimlich in ein kleines Dorf in Tunesien, um der Öffentlichkeit zu entgehen. Als die Reporter ihn aufspürten, stimmte Beckett nur unter der Bedingung zu, dass sie keine Fragen stellten. Als einer der Kameraleute sich leise rechtfertigte, dass er seine Aufnahmen machte, sagte Beckett: „Das ist in Ordnung. Ich verstehe das." Das war seine einzige öffentliche Äußerung zur Preisverleihung. Becketts Frau Suzanne Deschevaux-Dumesnil kommentierte die Auszeichnung mit den Worten: „Das ist eine Katastrophe." Zur Zeremonie in Stockholm schickte Beckett seinen Pariser Verleger M. Jérôme Lindon.

Schon 1926 hatte George Bernard Shaw den Nobelpreis abgelehnt, später seine Haltung revidiert und die Ehrung angenommen. Er kritisierte die späte Verleihung, auch bei anderen Autoren. Shaw selbst war damals schon 70 Jahre alt: „Das Geld ist ein Rettungsanker, der einem Schwimmer zugeworfen wird, nachdem er das rettende Ufer erreicht hat." Das Geld wollte Shaw nicht, er gab es an einen Fonds „zur besseren geistigen Zusammenarbeit zwischen England und Schweden", damit vor allem Strindbergs Werke übersetzt werden konnten.

✲

Wieso lehnte Jean-Paul Sartre ab? Wer Schreiben als Form des Widerstands ernst nimmt, kann nicht Geld und Ruhm höher bewerten als die politische Konsequenz. Natürlich war Sartre geehrt, er hat das auch gegenüber dem Nobel-Komitee ausgedrückt. Doch mehr noch war er sich der politischen Wirkung bewusst. In diesem Zusammenhang war der Zeitpunkt der Wahl entscheidend: Mitte der 60er Jahre in einer Welt des Kalten Kriegs wollte er sich nicht zum Instrument machen lassen. Sartre durchschaute die Lügen und die Illusionen dieser Zeit genauer als viele Zeitgenossen.

*

Man muß noch einmal sechs Jahre zurückgehen, ins Jahr 1958. Boris Pasternak war gerade als Literatur-Nobelpreisträger gekürt worden für seinen gesellschaftskritischen Roman „Doktor Schiwago". Der italienische Verleger Giangiacomo Feltrinelli hatte das Manuskript auf abenteuerliche Weise besorgt und das Buch 1957 zunächst in Mailand herausgebracht, gegen Pasternaks Willen in der Urmanuskriptfassung. Das Buch, entstanden in den Jahren 1946 bis 1955, wurde nicht zuletzt deshalb ein Welterfolg, weil der sowjetische Schriftstellerverband versuchte, das Erscheinen zu verhindern.

Im Roman „Doktor Schiwago" ist zu lesen: „Jetzt glaube ich, dass sich mit Gewalt nichts erreichen läßt, das Gute muss man durch Gutes verwirklichen." Die Auszeichnung erfolgt in einem Jahr, in dem in einem Klima des Kalten Krieges westliche Propagandisten Passagen aus „Doktor Schiwago" politisch verwendeten. Pasternak verwehrte sich gegen diese „Antikommunismus"-Zitate: „Alle schreiben sie darüber. Aber was zitieren sie denn? Immer die gleiche Stelle, vielleicht drei Seiten aus einem Buch von siebenhundert Seiten." So fiel seine erste Reaktion zwei Tage nach der offiziellen Bekanntgabe der Schwedischen Akademie am 5. Oktober 1958 auch noch euphorisch aus. In einem Telegramm schrieb Boris Pasternak: „Unendlich dankbar, bewegt, stolz, erstaunt, beschämt."

Doch Moskau lebte noch im Schatten Stalins. Der Gegenschlag folgt: Eine ungewöhnliche Hasskampagne seitens der Sowjetpresse und des sowjetischen Schriftstellerverbandes, der ihn aus seinen Reihen ausstieß, zwangen Pasternak zur Rückgabe. Man nannte ihn „räudiges Schwein". Vor seinem Haus in Peredelkino lungerten tagelang Gruppen organisierter Jungkommunisten herum, skandierten Tag und Nacht „Judas raus!" Die sowjetische Nachrichtenagentur TASS veröffentlichte einen Beschluss des Autorenverbandes: „Seit langer Zeit dem Leben und dem Volke entfremdet, hat sich nun Boris Pasternak, entartet und anmaßend, endgültig als Feind alles dessen erwiesen, was jedem von uns Sowjetbürgern am heiligsten ist, nämlich als ein Feind der großen Oktoberrevolution."

Der langjährige WDR-Korrespondent Gerd Ruge, der Pasternaks Gedichte „Wenn es aufklart" über die Grenze schmuggelte, erzählt davon, dass Pasternak damals an Selbstmord dachte. Schließlich reagierte Pasternak mit einem zweiten Telegramm am 29. Oktober, mit der Rückgabe seines Literatur-Nobelpreises: „Im Hinblick auf den Sinn, der der Auszeichnung in der Gesellschaft, zu der ich gehöre, gegeben wird, muss ich diesen unverdienten Preis ablehnen. Bitte nehmen Sie meine freiwillige Ablehnung nicht mit Missstimmung auf." Offiziell äußerte sich niemand in Russland positiv über „Doktor Schiwago". Bezeichnend ist die Vorsicht, mit der sich Ilja Ehrenburg ausdrückte: „Es war ein sehr wichtiges Buch. Boris Pasternak ist ein großer Dichter und ein großer Egozentriker. Ich bin allerdings noch nicht am Ende, sondern gerade bis zur Revolutionsepoche gekommen. Bis dahin, das muss ich wiederholen, ist die Beschreibung jener Zeit ganz ausgezeichnet." Es wäre Ehrenburg peinlich gewesen, ein Werk eines großen Dichters nicht anzuerkennen, meint Ruge heute, aber er habe es vermieden, sich zu jenem Teil zu äußern, den der Schriftstellerverband verurteilte.

Im gleichen Jahr wurden übrigens drei Moskauer Physik-Professoren für die Entdeckung der Tscherenkov-Strahlung ausgezeichnet, nämlich Pavel Tscherenkov, Ilja Frank und Igor Tamm. Kein Physiker hat jemals seinen Preis zurückgeben müssen. Die Folgen der Naturwissenschaften erscheinen eben berechenbarer als die der Literatur.

Dennoch kam man auch in der Sowjetunion nicht ohne die Schriftsteller aus, man brauchte sie als intellektuelles Aushängeschild des Landes. Maxim Gorki war lange von Lenin protegiert worden.

Die Sowjetregierung und auch der sowjetische Autorenverband hatten Michail Scholochow als den würdigeren Kandidaten im Vergleich zu Pasternak angesehen. Scholochow galt damals auch international schon als Nobelpreiskandidat, wurde aber erst 1965 ausgezeichnet, unmittelbar nach Sartre. Außerhalb der Sowjetunion unterstützte man – zumindest im Westen – eher die Emigranten. So beginnt die Geschichte der russischen Nobelpreisträger bezeichnenderweise mit dem im Exil lebenden Schriftsteller Iwan Bunin. Der erste russische Literatur-Nobelpreisträger war nach der Revolution 1917 nach Paris emigriert und hatte als Staatenloser 1933 den Nobelpreis erhalten. Es gibt auch heute noch Stimmen wie die von Marcel Reich-Ranicki, die Isaak Babel würdiger als Bunin erachteten.

Scholochow war im Land geblieben, er hatte sich in der Stalin-Ära geschickt verhalten, seine Arbeiten am „Stillen Don“ (zwei Bände waren bereits erschienen, zwei sollten noch folgen), einer tragischen Geschichte über einen antikommunistischen Freiheitskämpfer, unterbrochen und den linientreuen Roman „Neuland unterm Pflug“ geschrieben. Nach Stalins Tod ging er aus der Deckung: „Wenn dieses System sich erhält, werden wir selbst verlernen, Gold von Kupfer zu unterscheiden.“

Pasternak war auf die Auszeichnung nicht vorbereitet. Gerd Ruge schrieb 1958 in der *Zeit:* „Fällt die Wahl jetzt auf Pasternak, so kann das für den Dichter manche Gefahren mit sich bringen. Dann muss in der Sowjetunion das Erscheinen des Romans ‚Doktor Schiwago‘ erörtert werden. Dann werden die höchsten Führer der Sowjetunion bestimmen müssen, was mit Pasternak geschehen soll.“

Der Dichter spürte die Gefahr, er wusste, dass ihm nur die Emigration bleiben würde. Also richtete er an Chruschtschow die Bitte, von der geforderten Ausweisung aus seinem Heimatland abzusehen. Das Regime schonte ihn. Pasternak zog sich zurück auf seine kleine Datscha in Peredelkino bei Moskau. Als er am 30. Mai 1960 im Alter von 70 Jahren an einem Herzinfarkt starb, nahm die Presse kaum Notiz von seinem Tod. Den Schmerz, die Enttäuschung behielt er für sich. Nur ein Gedicht, das er ein Jahr zuvor geschrieben hatte, zeigt die Zerrissenheit.

Boris Pasternak musste 1958 die Annahme des Preises verweigern.
Die Medaille wurde 1989 nachträglich in Stockholm seinem Sohn übergeben

Der Titel dieses von Tatjana Lukina übersetzten Gedichts lautet „Nobelpreis".

Ich bin verloren, wie ein Tier in der Falle.
Es gibt irgendwo Menschen, Freiheit, und Licht,
hinter mir aber – nur Lärm der Verfolgung.
Für mich gibt es keinen Ausweg mehr.

Dunkler Wald und Ufer des Teiches,
Holzstamm einer gefällten Fichte,
der Weg ist abgeschnitten.
Komm, was kommen soll, mir ist es gleich.

Für welches Verbrechen werde ich verdammt?!
Bin ich etwa ein Mörder, ein Gangster?
Ich habe doch die ganze Welt zum Weinen gebracht,
angesichts der Schönheit meiner Heimat.

Aber auch so, dem Grabe nahe,
glaube ich, es kommt die Zeit –
da die Mächte der Finsternis
vom Geist des Guten besiegt werden.

Der Nobelpreis wurde 1989 nachträglich in Stockholm verliehen. Pasternaks Sohn nahm dort die goldene Medaille entgegen.

*

Eigentlich begann die Geschichte der Verweigerung durch Politik aber schon früher. Als nämlich 1936 der deutsche Pazifist und Journalist der Zeitschrift *Weltbühne* Carl von Ossietzky rückwirkend für den Friedensnobelpreis 1935 nominiert worden war. Die *Weltbühne* hatte immer wieder die deutsche Mobilmachung gegeißelt. Es war eine demonstrative Geste gegen die stärker werdenden Repressionen im nationalsozialistischen Vorkriegsdeutschland. Einen Mann, der gegen die Aufrüstung anschrieb, konnten Hitler und Göring nicht brauchen. Die Staatspresse reagierte prompt: „Mit Carl von Ossietzky ist der Friedensnobelpreis zum ersten Mal an einen von dem höchsten Gericht seiner Heimat verurteilten Landesverräter gefallen", schrieb das halbamtliche „Deutsche Nachrichtenbüro". Und weiter: „Die Verleihung des Nobelpreises an einen notorischen Landesverräter ist eine derart unverschämte Herausforderung und Beleidigung des neuen Deutschland, dass darauf eine entsprechend deutliche Antwort erfolgen wird!"

Der Ton war der Tonfall der Vernichtung. Carl von Ossietzky wurde damals in einem Lager gefangen gehalten. Es war sein zweiter, längerer Gefängnisaufenthalt. Schon 1931 war er wegen Landesverrats zu 18 Monaten Gefängnis verurteilt worden. Ossietzky wurde erneut in der Nacht des Reichstagsbrands verhaftet, war fünf Jahre lang als Hitlers Gefangener in den Konzentrationslagern von Papenburg-Esterwegen. Die Bekanntgabe des Preises brachte Ossietzky zunächst Erleichterungen. Er wurde in ein Krankenhaus verlegt, dort weiterhin bewacht. Den Preis konnte er nicht annehmen, auch das Preisgeld von 100 000 Mark sollte er nie erhalten.

Die Auszeichnung Ossietzkys am 23. November 1936 war eine der ersten demonstrativen Entscheidungen des norwegischen Nobel-Komitees. Hermann Göring wollte Ossietzky dazu zwingen, den Preis abzulehnen. Ossietzky verweigerte sich dem staatlichen Druck und nahm an. Das war angesichts des enormen Drucks ein großes, menschliches Zeugnis. Für die deutsche Öffentlichkeit wurde er zum Landesverräter abgestempelt, während in der deutschen Presse viel Lob für die wissenschaftliche Leistung des in Berlin arbeitenden, staatenlosen Chemikers Peter Debye geäußert wurde. Eine interessante Parallele zur Situation in der Sowjetunion 22 Jahre später.

Ossietzkys Verweigerung war eine Form des Widerstands gegen die Nazis, dessen Bedeutung vielleicht sogar die der Auszeichnung übersteigt. André Gide schrieb: „Der gerechte Spruch von Oslo empört die braunen Machthaber. Nicht nur Carl von Ossietzky selbst, sondern auch der mutigen Jury gilt meine tiefgefühlte Anerkennung." Heinrich Mann merkt an: „Ossi, der nicht mehr länger reden oder schreiben kann, hatte das Glück gehabt, das Bewusstsein der Welt für einen Augenblick hervorzurufen und es Zeugnis ablegen zu lassen zu seinen Gunsten, und die Sprache, die gesprochen wurde, war seine." Adolf Hitler untersagte 1936 allen Reichsdeutschen, den Friedensnobelpreis anzunehmen. Er schuf einen eigenen nationalen Staatspreis als Alternative, den mit dreimal 100 000 Reichsmark ausgestatteten „Deutschen Nationalpreis für Kunst und Wissenschaft". „Vorschläge werden über Reichsminister Dr. Goebbels dem Führer eingereicht", hieß es dazu in „Kürschners Deutschem Literaturkalender 1939". Der Preis wurde jährlich auf dem Reichsparteitag der NSDAP verliehen, erstmals 1937. Preisträger waren etwa Ferdinand Sauerbruch, Wilhelm Filchner, Ferdinand Porsche, Willi Messerschmidt, Ernst Heinkel.

*

Der Nobelpreis war demgegenüber Ausdruck des Bewusstseins der Welt, eine Auszeichnung mit hoher moralischer Kraft. Damit liegt das Verdienst sicherlich auch auf Seiten der Verweigerer. Vielleicht sogar mehr, als bislang in der Geschichtsschreibung wahrgenommen wurde.

Dabei darf man nicht vergessen, dass Alfred Nobel nicht sein ganzes Leben lang rein moralische Ziele verfolgt hatte. Das Geld für die Auszeichnungen stammte aus Geschäften mit Sprengstoff, mit Dynamit. „Wie der Nobelpreis, sobald wir ihn aller Feierlichkeit entkleiden, auf der Entdeckung von Dynamit fußt, das wie andere menschliche Kopfgeburten – sei es die Spaltung der Atome, sei es die gleichfalls nobelierte Aufschlüsselung der Gene – das Wohl und das Wehe in die Welt gesetzt hat, so beweist Literatur ihrerseits Sprengkraft, wenngleich die von ihr ausgelösten Explosionen verzögert, sozusagen in Zeitlupe zum Ereignis werden und die Welt verändern: gleichfalls als Wohltat und Anlass zum Wehgeschrei für das Menschengeschlecht." Das sagte Günter Grass 1999 bei der Preisverleihung in Stockholm.

Wohltat und Anlass zum Wehgeschrei, das beschreibt auch die Wirkung der noblen Auszeichnung. Dieser Zwiespalt liegt dem Nobelpreis untrennbar zugrunde. Auf dem Bankett 1964 merkte S. Friberg, der Rektor des Carolina-Instituts, dazu an: „Herr Sartre sah sich außerstande, den diesjährigen Nobelpreis für Literatur anzunehmen. Es gibt immer eine Diskussion um die Preisvergabe, bei der sich jeder für fähig hält, zu urteilen, oder die er nicht versteht und deshalb kritisiert. Aber ich denke, Nobel hätte unserer Wahl in diesem Jahr sehr zugestimmt. Die Verbesserung der Welt ist der Traum jeder Generation, und dies gilt speziell für den wahren Dichter und Wissenschaftler. Das war Nobels Traum. Das ist eine Messlatte für die Bedeutung eines Wissenschaftlers. Und dies ist die Quelle und Stärke von Sartres Inspiration. Als Autor und Philosoph war er eine zentrale Figur in der Nachkriegsliteratur und in der intellektuellen Diskussion – bewundert, diskutiert, kritisiert. Sartres Existenzialismus kann man verstehen in dem Sinne, als der Grad des Glücks, den ein Einzelner erreichen kann, bestimmt wird von seinem Willen, Haltung zu bewahren in Einklang mit der eigenen Ethik und alle Konsequenzen zu akzeptieren."

Der amerikanische Essayist Ralph Waldo Emerson hat das, was Friberg meinte, einmal kürzer ausgedrückt: „Nichts ist so heilig wie die Integrität des eigenen Bewusstseins."

*

Die Liste der Verweigerer wäre unvollständig, würde sie nicht den vietnamesischen Friedensnobelpreisträger Le Duc Tho mit einschließen, der sich den Preis mit Henry Kissinger teilen sollte. Tho, der mit Ho Chi Minh die Kommunistische Partei Indochinas gegründet hatte, war als Verhandlungsführer auf vietnamesischer Seite für den Waffenstillstand am 28. Januar 1973 als Preisträger nominiert worden. Tho lehnte mit der Begründung ab, dass seine Bemühungen zwar zu einem Sieg über die „amerikanische Aggression und den Imperialismus" geführt hätten, es jedoch keinen echten Frieden in Südvietnam gebe. Damit sollte er Recht behalten. Trotz internationaler Kritik blieb der Preis bis zum 1. Oktober 1974 reserviert. Der Waffenstillstand führte nicht unmittelbar zum Frieden, die USA konnten lediglich ihre Truppen abziehen und die Gefangenen auslösen. 1975 schon zogen die Kommunisten in Saigon ein. Die Wirklichkeit hat die Absicht, die hinter der Preisvergabe steckte, damals sehr schnell sinnlos erscheinen lassen. Und eigentlich hat Le Duc Tho die Entwicklung mit seiner Entscheidung schon vorweggenommen.

„Es ist mein ausdrücklicher Wille, dass bei der Preisverteilung keine Rücksicht auf die Zugehörigkeit zu irgendeiner Nation genommen wird", hatte Nobel verfügt. Es ist wohl bis heute so, dass der Preis mehr die unmittelbare öffentliche Wirkung bedenkt als die radikale Geste, die starke persönliche Überzeugung einer einzelnen Person. Was macht es da, wenn Jean-Paul Sartre im September 1975 über einen Mittelsmann angefragt hat, ob er 200 000 Mark des Nobelpreisgelds ausgezahlt bekommen könne? Das war nicht mehr möglich, das Geld war zwischenzeitlich dem Fonds der Nobelstiftung zugeflossen. Lars Gyllensten, Mitglied der Schwedischen Akademie von 1966 bis 1989, erzählt von dieser Episode in seinen im Jahr 2000 veröffentlichten Memoiren „Minnen, bara minnen" („Erinnerung, nur Erinnerung").

Gerade die Schwedische Akademie, die für die Literatur-Nobelpreise zuständig ist, hat in den vergangenen Jahren durch eigenwillige Entscheidungen ihren Ruf beschädigt. Das Mittelmaß hat dieses Gremium erobert. Immer mehr ist von Gewinnsucht, Intrigen und Inkompetenz zu hören. Was also ist die Lehre dieser Verweigerungen ganz unterschiedlicher Natur? Verweigerer wie Sartre, Pasternak oder Ossietzky sind für die Geschichte und die Lebendigkeit dieser begehrten Auszeichnung unersetzlich. Weil sie exemplarisch von den Brüchen in der Gesellschaft des 20. Jahrhunderts erzählen, von autoritären Systemen, von Macht und Verrat. Ein Preis spiegelt eine Gesellschaft wider. Auf Jean-Paul Sartre! möchte man da sagen. Immer noch. Der Philosoph zählt, obwohl er die Ehre verweigerte, bis heute als Nobelpreisträger. Der Preis entlässt niemanden.

Die Alternative

„Die Gesellschaft braucht Vorbilder, besonders in einer derartig konfusen Zeit wie heute, in einem derartig konfusen Jahrhundert, wie es das letzte war. Es müssen nur die richtigen Vorbilder sein."
(Jakob von Uexküll, Stifter des Alternativen Nobelpreises)

Diese Geschichte könnte überall auf der Welt spielen. Da gibt es auf der einen Seite diejenigen, die für ihre Rechte kämpfen, die Schwächeren, wie die türkischen Bauern unweit von Bergama, dem alten Pergamon. Dann gibt es mächtige Gegenspieler, die meist als die Bösen gelten. Es ist das alte Spiel David gegen Goliat. Die Bauern protestierten gegen den Goldabbau mit hochgiftigem Zyanid, ein weltweit umstrittenes Verfahren. Unfälle mit Zyanid gab es in Rumänien, in Kumtor in Kirgisien und im südamerikanischen Guyana. Überall wurden Flüsse oder das Grundwasser verseucht. Die türkische Umweltaktivistin Birsel Lemke unterstützte die Bauern. Für ihren Einsatz in Rumänien hat sie den Alternativen Nobelpreis erhalten.

Ein wenig scheint man sich auf die Rolle der vermeintlich Schwachen festgelegt zu haben beim Alternativen Nobelpreis. Korrekt heißt er eigentlich „Right Livelihood Award", zu deutsch Preis für ein verantwortungsvolles Leben, gedacht als Auszeichnung für Menschen, die „mit praktischen und exemplarischen Lösungen an den wirklichen Problemen unserer Zeit arbeiten". Seit 1980 gibt es ihn, gestiftet vom deutsch-schwedischen Journalisten und Briefmarkenhändler Jakob von Uexküll. Eigentlich hatte er der Nobelstiftung weitere Preise für Ökologie und „das Wissen und die Weisheit des Südens", also der Dritte-Welt-Länder, vorgeschlagen, denn seiner Meinung nach waren die Nobelpreise zu sehr auf elitäres Wissen ausgerichtet. „Wissenschaftliche Nobelpreise gehen nur an etablierte Forschung", sagt von Uexküll. Die Nobelstiftung lehnte den Vorschlag ab, wie auch eine ähnliche Idee des amerikanischen Politikers und späteren Vizepräsidenten Al Gore, der wiederholt einen Ökologiepreis ins Spiel brachte.

Auch der ehemalige Bundespräsident Richard von Weizsäcker hatte eine derartige Initiative unterstützt, ohne Erfolg.

Also musste von Uexküll das tun, was er eigentlich nicht geplant hatte, sich selbst um diesen Preis kümmern. Das erschien ihm sinnvoller, als das Geld etwa in ein Buchprojekt oder eine Zeitschrift zu investieren, in dem über Lösungen zu aktuellen Problemen geschrieben wurde: „Ich merkte, dass das Bedürfnis nach so einem Preis sehr groß war. Das war eine Zeit, in der die Friedensnobelpreise auf der falschen Schiene liefen. Ich habe von der materiellen Verarmung in den Ländern des Südens gesprochen und von der geistigen Verarmung, der Sinnlosigkeit in den Ländern des Nordens."

*

Der Mythos der Gründung taugt zur Imagebildung. Nicht Dynamit – und damit die Gefahr der Zerstörung – liefert die Basis des Alternativen Nobelpreises, sondern harmlose Briefmarken. Jakob von Uexküll verkaufte tatsächlich seine wertvolle Sammlung, um seine Auszeichnung mit einem würdigen Preisgeld auszustatten. Wer sich mit einem Preis im Geiste Nobels schmücken möchte – auch wenn das mittlerweile gängige Beiwort „Alternativer Nobelpreis" von Journalisten später hinzugefügt wurde –, kommt ohne eine hohe Preissumme nicht aus. Der Alternative Nobelpreis wird seit 1980 jährlich am 9. Dezember vergeben, dem Tag vor der Verleihung des Nobelpreises. Seit 1985 findet die Zeremonie im schwedischen Parlament statt. Es ging darum, das Denken und die Prioritäten, die hinter diesem bekanntesten internationalen Preis stehen, „möglichst zeit- und platznah herauszufordern", sagt von Uexküll. „Ich wollte eine Diskussion entfachen über die Prioritäten, die wir heute belohnen. Es geht mir nicht darum, einen Anti-Preis zu schaffen, es gibt gute und schlechte Nobelpreisträger. Würde ich einen Preis, der als Alternative zum Nobelpreis gesehen ist, in der Schweiz im Juni verteilen, würde das nicht auffallen. So haben wir eine Aufmerksamkeit bekommen, die andere neue Preise wie der Goldmann-Award nicht bekommen haben. Wir haben eine Nische gefunden."

In der Redaktionskonferenz von *Dagens Nyheter,* einer der beiden größten schwedischen Tageszeitungen, wurde damals ernsthaft diskutiert, ob das ein CIA- oder KGB-Komplott sei, um den Nobelpreis zu diskreditieren. „Im zweiten Jahr war ich der verrückte Idealist, der Spinner, im dritten Jahr wurde die Sache ernst genommen. Eine Abgeordnete des schwedischen Parlaments hat die Preisträger eingeladen, im fünften Jahr hat sie eine Gruppe von Parlamentariern aller Lager versammelt, die den Parlamentspräsidenten baten, die Preisverleihung im Parlament auszurichten." Damit war der Alternative Nobelpreis in der Demokratie verankert. Man darf spekulieren, ob einzelne Politiker des Parlaments so ihre Kritik am Nobelpreis zum Ausdruck bringen wollten. Verhindern konnte man den Preis nicht mehr, und am meisten war man bei der Nobelstiftung unglücklich darüber, dass die Presse den Preis Alternativen Nobelpreis taufte.

✡

Jakob von Uexküll, 1944 in Uppsala geboren, ist ein zurückhaltender, ruhiger Mann. Der schwedische und deutsche Staatsbürger arbeitete als freiberuflicher Journalist und Dolmetscher, lebte damals von seinem Briefmarkenhandel mit Spezialgebiet Postgeschichte Saudi-Arabiens. Er ist der Sohn des Autors und Journalisten Gösta von Uexküll und Enkel des Biologieprofessors Jakob von Uexküll. Er war Mitglied des Europäischen Parlaments, nominiert von den Grünen in Deutschland, und war im Vorstand von Greenpeace Deutschland. Im Rahmen seiner journalistischen Arbeit besuchte er Menschenrechts- und UN-Konferenzen. Dort war ihm klar geworden, dass Lösungen für drängende Probleme existierten, diese aber nicht ernst genommen wurden. Also wollte er auf diese vorhandenen Lösungen aufmerksam machen mit einem Preis. „Wenn jemand wie ich in Schweden aufgewachsen ist, ist einem klar, dass jemand ernst genommen wird, wenn er einen Nobelpreis bekommen hat", sagt Jakob von Uexküll.

✡

„Der erste sozialdemokratische Premierminister Hjalmar Branting war damals sehr gegen die Nobelpreise. Er meinte, man solle nach seinem Verständnis der schwedischen Sozialdemokratie, dass alle gleich sind, niemanden hervorheben durch einen Preis. Ich bin anderer Ansicht. Ich denke, die Gesellschaft braucht Vorbilder. Es müssen nur die richtigen Vorbilder sein ... besonders in einer derartig konfusen Zeit wie heute, in einem derartig konfusen Jahrhundert, wie es das letzte war", sagt Jakob von Uexküll. Branting schrieb noch als Chefredakteur der Zeitung *Social-Demokraten* und Parlamentsabgeordneter einen langen Text unter der Überschrift „Großartige gute Absichten – großartige Missgriffe": „Man muss es laut sagen, dass diese ganze Schenkung total verpfuscht ist aufgrund der Wahl der Schwedischen Akademie als Preisverleiherin." Zum Friedensnobelpreis merkt er an: „Die wirklich große Friedensarbeit ist nie das Werk eines Menschen." Brantings Text endet mit einem entschlossenen Resümee: „Ein Millionär, der eine Donation macht, mag persönlich aller Achtung wert sein, aber es ist besser, die Millionen und die Donationen nicht zu brauchen." Als er selbst 1921 als schwedischer Ministerpräsident für seine Verdienste um die Gründung des Völkerbundes den Friedensnobelpreis erhielt, hat er nicht abgelehnt.

*

Die derzeit etwa 200 000 Dollar jährlich stehen maximal vier Personen oder einer Organisation zur Verfügung, das Geld ist zweckgebunden für ihre Arbeit. Die Zinsen aus dem Stiftungskapital decken nur die administrativen Kosten ab. Das Preisgeld, etwa 50 Prozent des Gesamtetats, muss durch Spenden finanziert werden.

Bewerbungen müssen bis Mitte April eingehen, danach werden die Nominierten besucht und begutachtet bis Anfang Juli. Die Jury oder Mitglieder der Forschungsabteilungen besuchen die Kandidaten, um sich ein Bild von ihrer Arbeit vor Ort zu machen. Auch von ihrer Lebensführung – auch dies ist etwas, was für die Nobel-Komitees nicht von Belang ist. Das Privatleben sei wichtig, merkt Jakob von Uexküll dazu an, schließlich sei es ein Preis für aufrechte Lebensführung. „Nur ernstes Fehlverhalten wäre ein Kriterium, den Preis nicht zu vergeben." Über die Eindrücke des Besuchs und der Arbeit der Kandidaten erhält die Jury dann einen Bericht, etwa drei Seiten pro Kandidat, bei fast 100

Nominierten ergibt das ein DIN-A4-Buch mit 300 Seiten. Die Berichte sind Anfang August fertig.

Derzeit stehen etwa 40 Namen auf der Kandidatenliste, ähnlich viele Vorschläge kommen jedes Jahr neu hinzu. Seit 1980 wurden 80 Menschen und Projekte in 60 Ländern aus über 650 Nominierungen ausgewählt und ausgezeichnet, bei den Gruppen sind es vor allem Forschungs- und Selbsthilfeorganisationen. Die international besetzte Jury, die die Vorschläge überprüft, wechselt dabei ständig in ihrer Zusammensetzung. Jakob von Uexküll ist ihr ständiger Vorsitzender. Man wolle alle Erdteile repräsentieren, zudem ist meist jemand von der UNO dabei, um die dortigen Kontakte auszunützen, außerdem Vertreter der beiden politischen Lager aus dem schwedischen Parlament.

Der Vorstand besteht aus fünf Personen. Er lädt jedes Jahr die Jurymitglieder neu ein. Wenn aus der Jury aufgrund anderer Verpflichtungen jemand nicht mehr genügend Zeit hat, sich mit den Kandidaten ausreichend zu beschäftigen, wird er oder sie nicht mehr eingeladen. Die Jury arbeitet nach dem Konsensprinzip, sie trifft sich an einem Wochenende Ende September, von Freitagabend bis Sonntagmittag. Kriterien sind dabei „Aktualität und Dringlichkeit", auch die „geografische Balance". Selten gibt es Schwerpunkte wie Klimaschutz, sagt Uexküll. Es gebe das Bemühen, Frauen zu prämieren, ohne dass es ein Frauenpreis werden soll. „Wir wollen nicht, dass ein Jurymitglied nach der Wahl sagt, mit der Wahl eines bestimmten Kandidaten war ich nicht einverstanden", sagt Uexküll. „Abgestimmt wird nach Kombinationen. Das Gesamtpaket der vier Preisträger soll mehr ergeben als die Summe der vier Preisträger."

Die Jury erstellt eine Shortlist von Kandidaten, die von mindestens zwei bis drei Jurymitgliedern unterstützt werden. Danach stellen Jurymitglieder immer Kombinationen von vier Preisträgern zusammen. Kandidaten, die in die engere Auswahl kommen – das sind beim Alternativen Nobelpreis 30 bis 40 – bleiben automatisch für das nächste Jahr nominiert.

Wie schützt sich die Jury gegen Beeinflussung? Mitglieder der Jury können selbst niemanden vorschlagen. Wenn jemand bestimmte Personen zu stark unterstützt, wird er nicht mehr in die Jury eingeladen. „Es gab einen Fall, wo ich zwei Jurymitglieder bitten musste, die Jury zu verlassen, weil sie sich in eine Kandidatin verbissen hatten. Der eine hielt sie für völlig unakzeptabel, das zweite Mitglied fand diese Ablehnung wiederum so unakzeptabel, dass es sich gerade auf diese Kandidatin versteifte. Ich habe beide gebeten, zurückzutreten", erzählt von Uexküll.

*

Oft geht der Alternative Nobelpreis an Menschen, die gegen Umweltzerstörung und Armut in der Dritten Welt kämpfen, die sich gegen Unterdrückung und Benachteiligung zur Wehr setzen. Ausgezeichnet werden Arbeiten und Engagements in den Bereichen Menschenrechte, Friedensforschung, Entwicklungspolitik, Ökologie. 1985 wurde unter anderem eine ungarische Umweltschutzgruppe prämiert, die sich gegen die geplante Kanalisierung der Donau gewehrt hatte. Damit wählt man Initiativen, die alltagsnäher sind, als es bei vielen Arbeiten der Fall ist, die mit dem Nobelpreis ausgezeichnet werden. Es gibt auch Überraschungen wie 1994, als die schwedische Kinderbuchautorin Astrid Lindgren den Ehrenpreis erhielt aufgrund ihres Einsatzes für die Rechte der Kinder, im gleichen Jahr wurde der nigerianische Schriftsteller Ken Saro-Wiwa geehrt, der für die Rechte des Volkes der Ogoni kämpfte und im Gefängnis saß.

*

Deutsche Preisträger sind etwa der Münchner Physiker Hans-Peter Dürr (1987), ein Schüler von Werner Heisenberg, der Solarenergieexperte Hermann Scheer (1999) und die mittlerweile verstorbene Grünen-Politikerin Petra Kelly (1982). Der Alternative Nobelpreis ist eine Reaktion auf die Entwicklungen der Nobelpreise. „Aus den Nobelpreisen wurde eine Olympiade der Wissenschaften", sagt Hans-Peter Dürr. „Dabei spielen kleine Vorsprünge eine Rolle. Zudem muss man festlegen: Was ist nun eine Bestleistung, und vorher noch: Was ist eigentlich eine Disziplin? Man muss klären, was ist am besten? Die Frage ist, in Bezug auf welches System?"

Was unterscheidet die Nobelpreise vom „Right Livelihood Award" neben ihrer unterschiedlichen inhaltlichen Ausrichtung? Beim Alternativen Nobelpreis kann jeder jeden vorschlagen, außer sich selbst oder seine eigene Institution. Uexküll beschreibt dies als „Fehlen von Filtern". Die Jury darf niemanden nominieren. Ein Komiteemitglied der Nobelstiftung darf das. Nobelpreiskandidaten können nicht auf ihre Kandidatur verzichten, sie können den Preis höchstens ablehnen. Kandidaten des Alternativen Nobelpreises werden informiert und können auch die Nominierung ablehnen. Manche tun das auch, denn sie wissen um den Medienrummel, der mit der Vergabe verbunden ist. Wer bekannt macht, dass er vorgeschlagen ist, wird automatisch nicht mehr berücksichtigt. Beim Nobelpreis werden Kandidaten über ihre Nominierung nicht direkt informiert.

Das Stiftungskapital unterscheidet sich deutlich. Die Right-Livelihood-Stiftung hat etwa 1 Prozent des Kapitals der Nobelstiftung, knapp 4 Millionen Dollar, angelegt in sozial ausgerichteten Fonds. Die Preissumme beträgt dabei 5 Prozent der Nobelpreise. „Also sind wir effektiver. Ein Stiftungskapital, das zwei- oder dreimal so groß ist wie unseres, würde meine Arbeit erleichtern", sagt Uexküll.

*

Von entscheidender symbolischer Bedeutung ist die öffentliche Verleihung des Alternativen Nobelpreises im schwedischen Parlament: hier der demokratische Hintergrund mit dem Parlament, dort die königliche, also alte und überholte Tradition. Der Alternative Nobelpreis hat sein entsprechendes Umfeld gefunden. Dass er ohne die Existenz des Nobelpreises mit all seinem Glanz nicht beachtet worden wäre, ist dabei ebenso klar. Dass nur die Zeremonie zur Nobelpreisverleihung am 10. Dezember im schwedischen Fernsehen übertragen wird, nicht aber die des „Right Livelihood Award" im Schwedischen Parlament am Tag zuvor, ist eine der Geschichten, die etwas über den Nobelpreis erzählen. „Es gibt einige Leute, die sagen, unsere Preisverleihung sollte doch auch im Fernsehen gezeigt werden", erzählt von Uexküll. „Ich habe Gerüchte gehört, dass die Nobelstiftung die Direktsendung der Zeremonie mitfinanziert. Sie würden diese Mittel kappen, wenn das schwedische Fernsehen unsere Zeremonie gleichrangig übertragen würde. Ehe die Preisverleihung im Fernsehen gezeigt wurde, war es schwierig, Publikum zu bekommen. In den 80er Jahren gab es eine Talkshow des in Schweden berühmten Fernsehjournalisten Bengt Feldreich mit dem Titel ‚Genies diskutieren'. Daran durften unsere Preisträger nie teilnehmen. Es hieß, Feldreich wollte uns nicht dabei haben. 1992 saß ich einmal bei einer Konferenz neben ihm. Da sagte er, das stimme nicht, er sei von der Leitung des Senders dazu angehalten worden."

Immer wieder spricht Jakob von Uexküll vom falschen Signal, das von der Einführung des Preises für Wirtschaftswissenschaften 1969 ausgeht, von der Notwendigkeit, die richtige Richtung jetzt zu markieren nach diesem „toxischen Jahrhundert": „Die Nobelpreise markieren die falsche Richtung. Sie passen in die bestehende Werteordnung. Hätte es nicht den unseligen Ökonomiepreis gegeben, hätte man das vergessen und sagen können, sie sind halt nicht mehr zeitgemäß. Damit hat man eine Markierung gesetzt, die sehr schockierend ist." Der damalige Direktor der Nobelstiftung Stig Ramel sagte, man habe sich nach dem Wirtschaftsnobelpreis entschlossen, keine neuen Preise mehr einzuführen.

Weltweit rücken immer mehr charismatische Managerfiguren in politisch entscheidende Ämter. Der englische Premierminister Tony Blair sagte kürzlich: „Die Regierungen sollten nicht die Logik des Marktes behindern." BSE erwähnte Blair nicht. Auch nicht die Weltklimakonvention, die eine Reduzierung der Treibhausgase vorsieht. Hier schert vor allem die amerikanische Regierung unter Präsident Bush aus. „Wir wenden uns gegen den Glauben, dass es auch den Armen nutzt, wenn die Reichen reicher werden. Wir wollen Kriterien des Teilens", sagt Uexküll. „Es gibt zwei Möglichkeiten, den Armen der Welt zu helfen: man behandelt sie als Gleichberechtigte oder als Kunden von morgen. Derzeit herrscht die zweite Sicht, die Werte der modernen Ökonomie, basierend auf einem mechanistisch, materialistischen, darwinistischen Lebensbild, durchdringen alle Lebensbereiche, das Erziehungswesen, sogar in der Kultur gilt der Markt nun als letzter Richter."

Der Alternative Nobelpreis hat sich mittlerweile etabliert, findet Beachtung vor allem in den skandinavischen und den spanisch-sprachigen Ländern, in Deutschland, in Italien. Weniger anerkannt ist er in Großbritannien, Frankreich und den USA. Der Preis hat die größte Wirkung in Ländern, die noch keinen Nobelpreisträger hatten. „Eine bekannte schwedische Politikerin sagte mir, der Nobelpreis ist der Preis des 20. Jahrhunderts, der Alternative Nobelpreis ist der Preis des 21. Jahrhunderts. Man unterstützt Menschen, die exemplarische Lösungen anbieten, öffnet Türen, die geschlossen waren, sie haben Schutz, was ihnen manchmal das Leben retten kann. Es geht darum, dass Menschen inspiriert werden, was bei den Nobelpreisen schwierig ist, weil dort vieles oft sehr spezialisiert ist." Der Preis hat zunächst auf seinen zentralen Gebieten wie Ökologie und Menschenrechte sein Renommee aufgebaut. Uexküll sagt ganz selbstbewusst: „In einigen Ländern sind unsere Preisträger mittlerweile sogar renommierter als Nobelpreisträger. Ich sehe keine David-gegen-Goliat-Situation. Es geht heute nicht mehr um den kleinen oder den großen Preis. Wobei ich nicht so größenwahnsinnig bin, zu glauben, wir haben die größere Wirkung. Unser Preis ist ja auch deshalb kleiner, weil der Handel mit Briefmarken weniger profitabel ist als der Handel mit Dynamit."

*

Was mag er eigentlich an Briefmarken? „Der große Vorteil ist die Flexibilität. Briefmarken kann ich in kleinen Koffern transportieren, bei Antiquitäten bräuchte ich große Lastwagen. Mich fasziniert der geschichtliche Aspekt, die Kultur, die Geographie. Ich sammle oft auch Marken mit den zugehörigen Briefen. Die Saudi-Arabien-Sammlung ging an eine amerikanische Stiftung, die in Saudi-Arabien ein Museum dafür bauen wollte, der Erlös ist der Grundstock der Right-Livelihood-Stiftung." Ist ihm das schwer gefallen? „Ich hatte das Gefühl, ich gebe den größten Teil meines Vermögens ab, aber bin durchaus fähig, mich zu ernähren. Ich kann Leute unterstützen, die viel mehr riskieren, als ich je riskiert hätte", sagt Jakob von Uexküll.

Der Olymp

„Das Leben beginnt mit dem Sprechen, so wie der Mensch sich auch durch die Sprache vom Tier unterscheidet."
(Harry Mulisch, Die Prozedur)

„Politik ist für den Augenblick. Gleichungen für die Ewigkeit."
(Albert Einstein)

Prolog

VIELLEICHT IST diese Geschichte so alt wie die Idee, Gott habe das Paradies erschaffen. Seit dieser Zeit jedenfalls wollen wir dorthin zurück, wie Kinder, die gegen eine Tür hämmern, die nicht aufgehen will. Also brauchen wir jemanden, der uns dorthin zurückführt. Wir könnten es uns leicht machen an dieser Stelle, und die Angelegenheit an diesen Gott zurückgeben, oder, je nach Religion, an eine andere, in jedem Fall an eine höhere Instanz. Bleibt uns nur noch ein Regelwerk, das es zu befolgen gilt.

So entstanden im Laufe der Geschichte diverse Runden auf Erden, oder in irdischer Vorstellung, die sich zum Ziel machten, den Weg zurück in eine Art Paradies zu bahnen. In der Antike war das der Olymp, dieser imaginäre Ort, an dem die griechischen Götter ihren Platz hatten, mit Zeus an der Spitze und den Göttern an seiner Seite. Da mussten sich Hera, Hestia, Hephaistos, Ares, Apollon, Artemis, Poseidon, Hermes, Pallas Athene und Aphrodite um allerlei Dinge kümmern wie das Meer und die Winde, den Kampf oder die Liebe. Es hieß, sie würden in einem Gebirgsmassiv hausen, in 2917 Metern Höhe. Es war der höchste vorstellbare Ort. Heute sehen solche Orte anders aus, zumal jeder den Olymp schon auf Bildern gesehen hat – natürlich ohne Götter.

Die Helden

Braucht die Gesellschaft Helden und Vorbilder, die sie durch Preise allgemein sichtbar erhöht? Das Nobelsche Weltsystem beantwortet diese Frage für das 20. Jahrhundert eindeutig mit Ja. Die Idee ist dem olympischen Gedanken nahe, der Lorbeerkranz ist Ansporn zu Höchstleistungen. In Zeiten, in denen es keine neuen Denkmäler auf Steinsockeln mehr gibt, ehrt die Gesellschaft ihre Helden noch immer mit Gold und einem Diplom. Die Folge ist auch hier die Erhöhung. Überall findet man diese unsichtbaren Podeste. Im Film ist es der Oscar, im Sport sind es die Olympischen Spiele – interessant ist die zeitliche Koinzidenz ihrer ersten Austragung 1896 mit Nobels Testament –, in der Wissenschaft und Literatur und ein wenig auch in der Politik sind es die Nobelpreise. Damit ist diesen Laureaten eine besondere Rolle zugewiesen. Erhoben aus der Masse, gekennzeichnet, verehrt, bestürmt.

Von einem Nobelpreisträger erwartet man gemeinhin, er könne jede Frage beantworten. Doch eigentlich tun Nobelpreisträger genau das Gegenteil. Sie beantworten keine Fragen, weil sie es meist schlicht nicht können. Stattdessen stellen sie noch mehr Fragen, die sie zunächst nicht beantworten können. Fragen zu stellen gehört zu ihrem Wesen. Gleichzeitig kennzeichnet dieses Auseinanderklaffen von Vorstellung und Wirklichkeit ihren Alltag.

*

Es gibt Menschen, die ihrer Zeit voraus sind und unglaubliche Dinge behaupten. Es gibt Menschen, die uns phantastische Geschichten auftischen, wie der spätere Nobelpreisträger Svante Arrhenius, der noch im 19. Jahrhundert behauptet hat, das Leben auf der Erde komme von irgendwoher aus dem Weltall. Auch Francis Crick behauptete das später. Es ist der gleiche Francis Harry Crick, der zusammen mit James Dewey Watson ein Modell der DNA-Moleküle entwickelte und dafür mit Maurice Wilkins und Crick 1962 den Nobelpreis für Medizin erhielt. Diese Desoxyribonukleinsäure ist der Baustein allen Lebens, die organischen Moleküle sind Informationsträger. Ein einziger DNA-Strang, verknäuelt in einer menschlichen Zelle – entwirrt wäre er etwa 2,5 Meter lang –, enthält alle genetischen Informationen für den Bau des gesamten Körpers, für Haare, Haut, Farbe der Augen, Bau der Organe, Form der Hände und Zehen und Ohren. Watsons und Cricks Entdeckungen gehören zu den Meilensteinen der Wissenschaftsgeschichte.

*

Zum wichtigsten Mann des 20. Jahrhunderts wurde Physik-Nobelpreisträger Albert Einstein vom amerikanischen Magazin *Time* gewählt. Er landete vor Mahatma Gandhi und Franklin Delano Roosevelt. Ein Wissenschaftler ist also Sinnbild dieses wohl katastrophenreichsten Jahrhunderts der Menschheitsgeschichte. Er sei der „bedeutendste Wissenschaftler in einem Jahrhundert, das von der Wissenschaft dominiert wurde. Die Meilensteine dieser Ära, die Atombombe, der Urknall, die Quantenphysik und Quantenelektronik tragen seine Handschrift."

Einstein markiert einen Übergang in der Wissenschafts-, vielleicht sogar in der Menschheitsgeschichte. Den Übergang zu einer modernen Naturwissenschaft und Denkweise, die sich vom Sichtbaren abwendet, die mit der Vorstellung bricht, die Welt lasse sich beschreiben. Die moderne Physik mit ihren Vätern Planck und Einstein markiert das Ende der Vorhersagbarkeit des Laufs der Welt. Nur kraft des Denkens erklärte er, das Universum sei anders, als es wirke. Raum-Zeit-Krümmung ist nur ein Stichwort der Relativitätstheorie, die er 1905 verkündete und für die er übrigens nicht mit dem Nobelpreis ausgezeichnet wurde.

Vielleicht war Max Planck sogar der modernere Naturwissenschaftler, in dessen Geist die jungen Wilden um Niels Bohr oder Schrödinger und Heisenberg folgten.

Doch als Figur ist Einstein unerreicht. Ein Deutscher, ein Jude, der vor Hitler fliehen musste, erklärt die Welt, welch besseres Symbol für das 20. Jahrhundert gäbe es? Einstein war jedoch nicht nur ein begnadeter Naturwissenschaftler. Gleichzeitig war er eine Popfigur. Wie Ernesto „Che" Guevara mit Zigarre in die Ewigkeit einging,

Frank Zappa für immer auf der Toilettenschüssel sitzend für Emanzipation werben muss, steht der die Zunge herausstreckende Einstein mit wirrem Haar für den Paradetyp eines genialen, vergeistigten Wissenschaftlers. Der deutsche Professor taucht als Abziehbild eines Forschers in hunderten Filmen auf, Hollywood produzierte gar „Einstein junior", das Plakat zierte ein wirrer Typ mit stehenden Haaren. Das Magazin *Time* verglich ihn mit Charlie Chaplins kleinem Tramp. Welcher Wissenschaftler kann etwas Vergleichbares vorweisen?

Bilder zeigen ihn oft umringt von Reportern, von Frauen in den Salons von Berlin und Hollywood. Dass er dabei locker mit der Aufmerksamkeit umging, ist ein Schlüssel seines Erfolges. Und das, obwohl fast niemand seine Theorien versteht. Fünf Leute weltweit gebe es, die die Quantentheorie verstünden, hat einmal ein berühmter Physiker gesagt. Einsteins Allgemeine Relativitätstheorie kommentierte der amerikanische Physiker und Nobelpreisträger Richard Feynman, selbst einer der Heroen seiner Zunft: „Ich kann immer noch nicht erkennen, wie er darüber dachte."

Die Faszination ist umso größer, weil sich all dies im Wesentlichen in Einsteins Kopf abspielte. Und er dabei in der Lage war, die Erkenntnisse mit knappen Sätzen der Allgemeinheit zu verkaufen: „Gott würfelt nicht" ist eine Formel wie $E = mc^2$. Dies ist wohl die einzige mathematische Gleichung der Welt, die nahezu jeder begeistert wiedererkennt. Einsteins letzte überlieferte Worte waren: „Es ist geschmacklos, das Leben künstlich zu verlängern. Ich habe meinen Teil getan, nun ist es Zeit zu gehen. Ich möchte dies elegant tun." Doch die Welt hat Einstein nicht gehen lassen, sie hat ihn in den Griff bekommen, ihn zum Star gemacht, er ist der Mann mit der Zunge, die später die Rolling Stones kopierten.

*

Der Nobelpreis ist ein großes Epos, es erzählt vom Existenzkampf der Menschen. Dieses Epos findet in den Köpfen der Menschen statt, es schreibt sich ständig fort, kopiert sich unaufhaltsam weiter. Einsteins Geschichte, so eigenständig sie ist, erzählt vom Kampf um Erkenntnis. Der Nobelpreis hat diese existentielle Frage längst vereinnahmt. Es geht um die großen Fragen der Menschheit. Und alle Ausgezeichneten, gerade die berühmtesten, müssen die Antwort immer und immer wieder verbreiten: Man kann etwas erreichen, man muss es nur wollen. Im Vergleich dazu sind die Fehlentscheidungen Marginalien. In Stockholm und Oslo wird die Ewigkeit verhandelt.

Das englische *Sunday Times Magazine* hat am 12. September 1999 eine Liste der 30 wichtigsten Persönlichkeiten der Geschichte veröffentlicht. Der einzige Nobelpreisträger darunter ist Albert Einstein. Von denen, die theoretisch den Nobelpreis hätten bekommen können, tauchen Thomas Edison, Sigmund Freud, Alan Thuring und Carl Djerassi auf. Das Ziel eines Systems wie des Systems Nobel muss es sein, so viele eigene Leute wie möglich auf solche populären Listen zu bekommen.

Die Unsterblichen

Das Bedürfnis, in einer atomisierten Welt wie der unseren Institutionen zu schaffen, die eine jahrhundertelange Tradition aufrechterhalten, ist groß. Man möchte zeigen, dass es noch so etwas wie Eliten gibt, denen man in der Gesellschaft eine Vorbildfunktion zubilligt. Es gibt heute noch eine Reihe moderner Geistesgemeinschaften, den Club of Rome, die amerikanische Wissenschaftsgesellschaft Sigma Xi, die zahlreiche Nobelpreisträger als Mitglieder hat.

Und wenn solche Einrichtungen darüber hinaus den Anspruch erheben, die Kultur einer ganzen Nation zu pflegen, wächst ihre Autorität ganz automatisch. Frankreich hat eine solche Institution seit dem späten sechzehnten Jahrhundert, als Kardinal Richelieu die Runde der Unsterblichen, der Immortels gründete – die heutige Académie française mit ihrer konstanten Zahl von vierzig Mitgliedern. Wer dieser Akademie angehört – und es sind nicht ausschließlich Künstler, Wissenschaftler und Poeten mit französischer Staatsbürgerschaft –, verpflichtet sich satzungsgemäß bereits zu einer Funktion, die wahrhaftig nur einer auserlesenen Gruppe vorbehalten ist. Denn dort geht es ja um die Grundwerte der Nation: um die Pflege der Sprache.

Im Jahr 1967 zeichnete die Académie française den berühmten französischen Chansonnier Georges Brassens mit dem Prix de Poésie aus. Als er sich ein paar Jahre später allerdings für die Kandidatur zur Aufnahme in den Kreis der Immortels bewerben sollte, lehnte er ab mit dem Hinweis, dass er keineswegs unsterblich sei und lieber am Rande der Gesellschaft stehen möchte, als deren kulturmoralischer Hüter zu sein. In einem seiner Lieder heißt es: „Am Rande zu stehen, verdammt, das ist mein Prinzip, und daran halte ich fest." Es ist die Haltung eines elitären Einzelnen als pointierter Kontrast zur Erlesenheit der Gruppe der Vierzig; es ist die gleiche Art der Verweigerung wie bei Sartre. Ein Mensch wehrt sich stellvertretend gegen die Vereinnahmung durch ein höheres System, man könnte es auch als übergeordnetes Wesen bezeichnen.

Wer Nobelpreisträger wird, steht symbolisch in einer langen Reihe von Ausgezeichneten. Er ist zunächst zu nichts weiter verpflichtet als zu einer Dankesrede vor dem Nobel-Bankett.

Der Unsterbliche der Académie française muss den Geistesschatz einer Grande Nation bewachen. In Frankreich erscheint eine solche Elite-Akademie weniger grotesk als beispielsweise hierzulande. Von der Darmstädter Akademie für Sprache und Dichtung erwartet man, dass sie jährlich den Büchner-Preis verleiht und mit Ausschreibungen und Wettbewerben die kulturelle Konsistenz der Nation abklopfen lässt. Dass die Darmstädter Akademie als Gralshüterin deutschen Geisteswesens aufträte, wäre kaum denkbar. Und doch ist sie – wie die Bayerische Akademie der schönen Künste – eine Runde Auserwählter.

Dass eine kulturpolitische Gesellschaft derart staatstragend sein kann, hat sicher auch etwas mit der Rolle zu tun, welcher ein Staat seinen Intellektuellen zubilligt. In Frankreich sind bedeutende Schriftsteller in staatlichen Funktionen gewesen, man denke an Mauriac und Malraux. In Deutschland hat der Schriftsteller, der Intellektuelle nach wie vor die Aufgabe, Korrektiv zu sein. Also analytisch, polemisch oder mahnend Zeitgeschichte zu kommentieren. Dass er sie in einer definierten Funktion mitbestimmte, ist bislang nicht passiert.

Das System Nobel ist unabhängig vom Staat, es hat seinen eigenen, weltumspannenden Kosmos konstruiert. Jedes Jahr geht es immer neu um Tod und Auferstehung am Todestag Alfred Nobels. Die Richtung ist vorgegeben, nach oben hin zur Weisheit, zum „Wohl der Menschheit“. Damit gibt man eine lineare Entwicklung vor, ein Stufenprinzip, wie bei einem Bergsteiger, der die Höhen erklimmt. Mit dem einzigen Unterschied, dass, wer oben angekommen ist, dort verweilen darf. Ein Abstieg ist nicht vorgesehen.

Licht ohne Schatten

So erstaunt es ein wenig, dass sich die 719 Preisträger in der Jubiläumsausstellung „Cultures of Creativity“ im Kreis drehen. An Klammern aufgehängt, fahren Tafeln mit Bildern und Namen in einem endlosen Reigen an einem Parcours unter der Decke der Börse entlang. Dort in der Altstadt Stockholms findet die erste große Nobel-Ausstellung in Schweden bis zum 31. August 2004 statt. Die meiste Zeit schweben sie dort dicht gedrängt, bewegen sich nur langsam vorwärts, nur an zwei Stellen senken sich die Bilder herab, so dass man die Gesichter der Laureaten kurz erkennen kann. Symbolisch ist das eine Art Niederkunft auf Augenhöhe. Offiziell kümmert sich diese Ausstellung um die nicht zu beantwortenden Fragen nach den Wurzeln der Kreativität. Innerlich um den Bestand des Preises, dessen Schlüssel das geheime Wissen ist. Licht ohne Schatten.

Hier zählt nur das große Ganze. Die Börse beherbergt die Schwedische Akademie, die jedes Jahr den Literatur-Nobelpreis vergibt. Und nun eben die Ausstellung.

Es gibt eine Kopie der Ausstellung, die vom Herbst an durch die Welt touren wird, „ein Klon“, sagt Anders Bárány, der Kurator der Ausstellung, und lacht. „Die schwedischen Sponsoren Ericson, ABB und Scandia wollen, dass die Ausstellung durch Länder reist, in denen sie ihre Geschäftsverbindungen haben. In Tokyo oder New York können sie ihre Wirtschaftspartner durch die Ausstellung führen.

An junge Leute wolle man sich wenden, immer wieder taucht dieser Satz auf, wenn Mitglieder der Nobelstiftung diese Ausstattung erläutern. Modern wolle man sein, ernsthaft.

Zu sehen ist dann das alte Helden-Schema. Laborwelten kombiniert mit Nahaufnahmen von Mikrowelten, mit Illustrationen von Gedankenwelten. Daneben werden weihevoll Gegenstände wie Reliquien drapiert. Das ist schön gemeint, zeigt aber auch ein wenig Hilflosigkeit. Einen Mythos kann man nicht zeigen, er wirkt.

Die Zukunft

Was wird mit dem Nobelpreis passieren im 21. Jahrhundert? Sicher werden mehr Preisträger aus Asien kommen, aus Indien und China. Vielleicht werden andere Preise doch noch hinzukommen, wenn der Alternative Nobelpreis noch erfolgreicher wird. Vielleicht wird irgendwann ein Nobel-Museum entstehen. Vielleicht wird es sogar irgendwann einmal mehr weibliche als männliche Preisträger geben.

Erst durch die Vergabe der Nobelpreise hat sich eine Vorstellung entwickelt, was eine große und was eine kleine Leistung ist. Immer mehr gerät also die Öffentlichkeit in den Fokus des Interesses. Anfang des 20. Jahrhunderts war das noch nicht so gefährlich. Die breite Öffentlichkeit erfuhr im Vergleich zum Ende des 20. Jahrhunderts zwar die Preisträger, aber es gab keine weitreichenden öffentlichen Diskussionen. Die ausgezeichneten Nobelpreisträger wurden damals eher innerhalb eines elitären Kreises bewertet. Die Rolle der Medien hat sich verändert, weshalb die Preisverleihungen auch zu einem Medienspektakel gerieten. In dem Maße, wie die Zahl der Leute, die urteilen, zunimmt, wird es auch eine Frage, wie man Leistungen verkauft. Damit haben Personen Vorteile, die sich verkaufen können, die Kontakt zu vielen entscheidenden Komiteemitgliedern haben, die Instituten vorstehen, die über große Geldmittel verfügen. Man kann nur noch schwer trennen, ob man es mit einer großen Leistung zu tun hat oder nur mit einer interessanten Entdeckung, die zur großen Leistung aufgebaut wurde, weil man viel Geld und Anstrengung investierte. Die Zahl der Veröffentlichungen wird plötzlich zum Kriterium. Wer viel gelesen, gehört, zitiert wird, ist wichtig für die Menschheit. Die Rezeption beginnt, das Ereignis zu ersetzen. Unsere Gesellschaft glaubt, sehr schnell die Bedeutung bestimmter Erfindungen und Entwicklungen beurteilen zu müssen – und dies auch zu können.

Der Mythos Nobelpreis funktioniert nicht trotz, sondern wegen seiner Seltsamkeiten. Das System Nobel ist ungeheuer anpassungsfähig, reproduziert sich ständig und bleibt dabei immer dasselbe. Der Nobelpreis war eine Konstante des 20. Jahrhunderts. Die Brüche und Skandale, die Streitereien und Kungeleien greifen auch deshalb nicht das System an. Denn sie stehen für menschliche Fehler, für Schwächen, aber eben auch für das Menschliche. Wenn der Stempel „Nobel" als Qualitätssiegel hierbei nicht mehr hinterfragt würde, wenn man nur noch an die Gewinner glaubt, hat sich der Gedanke Nobels vom „Wohle der Menschheit" ins Gegenteil verkehrt. Dann hätte man die simple Erkenntnis der Physik verleugnet, dass Licht Schatten wirft.

Liste der Preisträger

Jahr	Physik	Chemie
1901	W. G. Röntgen (D)	J. H. Van't Hoff (NL)
1902	H. A. Lorentz (NL) P. Zeeman (NL)	H. E. Fischer (D)
1903	A. H. Becquerel (F) P. Curie (F) M. Curie (F)	S. A. Arrhenius (S)
1904	J. W. S. Rayleigh (GB)	W. Ramsey (GB)
1905	P. E. A. Lenard (D)	J. F. W. A. von Baeyer (D)
1906	J. J. Thomson (GB)	H. Moissan (F)
1907	A. A. Michelson (USA)	E. Buchner (D)
1908	G. Lippman (F)	E. Rutherford (GB)
1909	G. Marconi (I) C. F. Braun (D)	W. Ostwald (D)
1910	J. D. van der Waals (NL)	O. Wallach (D)
1911	W. Wien (D)	M. Curie (F)
1912	N. G. Dalén (S)	V. Grignard (F) P. Sabatier (F)
1913	H. Kamerlingh-Onnes (NL)	A. Werner (CH)
1914	M. von Laue (D)	T. W. Richards (USA)
1915	W. H. Bragg (GB) W. L. Bragg (GB)	R. M. Willstätter (D)
1916	Nicht vergeben	Nicht vergeben
1917	C. G. Barkla (GB)	Nicht vergeben

1901–2000

Medizin	Literatur	Frieden
E. A. von Behring (D)	R. A. Sully Prudhomme (F)	J. H. Dunant (CH) F. Passy (F)
R. Ross (GB)	Theodor Mommsen (D)	E. Ducommun (CH) C. A. Gobat (CH)
N. R. Finsen (DK)	Björnstjerne Björnson (N)	W. R. Cremer (GB)
I. P. Pavlov (RUS)	Frédéric Mistral (F) José Echegaray (E)	Institut für Internationales Recht, Gent
R. Koch (D)	Henryk Sienkiewicz (PL)	B. S. F. von Suttner (A)
C. Golgi (I) S. Ramón y Cajal (E)	Giousè Carducci (I)	T. Roosevelt (USA)
C. L. A. Laveran (F)	Rudyard Kipling (GB)	E. T. Moneta (I) L. Renault (F)
P. Ehrlich (D) I. Mečnikov (RUS)	Rudolf Eucken (D)	K. P. Arnoldson (S) F. Bayer (DK)
E. T. Kocher (CH)	Selma Lagerlöf (S)	A. M. F. Beernaert (B) P. H. B. B. d'Estournelles de Constant (F)
A. Kossel (D)	Paul Heyse (D)	Ständiges Internationales Büro für den Frieden, Bern
A. Gullstrand (S)	Maurice Maeterlinck (B)	T. M. C. Asser (NL) A. H. Fried (A)
A. Carrel (F)	Gerhart Hauptmann (D)	E. Root (USA)
C. R. Richet (F)	Rabindranath Tagore (IND)	H. La Fontaine (B)
R. Bárány (A)	Nicht vergeben	Nicht vergeben
Nicht vergeben	Romain Rolland (F)	Nicht vergeben
Nicht vergeben	Verner v. Heidenstam (S)	Nicht vergeben
Nicht vergeben	Karl Gjellerup (DK) Henrik Pontoppidan (DK)	Internationales Komitee des Roten Kreuzes, Genf

Jahr	Physik	Chemie
1918	M. K. E. L. Planck (D)	F. Haber (D)
1919	J. Stark (D)	Nicht vergeben
1920	C. E. Guillaume (CH)	W. H. Nernst (D)
1921	A. Einstein (D/CH)	F. Soddy (GB)
1922	N. Bohr (DK)	F. W. Aston (GB)
1923	R. A. Millikan (USA)	F. Pregl (A)
1924	K. M. G. Siegbahn (S)	Nicht vergeben
1925	J. Franck (D) G. Hertz (D)	R. A. Zsigmondy (D)
1926	J. B. Perrin (F)	T. Svedberg (S)
1927	A. H. Compton (USA) C. T. R. Wilson (GB)	H. O. Wieland (D)
1928	O. W. Richardson (GB)	A. O. R. Windaus (D)
1929	L.-V. de Broglie (F)	A. Harden (GB) H. K. A. S. von Euler-Chelpin (S)
1930	C. V. Raman (IND)	H. Fischer (D)
1931	Nicht vergeben	C. Bosch (D) F. Bergius (D)
1932	W. Heisenberg (D)	I. Langmuir (USA)
1933	E. Schrödinger (A) P. A. M. Dirac (GB)	Nicht vergeben
1934	Nicht vergeben	H. C. Urey (USA)
1935	J. Chadwick (GB) I. Joliot-Curie (F)	F. Joliot (F)
1936	V. F. Hess (A) C. D. Anderson (USA)	P. J. W. Debye (NL)
1937	C. J. Davisson (USA) G. P. Thomson (GB)	W. N. Haworth (GB) P. Karrer (CH)

Medizin	Literatur	Frieden
Nicht vergeben	Nicht vergeben	Nicht vergeben
J. Bordet (B)	Carl Spitteler (CH)	T. W. Wilson (USA)
S. A. S. Krogh (DK)	Knut Hamsun (N)	L. V. A. Bourgeois (F)
Nicht vergeben	Anatole France (F)	K. H. Branting (S) C. L. Lange (N)
A. V. Hill (GB) O. F. Meyerhof (E)	Jacinto Benavente (E)	F. Nansen (N)
F. G. Banting (CDN) J. J. R. Macleod (CDN)	W. B. Yeats (IRL)	Nicht vergeben
W. Einthoven (NL)	Wladyslaw Reymont (PL)	Nicht vergeben
Nicht vergeben	G. B. Shaw (GB)	J. A. Chamberlain (GB) C. G. Dawes (USA)
J. A. G. Fibiger (DK)	Grazia Deledda (I)	A. Briand (F) G. Stresemann (D)
J. Wagner-Jauregg (A)	Henri Bergson (F)	F. Buisson (F) L. Quidde (D)
C. J. H. Nicolle (F)	Sigrid Undset (N)	Nicht vergeben
C. Eijkman (NL) F. G. Hopkins (GB)	Thomas Mann (D)	F. B. Kellog (USA)
K. Landsteiner (A)	Sinclair Lewis (USA)	L. O. N. Söderblom (S)
O. H. Warburg (D)	Erik Axel Karlfeldt (S)	J. Addams (USA) N. M. Butler (USA)
C. S. Sherrington (GB) E. D. Adrian (GB)	John Galsworthy (GB)	Nicht vergeben
T. H. Morgan (USA)	Ivan Bunin (staatenlos)	N. R. L. Angell (GB)
G. H. Whipple (USA) W. P. Murphy (USA) G. R. Minot (USA)	Luigi Pirandello (I)	A. Henderson (GB)
H. Spemann (D)	Nicht vergeben	C. von Ossietzky (D)
H. H. Dale (GB) O. Loewi (A)	Eugene O'Neill (USA)	C. Saavedra Larnas (RA)
A. Szent-Györgyi von Nagyrapolt (H)	Roger Martin du Gard (F)	E. A. R. G. Cecil (GB)

Jahr	Physik	Chemie
1938	E. Fermi (I)	R. Kuhn (D)
1939	E. O. Lawrence (USA)	A. F. J. Butenandt (D) L. Ruzicka (CH)
1940	Nicht vergeben	Nicht vergeben
1941	Nicht vergeben	Nicht vergeben
1942	Nicht vergeben	Nicht vergeben
1943	O. Stern (USA)	G. de Hevesy (H)
1944	I. I. Rabi (USA)	O. Hahn (D)
1945	W. Pauli (A)	A. I. Virtanen (FIN)
1946	P. W. Bridgman (USA)	J. B. Summer (USA) J. H. Northrop (USA) W. M. Stanley (USA)
1947	E. V. Appleton (GB)	R. Robinson (GB)
1948	P. M. S. Blackett (GB)	A. W. K. Tiselius (S)
1949	H. Yukawa (J)	W. F. Giauque (USA)
1950	C. F. Powell (GB)	O. P. H. Diels (D) K. Alder (D)
1951	J. D. Cockcroft (GB) E. T. S. Walton (IRL)	E. M. McMillan (USA) G. T. Seaborg (USA)
1952	F. Bloch (USA) E. M. Purcell (USA)	A. J. P. Martin (GB) R. L. M. Synge (GB)
1953	F. Zernike (NL)	H. Staudinger (D)

Medizin	Literatur	Frieden
C. J. F. Heymans (B)	Pearl Buck (USA)	Internationales Nansen-Büro für Flüchtlinge, Genf
C. Domagk (D)	F. E. Sillanpää (FIN)	Nicht vergeben
Nicht vergeben	Nicht vergeben	Nicht vergeben
Nicht vergeben	Nicht vergeben	Nicht vergeben
Nicht vergeben	Nicht vergeben	Nicht vergeben
E. A. Doisy (USA) H. C. P. Dam (DK)	Nicht vergeben	Nicht vergeben
J. Erlanger (USA) H. S. Gasser (USA)	Johannes V. Jensen (DK)	Internationales Komitee des Roten Kreuzes, Genf
A. Fleming (GB) E. B. Chain (GB) H. W. Florey (GB)	Gabriela Mistral (RCH)	C. Hull (USA)
H. J. Muller (USA)	Hermann Hesse (CH)	E. G. Balch (USA) J. R. Mott (USA)
C. F. Cori (USA) G. T. Cori (USA) B. A. Iloussay (RA)	André Gide (F)	The Friends Service Council (GB) The American Friends Service Committee (USA)
P. H. Müller (CH)	T. S. Eliot (GB)	Nicht vergeben
A. C. de Abreu Freire Egas Moniz (P) W. R. Hess (CH)	William Faulkner (USA)	J. Boyd Orr (GB)
P. S. Hench (USA) E. C. Kendall (USA) T. Reichstein (CH)	Bertrand Russell (GB)	R. Bunche (USA)
M. Theiler (ZA)	Pär Lagerkvist (S)	L. Jouhaux (F)
S. A. Waksman (USA)	François Mauriac (F)	A. Schweitzer (F/D)
H. A. Krebs (GB) F. A. Lipmann (USA)	Winston Churchill (GB)	G. C. Marshall (USA)

Jahr	Physik	Chemie
1954	M. Born (GB) W. Bothe (D)	L. C. Pauling (USA)
1955	W. E. Lamb (USA) P. Kusch (USA	V. du Vigneaud (USA)
1956	W. Shockley (USA) J. Bardeen (USA) W. H. Brattain (USA)	C. N. Hinshelwood (GB) N. N. Semenov (RUS)
1957	C. N. Yang (China) T.-D. Lee (China)	A. R. Todd (GB)
1958	P. A. Tscherenkov (RUS) I. M. Frank (RUS) I. J. Tamm (RUS)	F. Sanger (GB)
1959	E. G. Segrè (USA) O. Chamberlain (USA)	J. Heyrovsky (CZ)
1960	D. A. Glaser (USA)	W. F. Libby (USA)
1961	R. Hofstadter (USA) R. L. Mössbauer (D)	M. Calvin (USA)
1962	L. D. Landau (RUS)	M. F. Perutz (GB) J. C. Kendrew (GB)
1963	E. P. Wigner (USA) M. Goeppert-Mayer (USA) J. H. D. Jensen (D)	K. Ziegler (D) G. Natta (I)
1964	Ch. H. Townes (USA) N. G. Basov (RUS) A. M. Prochorov (RUS)	D. Crowfoot Hodgkin (GB)
1965	S.-I. Tomonaga (J) J. Schwinger (USA) R. P. Feynman (USA)	R. B. Woodward (USA)
1966	A. Kastler (F)	R. S. Mulliken (USA)
1967	H. A. Bethe (USA)	M. Eigen (D) R. G. W. Norrish (GB) G. Porter (GB)

Medizin	Literatur	Frieden
J. F. Enders (USA) T. H. Weller (USA) F. C. Robbins (USA)	Ernest Hemingway (USA)	Büro des Hohen Kommissars der Vereinten Nationen für Flüchtlinge, Genf
A. H. T. Theorell (S)	Halldór Laxness (IS)	Nicht vergeben
A. F. Cournand (USA) W. Forssmann (D) D. W. Richards Jr. (USA)	J. R. Jiménez (E)	Nicht vergeben
D. Bovet (I)	Albert Camus (F)	L. B. Pearson (CDN)
G. W. Beadle (USA) E. L. Tatum (USA) J. Lederberg (USA)	Boris Pasternak (RUS) (hat abgelehnt)	G. Pirc (B)
S. Ochoa (USA) A. Kornberg (USA)	Salvatore Quasimodo (I)	P. J. Noel-Baker (GB)
F. M. Burnet (AUS) P. B. Medawar (GB)	Saint-John Perse (F)	A. J. Luthuli (ZA)
G. von Békésy (USA)	Ivo Andrić (YU)	D. H. A. C. Hammarskjöld (S)
F. H. C. Crick (GB) J. D. Watson (USA) M. H. F. Wilkins (GB)	John Steinbeck (USA)	L. C. Pauling (USA)
J. C. Eccles (AUS) A. L. Hodgkin (GB) A. F. Huxley (GB)	Giorgos Seferis (GR)	Liga der Rotkreuzgesellschaften und Internationales Komitee des Roten Kreuzes, Genf
K. Bloch (USA) F. Lynen (D)	Jean-Paul Sartre (F) (hat abgelehnt)	M. L. King (USA)
F. Jacob (F) A. Lwoff (F) J. Monod (F)	Michail Scholochow (RUS)	Kinderhilfswerk der Vereinten Nationen (UNICEF)
P. Rous (USA) C. B. Huggins (USA)	Shmuel Y. Agnon (IL) Nelly Sachs (D)	Nicht vergeben
R. Granit (S) H. K. Hartline (USA) G. Wald (USA)	Miguel A. Asturias (GCA)	Nicht vergeben

Jahr	Physik	Chemie
1968	L. W. Alvarez (USA)	L. Onsager (USA)
1969	M. Gell-Mann (USA)	D. H. R. Barton (GB) Hassel (N)
1970	H. Alfvén (S) L. Néel (F)	L. Leloir (RA)
1971	D. Gabor (GB)	G. Herzberg (CDN)
1972	J. Bardeen (USA) L. N. Cooper (USA) J. R. Schrieffer (USA)	Ch. B. Anfinsen (USA) S. Moore (USA) H. Stein (USA)
1973	L. Esaki (J) I. Giaever (USA) B. D. Josephson (GB)	E. O. Fischer (D) G. Wilkinson (GB)
1974	M. Ryle (GB) A. Hewish (GB)	P. J. Flory (USA)
1975	A. Bohr (DK) B. Mottelson (DK) J. Rainwater (USA)	J. W. Cornforth (GB) V. Prelog (CH)
1976	B. Richter (USA) S. C. C. Ting (USA)	W. N. Lipscomb (USA)
1977	P. W. Anderson (USA) F. Mott (GB) J. H. Van Vleck (USA)	I. Prigogine (B)
1978	P. L. Kapitsa (RUS) A. A. Penzias (USA) R. W. Wilson (USA)	P. Mitchell (GB)
1979	S. L. Glashow (USA) A. Salam (PK) S. Weinberg (USA)	H. C. Brown (USA) G. Wittig (D)
1980	J. W. Cronin (USA) V. L. Fitch (USA)	P. Berg (USA) W. Gilbert (USA) F. Sanger (GB)

Medizin	Literatur	Frieden
R. W. Holley (USA) H. G. Khorana (USA) M. W. Nirenberg (USA)	Yasunari Kawabata (J)	R. Cassin (F)
M. Delbrück (USA) A. D. Hershey (USA) S. E. Luria (USA)	Samuel Beckett (IRL)	Internationale Arbeits-organisation, Genf
B. Katz (GB) U. von Euler (S) J. Axelrod (USA)	Alexander Solschenizyn (RUS)	N. E. Borlaug (USA)
E. W. Sutherland (USA)	Pablo Neruda (RCH)	W. Brandt (D)
G. M. Edelman (USA) R. R. Porter (GB)	Heinrich Böll (D)	Nicht vergeben
R. von Fischer (D) K. Lorenz (A) N. Tinbergen (GB)	Patrick White (AUS)	H. A. Kissinger (USA) Le Duc Tho (VN) (hat abgelehnt)
A. Claude (B) C. de Duve (B) G. E. Palade (USA)	Eyvind Johnson (S) Harry Martinson (S)	S. MacBride (IRL) E. Sato (J)
D. Baltimore (USA) R. Dulbecco (USA) H. M. Temin (USA)	Eugenio Montale (I)	A. Sacharow (RUS)
B. S. Blumberg (USA) D. C. Gajdusek (USA)	Saul Bellow (USA)	M. Corrigan (GB) B. Williams (GB)
R. Guillemin (USA) A. Schally (USA) R. Yalow (USA)	Vicente Aleixandre (E)	Amnesty International
W. Arber (CH) D. Nathans (USA) H. O. Smith (USA)	Isaac B. Singer (USA)	M. Begin (IL) A. el-Sadat (ET)
A. M. Cormack (USA) G. N. Hounsfield (GB)	Odysseus Elytis (GR)	Mutter Teresa (IND)
B. Benacerraf (USA) J. Dausset (F) G. D. Snell (USA)	Czeslaw Milosz (PL/USA)	A. Perez Esquivel (RA)

Jahr	Physik	Chemie
1981	N. Bloembergen (USA) A. L. Schawlow (USA) K. M. Siegbahn (S)	K. Fukui (J) R. Hoffmann (USA)
1982	K. G. Wilson (USA)	A. Klug (GB)
1983	S. Chandrasekhar (USA) W. A. Fowler (USA)	H. Taube (USA)
1984	C. Rubbia (I) S. van der Meer (NL)	B. Merrifield (USA)
1985	K. von Klitzing (D)	H. A. Hauptmann (USA) J. Karle (USA)
1986	E. Ruska (D) G. Binnig (D) H. Rohrer (CH)	D. R. Herschbach (USA) Y. T. Lee (USA J. C. Polanyi (CDN)
1987	J. G. Bednorz (D) K. A. Müller (CH)	D. J. Cram (USA) J.-M. Lehn (F) C. J. Pedersen (USA)
1988	L. M. Lederman (USA) M. Schwartz (USA) J. Steinberger (USA)	J. Deisenhofer (D) R. Huber (D) H. Michel (D)
1989	N. F. Ramsey (USA) H. G. Dehmelt (USA/CDN) W. Paul (D)	S. Altman (USA) T. R. Cech (USA)
1990	J. I. Friedman (USA) H. W. Kendall (USA) R. E. Taylor (CDN)	E. J. Corey (USA)
1991	P.-G. de Gennes (F)	R. R. Ernst (CH)
1992	G. Charpak (F)	R. A. Marcus (USA)
1993	R. A. Hulse (USA) J. H. Taylor (USA)	K. B. Mullis (USA) M. Smith (CDN)

Medizin	Literatur	Frieden
D. H. Hubel (USA) R. W. Sperry (USA) T. N. Wiesel (S)	Elias Canetti (GB)	Büro des Hohen Kommisars der Vereinten Nationen für Flüchtlinge, Genf
S. Bergström (S) B. I. Samuelsson (S) J. R. Vane (GB)	Gabriel García Márquez (CO)	A. Myrdal (S) A. García Robles (MEX)
B. McClintock (USA)	William Golding (GB)	L. Walesa (PL)
N. K. Jerne (DK) G. J. F. Köhler (D) C. Milstein (GB/RA)	Jaroslav Seifert (CZ)	D. Tutu (ZA)
M. S. Brown (USA) J. L. Goldstein (USA)	Claude Simon (F)	Internationale Ärztevereinigung zur Verhinderung eines Atomkrieges
S. Cohen (USA) R. Levi-Montalcini (I/USA)	Wole Soyinka (WAN)	E. Wiesel (USA)
S. Tonegawa (J)	Joseph Brodsky (USA)	O. Arias Sánchez (CR)
J. W. Black (GB) G. B. Elion (USA) G. H. Hitchings (USA)	Naguib Mahfouz (ET)	UN-Friedenstruppe
J. M. Bishop (USA) H. E. Varmus (USA)	Camilo José Cela (E)	Der 14. Dalai Lama (Tibet)
J. E. Murray (USA) E. D. Thomas (USA)	Octavio Paz (MEX)	M. Gorbatschow (RUS)
E. Neher (D) B. Sakmann (D)	Nadine Gordimer (ZA)	Aung San Suu Kyi (Burma)
E.-H. Fischer (USA/CH) E. G. Krebs (USA)	Derek Walcott (WL)	R. Menchú Tum (GCA)
R. J. Roberts (GB) P. A. Sharp (USA)	Toni Morrison (USA)	F. W. de Klerk (ZA) N. Mandela (ZA)

Jahr	Physik	Chemie
1994	B. N. Brockhouse (CDN) C. G. Shull (USA)	G. A. Olah (USA)
1995	M. L. Perl (USA) F. Reines (USA)	P. J. Crutzen (NL) M. J. Molina (USA) F. S. Rowland (USA)
1996	D. M. Lee (USA) D. D. Osheroff (USA) R. C. Richardson (USA)	R. F. Curl, Jr. (USA) H. W. Kroto (GB) R. E. Smalley (USA)
1997	S. Chu (USA) C. Cohen-Tannoudji (F) W. D. Phillips (USA)	J. C. Skou (DK) P. D. Boyer (USA) J. E. Walker (GB)
1998	H. L. Störmer (D) D. C. Tsui (USA) R. B. Laughlin (USA)	W. Kohn (USA) J. A. Pople (GB)
1999	G. 't Hooft (NL) M. J. G. Veltman (NL)	A. H. Zewail (ET/USA)
2000	Z. I. Alferov (RUS) H. Kroemer (D) J. S. Kilby (USA)	A. J. Heeger (USA) A. D. MacDiarmid (USA) H. Shirakawa (J)

Medizin	Literatur	Frieden
A. G. Gilman (USA) M. Rodbell (USA)	Kenzaburo Oe (J)	Y. Arafat (Palästina) Y. Rabin (IL) S. Peres (IL)
E. B. Lewis (USA) C. Nüsslein-Volhard (D) E. F. Wieschaus (USA)	Seamus Heaney (IRL)	J. Rotblat (GB) Pugwash Conferences on Science and World Affairs (CDN)
P. C. Doherty (AUS) R. M. Zinkernagel (CH)	Wisława Szymborska (PL)	C. F. de Ximenes Belo (Osttimor) J. Ramos-Horta (Osttimor)
S. P. Prusiner (USA)	Dario Fo (I)	Internationale Kampagne zur Ächtung von Landminen J. Williams (USA)
R. F. Furchgott (USA) L. J. Ignarro (USA) F. Murad (USA)	J. Saramago (P)	J. Hume (IRL) D. Trimble (IRL)
G. Blobel (USA)	G. Grass (D)	Organisation „Ärzte ohne Grenzen“
A. Carlsson (S) P. Greengard (USA) E. Kandel (USA)	G. Xingjian (F)	Kim Dae Jung (Südkorea)

Träger des Preises der Bank von Schweden für Wirtschaftswissenschaften im Gedenken an Alfred Nobel

1969	R. Frisch (N)	1986	J. M. Buchanan, Jr. (USA)
	J. Tinbergen (NL)	1987	R. M. Solow (USA)
1970	P. Samuelson (USA)	1988	M. Allais (F)
1971	S. Kuznets (USA)	1989	T. Haavelmo (N)
1972	J. R. Hicks (GB)	1990	H. M. Markowitz (USA)
	K. Arrow (USA)		W. Miller (USA)
1973	W. Leontief (USA)		W. F. Sharpe (USA)
1974	G. Myrdal (S)	1991	R. Coase (GB)
	F. A. von Hayek (GB)	1992	G. S. Becker (USA)
1975	L. V. Kantorovich (RUS)	1993	R. W. Fogel (USA)
	T. C. Koopmans (USA)		D. C. North (USA)
1976	M. Friedman (USA)	1994	J. C. Harsanyi (USA)
1977	B. Ohlin (S)		J. F. Nash (USA)
	J. Meade (GB)		R. Seiten (D)
1978	H. Simon (USA)	1995	R. E. Lucas, Jr. (USA)
1979	A. Lewis (GB)	1996	J. A. Mirrlees (GB)
	T. W. Schultz (USA)		W. Vickrey (USA)
1980	L. Klein (USA)	1997	R. C. Merton (USA)
1981	J. Tobin (USA)		M. S. Scholes (USA)
1982	G. J. Stigler (USA)	1998	A. K. Sen (IND)
1983	G. Debreu (USA)	1999	R. A. Mundell (CDN)
1984	R. Stone (GB)	2000	J. J. Heckman (USA)
1985	F. Modigliani (USA)		D. L. McFadden (USA)

Abkürzungen

A Österreich; AUS Australien; B Belgien; CDN Kanada; CH Schweiz; CO Kolumbien; CR Costa Rica; CZ ehem. Tschechoslowakei; D Deutschland; DK Dänemark; E Spanien; ET Ägypten; F Frankreich; FIN Finnland; GB Großbritannien; GCA Guatemala; GR Griechenland; H Ungarn; I Italien; IL Israel; IND Indien; IRL Irland; IS Island; J Japan; MEX Mexiko; N Norwegen; NL Niederlande; P Portugal; PK Pakistan; PL Polen; RA Argentinien; RCH Chile; RUS Russland; S Schweden; USA Vereinigte Staaten; VN Vietnam; WAN Nigeria; YU ehem. Jugoslawien; ZA Südafrika.

Nobelstifelsen

The Nobel Foundation, Box 5232, S-102 45 Stockholm, Sweden
The Swedisch Institute, Bos 7434, S-103 91 Stockholm, Sweden